LE CUISINIER DURAND.

CUISINE DU MIDI ET DU NORD.

NIMES. — IMP. LAFARE ET ATTENOUX, PLACE DE LA COURONNE.

LE

CUISINIER DURAND

CUISINE DU MIDI ET DU NORD.

HUITIÈME ÉDITION

REVUE, CORRIGÉE ET AUGMENTÉE PAR C. DURAND,

Petit-fils de l'Auteur.

SE VEND A NIMES,

CHEZ L'AUTEUR, PLACE DE LA COURONNE.

1863

PRÉFACE.

Si le mérite intrinsèque des choses frappait plus notre imagination que les illusions où elle se complaît, tout ce qu'il y a de positif, de simple et de vrai, attirerait le talent des écrivains, et les charmes du style ne consisteraient que dans l'exposition la plus naïve des faits. Ainsi se montrent les sciences exactes ; elles sont sans rhétorique ; ainsi doit être la cuisine, science exacte s'il en fut une ; aussi les brillants écrivains ont-ils dédaigné de consacrer leur plume à la description de cet art. La pensée veut errer, créer, transformer, se contredire même, et ici le champ, quoique vaste, est tellement compassé, que l'esprit, obligé d'en mesurer lentement tout l'espace, doit se contenter de la vérité toute nue.

Il est résulté, disons-nous, de cette exactitude obligée, un mépris universel pour l'art, et quoique chacun soit convaincu de son importance, on tient à honneur d'en ignorer jusqu'aux moindres éléments. Cette injustice ne peut durer. Aujourd'hui que les idées positives s'étendent et prennent à leur tour de l'empire comme les rêves de l'imagination, chaque chose appréciée à sa juste valeur, va ramener sur l'art culinaire la portion qui lui est due.

Mais, dira-t-on, la poésie ne s'est-elle pas exercée sur la cuisine ? Il est vrai, on l'a chantée ; mais comment ? N'a-t-elle pas été plutôt un objet de dérision, le sujet d'une boutade poétique, le but d'un trait malin, que le vrai fond d'un écrit scientifique ? A peine si l'histoire s'est occupée d'elle ; il est même à remarquer que tel écrivain qui recherche avec curiosité l'état de la cuisine chez les anciens, se fait un point d'honneur d'ignorer celle de son siècle, de son pays, de sa maison même.

Quoique les hommes n'en soient pas venus encore au point de considérer toutes les choses sous leur véritable jour ; quoique la faiblesse de l'esprit exige des images, des pensées, de l'éloquence ; quoique la vérité, même celle qui flatte le goût, ne puisse encore se faire admettre comme de bonne compagnie, allez dire à l'homme du monde qui vous a fêté, que sa table a été mal servie ; il rougira de dépit et de honte. Qu'un prince arrive, toutes les autorités seront aux genoux d'un cuisinier ! Qu'un vieil ami vous soit rendu, le moment de l'intimité, celui du plus doux épanchement, sera dû au cuisinier ! Le cuisinier est l'homme nécessaire, indispensable, absolu ; pourquoi donc n'a-t-il pas obtenu jusqu'à présent, la considération qu'il mérite ?

Nous avons deux cuisines en France : celle du Midi et celle du Nord. Les ouvrages qui ont été publiés jusqu'à ce jour ne traitent guère que de la seconde. Le Midi attend un ouvrage ; il paraît enfin ; mais, loin de se restreindre aux nécessités locales, il s'étend, au contraire, à celles des autres pays, de sorte que le Nord pourra également en profiter. Ce premier avantage est immense ; il rend le livre européen.

Il ne s'agit point ici d'une collection de mots empruntés à divers cuisiniers qui jettent à la tête d'un lettré ignorant des renseignements vagues que celui-ci arrange comme il peut. Ici, l'homme lui-même dépose sur le papier le fruit de cinquante années d'expériences et d'observations, toutes dirigées vers le but d'une publicité vraiment patriotique ; chaque article est le superlatif de cent essais que le goût le plus fin et le plus exercé a classés et fait éprouver par les friands. Tout a été fait avec cette conscience de perfectionnement qui seule peut faire arriver les produits de l'art à ce juste point, à cette précision pure, imperceptible, qui constitue le *nec plus ultra* du bien. Soyez donc d'une exactitude d'exécution absolument rigoureuse, vous qui voulez tirer parti de cet ouvrage ; l'ordre dans lequel une recette est écrite, est aussi l'ordre qui doit en assurer le meilleur résultat.

Il ne s'agit point ici non plus de ces apprêts qui flattent le goût aux dépens de la santé ; tout y est calculé de façon à satisfaire la sensualité la plus exquise et à renforcer le tempérament le plus délicat.

Parmi les défauts du livre, celui du style, sans doute, est le plus frappant ; mais nous n'avons pas cru devoir sacrifier aux Grâces dans un ouvrage où la précision, le poids et la mesure font tout : plus de dignité eût peut-être encore fait rire les uns, et aurait fait perdre aux autres le fil qui peut les conduire. Ce livre ne sera guère lu tout d'une haleine ; ce n'est point l'écrivain que l'on consultera, mais le cuisinier ; or, plus le premier a sacrifié au second, plus le livre, croyons-nous, sera vraiment utile.

Il a été conçu dans l'ordre le plus simple et qui doit, ce nous semble, entraîner le moins de confusion. Une série de numéros court du premier article au dernier. Les potages, les sauces-mères, les farces, les cuissons, les viandes, les gibiers, la pâtisserie, les douceurs, le poisson et le jardinage forment des chapitres principaux, et, chaque fois qu'une répétition devrait avoir lieu pour l'apprêt du moment, le simple numéro des recettes nécessaires se trouve exprimé dans l'article. Si, par cas même, une nouvelle combinaison qui doit avoir lieu ressemble à une combinaison connue, le numéro de cette dernière est aussi rappelé, afin que l'analogie de l'une serve de guide pour l'autre. Que l'on ne s'effraie donc point si, au sujet d'une recette désignée, on trouve un numéro qui se rapporte à un article autrement intitulé ; on doit faire, sans s'inquiéter de cette apparente différence.

Des articles supplémentaires ont été ajoutés à la fin, et entièrement hors de leur place naturelle ; c'était un inconvénient presque inévitable dans la composition d'un ouvrage qui, n'étant calqué sur aucun autre, et sortant tout entier d'une seule tête, a dû nécessairement éprouver quelques oublis ; l'empressement de nos concitoyens, acharnés à réclamer cette publication tant promise, et qui en a un peu précipité la confection, est encore une cause des petites irrégularités que l'on pourra trouver.

Quelques lignes de dictionnaire nous ont paru d'une nécessité absolue : tout le monde ne connaît pas les termes de cuisine, et tous les cuisiniers ne possèdent pas entièrement le français.

Une table des chapitres, à la fin de l'ouvrage, détermine la nature des mets, potages, relevés, entrées, rôtis, hors-d'œuvre, etc..., et la carte de quelques menus, placée immédiatement après, fait voir la place que chaque objet doit occuper dans un service.

Sans doute l'ouvrage pourrait être bien plus complet ; mais ce n'est point tout le talent de l'auteur qu'on publie ici, c'est la collection des mets qui doivent suffire à d'excellentes tables, comme à des tables bourgeoises. L'échelle parcourue, et qui s'étend depuis l'eau bouillie et les escargots jusqu'aux mets les plus délicats, est assez vaste quoique incomplète pour suffire à tous les besoins. Le charlatanisme, qui se mêle de tout, aurait pu être employé avec succès dans ce livre, et donner une importance excessive à des bagatelles ; mais ce ne sont point là les principes de Durand : tout ce qui est nécessaire, sauf quelques oublis, se trouve contenu dans ce livre. Quant aux métamorphoses, elles sont infinies et toutes du goût de l'ouvrier : un nom ne fait pas un ragoût ; une disposition nouvelle n'en change pas le mérite, elle ne fait que le déguiser. Ainsi donc, les petites observations qui se trouvent à la fin de beaucoup de recettes doivent être prises en considération ; elles donnent la clé de bien de transformations qui, au fait, ne sont pas des apprêts ; mais ces observations surtout doivent être lues, parce qu'elles indiquent souvent la manière la plus économique d'opérer le même résultat. Attentif à toutes les fortunes, l'auteur a su dire à propos si le consommé, le jus, le bouillon ou la simple eau bouillante pouvait suffire à l'apprêt; l'économie, ce véritable, ce premier bien de nos jours, a été sévèrement consultée dans tout ce qu'il a écrit, et le cuisinier qui saura le remarquer dans les recettes qu'il va lire, trouvera une grande diminution dans ses dépenses au bout de l'année.

Qu'il nous soit permis maintenant de dire quelques mots sur l'auteur des recettes que nous offrons au public.

Durand, né à Alais (Gard), en 1766, se sentit de si bonne heure des dispositions pour l'art culinaire, que, dès sa jeune raison, il se livra avec passion à l'exercice de cet art; aussi, à l'âge de dix ans, il s'empressa de se charger seul de l'ordinaire de sa maison, et suivit avec persévérance toutes les inspirations de son génie.

Dans sa treizième année, il entra au service de l'évêque d'Alais, où un excellent chef de cuisine, nommé Barry, lui donna l'essor et le plaça ensuite chez M. le marquis de Cassagnoles. Notre jeune enthousiaste ne trouvant pas d'assez grands travaux dans cette maison, la quitta malgré les efforts de son maître pour le retenir, et vint à Nîmes, où il entra dans la cuisine de l'évêque, M. de Ballore. Ce Prélat lui témoigna beaucoup d'intérêt, et lui facilita les moyens de travailler, lors des États de Languedoc, dans les meilleures maisons de Montpellier. La première année, 1784, il fut employé à la cuisine de l'intendance; en 1785, au gouvernement, chez M. le comte de Périgord; en 1786, chez Monseigneur l'archevêque de Narbonne, et en 1787, chez M. de Joubert, trésorier des États. Les hommes les plus renommés dans la cuisine se rendaient à cette époque de Paris à Montpellier, et le jeune Durand les étonnait tous par ses heureuses dispositions et l'amour extrême de son art.

Dans les longs intervalles de liberté que lui laissaient les voyages de M. de Ballore à Paris; voyages pendant lesquels Durand demeurait investi de la confiance entière de son maître, il quitta Nîmes et fut servir chez le fameux bailli de Suffren, amiral de France, à l'époque où ce seigneur mariait son neveu à Mlle la vicomtesse d'Alais. Là, le désir de s'embarquer lui vint à l'esprit, et il crut devoir se rendre à Marseille, où deux traiteurs renommés alors, Fille et Simon, l'engagèrent à les seconder jusqu'au moment où il s'embarquerait.

L'hôtel Bauveau s'ouvrit, et Durand y fut le premier chef de cuisine; vers le même temps, le nommé Nicolas Rodeiron, l'un des meilleurs chefs de la cuisine provençale, eut, avec deux autres hommes de talent, l'entreprise de plusieurs grands repas que M. Albert de Rilhon donnait, à Toulon, pour la fête de la Saint-Louis : notre auteur fut appelé par eux et alla se signaler dans cette ville.

Toujours désireux de s'embarquer, et craignant que M. de Rilhon, par attachement pour lui, n'usât de son crédit pour l'empêcher de se mettre à bord, Durand quitta Toulon pour revenir à Marseille; là, il reçut du marquis de Montmoirac, d'Alais, des lettres où ce seigneur lui faisait des offres si engageantes, qu'il ne put se refuser à aller servir dans cette maison; il retourna donc dans les Cevennes, et entra à l'office du marquis, de qui la table acquit alors la plus haute réputation.

Mais le désir de s'embarquer poursuivait toujours notre cuisinier, et une lettre de son ami Rodeiron, qui lui offrait d'aller travailler avec lui dans les cuisines du Grand-Maître de Malte, vint encore augmenter ce désir; d'un autre côté, il fut vivement pressé pour aller, de compte à demi avec un homme recommandable, diriger les cuisines du roi d'Espagne. Il flottait indécis sur le choix qu'il devait faire, lorsque le marquis de Montmoirac, instruit de ses projets et de ses hésitations, fit tous ses efforts pour le retenir, et lui promit, entre autres avantages, une pension à vie qu'il devait lui assurer par testament.

Le désir d'expatriation fut éteint, et Durand demeura chez son maître jusqu'en 1790, époque où il exerça à Alais comme restauratour : ce fut alors que les offres les plus avantageuses lui arrivèrent de Marseille, de Lyon, de plusieurs autres grandes villes, et même de Paris. De cette capitale surtout, lui furent proposés les bénéfices les plus positifs : dans une association considérable, on ne lui demandait que l'œuvre de son talent, lui garantissant une forte portion dans les bénéfices, et le mettant à l'abri de toutes les pertes. Deux ou trois années d'établissement, en garçon, à Paris, devaient lui assurer une carrière brillante et lucrative ; il donna parole, mais au moment de partir, ses amis, ses parents, sa femme et ses enfants, car il s'était marié, s'opposèrent à sa résolution. Aimé, admiré dans sa province, assuré d'y acquérir de la fortune, que voulait-il aller faire à Paris ? Il céda, et le fameux Audibal, son compatriote, établi alors à Nîmes, lui ayant proposé de lui remettre son fonds, il se décida pour ce dernier parti, et vint dans cette ville pour remplacer un homme dont la réputation était colossale.

Les accords de cession n'étant pas déterminés d'une manière absolument incontestable, Audibal, qui avait promis de rester inactif, se remit cependant au travail, et les deux amis devinrent deux rivaux. Il serait impossible de détailler tout ce que cette lutte développa de talents dans chacun d'eux. Durand produisit alors sa *Pâte-Durand*, qui fit crouler la pâtisserie d'Audibal. Ce dernier, moins entendu dans la direction générale d'un repas, que dans l'apprêt particulier de chaque mets, ne put rivaliser avec lui pour le goût que celui-ci possédait au plus haut degré, et qui s'étendait depuis l'apprêt jusqu'au moindre détail du coup-d'œil. Audibal fut contraint de se retirer à Alais, et Durand, resté seul à Nîmes, fit oublier, par un talent toujours brillant, toujours nouveau, le mérite de son prédécesseur.

A l'époque où le maréchal Mortier se rendit à Nîmes, Durand fut chargé de sa cuisine ; qui devait fournir, tous les jours, à une table de soixante-dix couverts.

Lorsque le comte d'Artois, devenu depuis S. M. Charles X, vint à Nîmes, Durand fut également chargé de sa cuisine, et la satisfaction du prince ne fut point équivoque.

Enfin, le passage à Nimes de Leurs Majestés Siciliennes lui fournit encore le moyen de se distinguer. Les éloges que le Roi lui fit adresser par l'organe du Préfet furent comme le complément de satisfaction que son rare talent devait obtenir.

Le nom de Durand est si répandu aujourd'hui, que, dans la cession qu'il a faite du restaurant qu'il avait établi à Nimes dans l'hôtel du Midi, l'autorisation de laisser ce nom sur la porte d'entrée de l'hôtel a été regardée comme la plus sûre garantie de réussite.

On voit, par le rapide exposé qu'on vient de lire, combien l'homme dont nous publions l'ouvrage a été constamment appliqué au perfectionnement de son art. Ses désirs d'amélioration s'étendaient jusqu'aux scrupules les plus consciencieux. Dès son plus bas âge il se priva de tout ce qui pouvait altérer en lui la finesse du goût ; jamais liqueurs fortes ni vins capiteux n'approchèrent de ses lèvres ; jamais le tabac ne put le tenter. Persuadé que l'art culinaire exige la délicatesse d'un palais toujours neuf, il s'est privé même des produits de sa propre cuisine : les mets les plus simples ont été sa constante nourriture : par là, il s'est constitué juste appréciateur de ses produits, et auteur sans préventions.

Mais cette pureté d'exécution n'a point nui à son éducation directrice ; jamais tête n'a mieux connu à la fois et les ensembles et les détails ; jamais homme n'a mieux entendu l'ordonnance et le service. Tandis que tous les friands de Nimes rendent journellement justice à son double talent, Lyon, Bordeaux, Marseille, Paris, Amsterdam, Londres, Constantinople même, l'accablent de demandes, et sa pâtisserie est devenue européenne.

Si Durand peut, par la publication de cet ouvrage, faciliter à ses concitoyens et à ses compatriotes l'entente et l'exercice d'un art qui, depuis la Révolution, semble ne plus avoir cet aliment que lui procuraient les grandes maisons : s'il peut appeler sur ses collègues une considération si justement due et encore si peu acquise; s'il peut procurer à peu de frais aux jeunes gens l'instruction qui leur est nécessaire, et faire naître en eux cet enthousiasme qui seul amène des résultats remarquables, il s'estimera heureux, et verra s'accomplir vers la fin de sa carrière le plus ardent de ses vœux.

PETIT POËME

Composé pour l'éloge de Durand, premier Traiteur de Nimes, et inséré au Journal du Gard, le 5 janvier 1810. Ce sujet mis au concours, fut chanté par beaucoup de gens à talent : le petit comité, choisi pour juger les divers morceaux, donna la palme au suivant.

De tous les animaux, le plus gourmand c'est l'homme;
Et dans les jours brillants de la Grèce et de Rome,
A l'ombre des autels de Mars dévastateur,
On savait rendre hommage à l'art conservateur
Qui prépare les dons que nous fait la nature
Au grand art d'engraisser le troupeau d'Epicure !

Nimes, fille de Rome, aspire à l'imiter.
Pour ses gourmands fameux, c'est peu de se vanter
Et du Cirque et du Temple, orgueil de ses murailles :
Ce cirque fut témoin de cent tristes batailles.
Ils veulent rappeler un plus doux souvenir;
Ils dispensent la gloire en cherchant le plaisir,
Et leur reconnaissance habile, généreuse,
Offre une récompense utile, savoureuse,

A celui dont la Muse aura le mieux chanté
Le mortel qui de tous a le mieux mérité.

Ma Muse, prends ton vol au haut de l'Empirée !
Que ta voix, du sommet de la voûte azurée,
Remplisse l'univers de ses sons éclatants,
Et me prête aujourd'hui ses plus nobles accents;
Dans un si grand projet, si je perdais haleine,
Le nectar de Bordeaux réchaufferait ma veine !

Maîtrisant sans efforts des éléments rivaux,
Durand, tranquille et fier entre seize fourneaux,
A ses nombreux suppôts souffle à son gré son âme ;
Il voit tout d'un regard : au sein de cette flamme
Qu'il nourrit avec l'air qu'un tube a comprimé,
De cent sucs différents un seul suc est formé.
Puissante, industrieuse et sublime chimie,
Où l'humide élément, qu'avec économie
Verse une main discrète, habile à prévoir tout,
Vient lier tous les corps sans altérer leur goût!
Amalgames savants, combinaisons profondes,
Par où l'art, mariant les trésors des deux mondes
Et flattant tous les goûts par la variété,
Sait reculer l'instant de la satiété !
Art charmant, qui doit être interdit au profane;
Art qu'adore Grimod, si Zénon le condamne;
Art où Durand, doué d'un talent créateur,
A conquis le renom de génie inventeur !

Mais, par ses actions, Durand même se loue.
D'embarras ennemis sachez comme il se joue :
Demandez à dîner, commandez cent couverts ;
Suscitez près de lui mille obstacles divers;
Rapprochez le moment, éloignez la distance,
Et créez la disette au sein de l'abondance ;

D'accidents imprévus qu'il soit environné,
Soucis oisifs! Durand n'est pas même étonné!
Seul avec son génie, il vaincra la nature;
De cent ragoûts nouveaux, l'attrayante figure
Viendra vous éblouir, vous charmer, plaire à tous,
Et vous aurez en vain conspiré contre vous;
Tant il plane, d'en-haut, sur l'art alimentaire,
Et descend pour atteindre, ainsi que l'aigle altière,
Quand l'artiste vulgaire au labeur assidu,
Gravissant lentement, le contemple éperdu!

Dirai-je de ses mets la savante imposture,
Et de ses entremets la brillante structure!
Comme, avant le palais, il contente les yeux,
Et comme il étendit cet art ingénieux
D'allumer l'appétit, de service en service,
Par l'emploi raisonné de plus ou moins d'épice!
Mais si, dans le repas dont Durand est l'auteur,
Le plus grand, le plus long est toujours le meilleur,
Il n'en est pas ainsi d'un auteur qu'on doit lire :
Le secret d'ennuyer est celui de tout dire.

J'espère que pour prix de ce lyrique encens,
Je pourrai dans ces lieux passer quelques printemps,
Aimer Durand, le voir et le goûter sans cesse!
Mais si cette pensée, aimable enchanteresse,
N'est qu'un rêve trompeur, et si j'étais jeté
Delà la mer d'Atlas, du sort persécuté,
Que du même ouragan, bien loin de sa patrie,
Mon héros fut porté jusqu'au fond de l'Asie,
Je garderais mes goûts à l'abri des revers;
Je chanterais Durand au bout de l'univers;
Et qu'un seul jour plus beau vint pour moi luire encore,
J'irais chercher Durand au-delà du Bosphore!

LE
CUISINIER DURAND.

CUISINE DU MIDI ET DU NORD.

CHAPITRE PREMIER.

BOUILLONS & POTAGES.

N° 1. Bouillon gras.

Echaudez la viande pour la bien laver, et mettez-la dans le pot plein d'eau ; quand elle bouillonne, ajoutez un verre d'eau fraîche pour faire monter l'écume ; cela s'appelle *rafraîchir le pot*. Ecumez-le bien et jetez-y un bouquet fait de la manière suivante : fendez une carotte par le milieu sur toute sa longueur, mettez entre les portions un porreau, une tige de céleri, un cœur de laitue et quelque peu de cerfeuil, et liez le tout ensemble ; ajoutez un ognon piqué d'un ou de deux girofles, et un faible morceau de petit salé ou de lard. Ceci ôte au bouillon le goût de viande fraîche. Faites bouillir doucement, et si vous êtes obligé d'allonger votre pot, n'y mettez que de l'eau bouillante, jamais de l'eau froide.

Le bouillon se fait dans un pot de terre ou dans une marmite de cuivre étamée. Dans les petites cuisines, le premier est préférable parce qu'il se manie plus aisément et se place au feu de la cheminée. Je conseille de se servir d'un pot ou d'une marmite dont la capacité soit d'environ une pinte d'eau pour une livre de viande.

Si l'on se sert d'une marmite, il faut la faire partir sur le fourneau, et continuer ensuite la cuisson en la présentant au feu, par côté, soit à la cheminée, soit au fourneau même.

Si vous faites le bouillon avec du bœuf, demandez de préférence la culotte ou le grumeau.

Si vous vous servez de mouton, prenez la selette : c'est dans le mouton ce qu'est la culotte dans le bœuf. On fait aussi quelquefois du bouillon rafraîchissant avec le cou.

Règle générale. La viande dont vous voulez vous servir pour le bouillon ne doit pas être mortifiée ; elle aurait perdu une partie de son suc.

N° 2. Bon Bouillon et Volaille au gros sel.

Mettez à cuire comme pour le précédent, mais du bœuf, toujours la culotte de préférence. Après avoir bien écumé et assaisonné, faites bouillir à petit feu. Deux heures plus tard, ajoutez un bout de gigue de mouton, un morceau de jarret de veau, une vieille poule, les cuisses troussées en dedans, et bardée de lard ficelé ; si la poule est plus tôt cuite, ôtez-la et vous la réchaufferez dans le bouillon. Avant de servir, ôtez le lard et la ficelle, mettez trois grains de sel sur l'estomac, trois cuillerées à bouche de bouillon bien dégraissé, et présentez-la sur un plat comme hors-d'œuvre.

N° 3. Bouillon de Poisson.

Mettez dans une casserolle toutes sortes de poissons. Les meilleurs sont : la Rascasse, la Moraine, le Saint-Pierre, le Pagel, le Loup et le Merlan. Faites bouillir en les couvrant d'eau, et assaisonnez avec un ognon, une carotte coupée à tranches, du céleri, un cœur de laitue, du cerfeuil, du persil, une demi-feuille de laurier, deux clous de girofle, un peu d'excellente huile ou de beurre, du sel, et un ail si vous ne le craignez pas. Après une bonne cuisson, passez au tamis ; ce bouillon sert pour vos potages et vos sauces blanches de poissons.

Observation.

On peut faire ce bouillon d'une manière économique avec les têtes et les arêtes seulement.

N° 4. Bouillon maigre.

Mettez au pot ou dans la marmite de petits pois secs et de l'eau, du sel, un bouquet et un ognon piqué (*Voy.* n° 1); faites cuire et passez votre bouillon au tamis, un instant avant que les pois tombent en purée. Comme ce bouillon est destiné à mouiller les jus maigres, il faut qu'il demeure un peu clair.

N° 5. Consommé.

Videz et flambez deux vieilles poules ou une vieille dinde, dont vous trousserez les pattes en dedans : mettez-les dans une marmite avec un jarret de veau, des parures, des abatis, des carcasses de volaille, et deux ou trois pieds de veau désossés, dont vous aurez coupé les batillons ; mouillez le tout avec du bouillon qui ne soit pas trop salé, ou bien avec de l'eau chaude ; écumez, ajoutez un bouquet

(*Voy.* n°. 1); couvrez et faites bouillir par côté, à petit feu, jusqu'à ce que la viande soit bien cuite; ensuite vous le passerez au tamis.

N. B. On peut le faire économiquement avec des parures, des carcasses et des abatis de volaille, un jarret et des pieds de veau; mouillez avec du bouillon ou de l'eau chaude.

N° 6. Blond de Veau.

Placez au fond d'une casserolle une barde de lard, sur laquelle vous poserez des tranches de veau, une carotte et un ognon; mettez sur le feu, en ajoutant une cuillerée à pot de bouillon; quand il commencera de se réduire, transposez votre casserolle sur un feu plus doux, pour que la viande ait le temps de suer et de faire une bonne glace. Veillez à ce qu'elle ne se brûle pas en s'attachant à la casserolle; mouillez-la avec du bouillon, faites cuire doucement et à petit feu sur l'angle du fourneau; écumez, et quand la viande est cuite, passez-la au tamis.

N° 7. Potage au Restaurant.

Faites bouillir un instant du consommé dans une casserolle, et joignez-y un peu de glace d'entrée piquée (*Voy.* n° 184), ou tablette.

N° 8. Croûte au pot.

Mettez dans une terrine de la croûte de pain bien colorée, jetez-y quelque peu de bouillon un peu gras, et faites mijoter sur un feu doux. Lorsque votre croûte sera assez gratinée, ajoutez un peu plus de bouillon, et servez après avoir bien dégraissé.

N° 9. Croûte, Gratin au consommé.

Passez des croûtes de pain au four, et mettez-les un moment dans le pot; placez-les ensuite dans une terrine, et faites-les gratiner à petit feu, en y mêlant un peu de bouillon graisseux; après, vous égoutterez cette graisse, verserez sur les croûtes du consommé ou du bouillon, et servirez dans la même terrine.

N° 10. Julienne.

Coupez à filets, dans une petite casserolle, une carotte, un navet, un porreau, un ognon; ajoutez un peu de graisse de votre pot; faites roussir en remuant de temps en temps avec une cuiller de bois; ayez ensuite de la laitue, du cerfeuil, de l'oseille, du céleri; lavez-les, donnez-leur quelques coups de couteau, et passez-les avec vos racines. Vous pouvez, dans la saison, y joindre quelques grains de fèves ou de pois verts.

Après avoir passé le tout un instant, mouillez avec du bouillon et faites bouillir, soit dans votre casserolle, soit dans un petit pot; trempez ensuite avec du bouillon bien dégraissé.

Lorsque les carottes sont fortes, il faut les faire blanchir avant de les utiliser.

N° 11. Potage aux Raves.

Pelez vos raves, coupez-les en forme de pierre à fusil, faites-les blanchir à l'eau bouillante pendant six à sept minutes; jetez-les à la passoire et puis dans une petite marmite ou dans un pot aux trois quarts plein; mêlez-y un peu de graisse de votre bouillon, et un léger morceau de petit salé ou de porc frais.

Faites roussir en entourant le pot de cendres rouges, et en faisant sauter de temps en temps; mouillez ensuite avec du bouillon, et, après cuisson, trempez votre potage à l'ordinaire, ayant soin de dégraisser le bouillon que vous versez le premier.

N° 12. Potage à la savoyarde.

Mettez quelques croûtes de pain dans votre pot ou votre marmite, et laissez-les quatre minutes; placez-les ensuite dans une terrine sur le feu; râpez sur le pain du fromage de Parmesan ou de Gruyère; faites gratiner un peu à l'aide d'un feu modéré, et versez dessus un bouillon de raves, comme le précédent.

N° 13. Potage aux Navets.

Coupez des navets que vous ferez blanchir à l'eau pendant dix minutes; vous les mettrez ensuite dans un pot plein aux trois quarts, en y joignant un peu du dégraissis de votre pot; entourez de cendres rouges, et faites roussir en faisant sauter de temps en temps; vous améliorerez votre potage si vous y joignez un peu de petit salé ou une couenne de porc frais; mouillez avec du bouillon de votre pot au feu, et après la cuisson, dégraissez, ôtez le petit salé, et versez à l'ordinaire.

N° 14. Potage aux Choux.

Nettoyez et lavez vos choux; faites-les blanchir pendant dix minutes à l'eau bouillante, égouttez-les et placez-les dans un pot avec un léger morceau de petit salé; mouillez-les avec du bouillon, et jetez-y, si vous voulez, un peu de jus pour les colorer; faites cuire à petit feu, et trempez à l'ordinaire, versant vos choux dessus, après les avoir dégraissés et avoir enlevé le petit salé.

Observation.

Beaucoup de cuisiniers ont l'habitude de brûler du sucre dans leurs potages pour les colorer. Rien n'est plus mal vu; il coûte si peu de faire suer un petit morceau de viande, de la prendre au bout d'une fourchette lorsqu'elle est tombée en glace, de ramasser cette glace en tournant la viande tout autour de la casserolle, et de jeter le tout dans la garniture du potage, qui en reçoit meilleure couleur et meilleur goût.

N° 15. Garbure aux Choux.

Lavez bien vos choux, émincez-les un peu gros, et mettez-les dans une casserolle avec un peu de graisse d'oie ou de canard confit; placez votre casserolle sur le feu, et faites roussir, en ayant soin de tourner de temps en temps avec une cuiller de bois.

Transposez ensuite vos choux dans un pot ou une petite marmite; ajoutez-y une cuisse d'oie, à défaut un morceau de jambon ou de petit salé; mouillez le tout avec un bouillon doux de sel, et faites cuire à petit feu; lorsque les choux seront cuits, coupez votre pain (du pain bis de rigueur) de la manière suivante : ayez une ou deux bonnes tranches de pain d'un pouce d'épaisseur; émincez-les alors en travers et en biais, comme si vous coupiez du saucisson. Vous mettrez dans votre terrine une couche de ce pain et une couche de choux, alternativement et successivement en finissant par ceux-ci; mouillez le potage bien court, en mettant la graisse au-dessus, et faites gratiner à petit feu, en ajoutant un peu de bouillon.

Il faut, lorsque vous servirez votre garbure, qu'il n'y ait plus de bouillon ; égouttez la graisse, et offrez à part de votre même bouillon dans une terrine, pour ceux qui désireraient détremper le potage.

Observation.

Nous n'entrerons point dans le détail de toutes les garbures ; on peut en faire avec toutes sortes de légumes ; c'est toujours le même procédé.

N° 16. Potage aux petits Ognons.

Pelez des petits ognons, ceux des Cevennes de préférence ; mettez-les dans un pot ou dans une casserolle ; jetez-y une ou deux cuillerées à bouche du dégraissis de votre bouillon, et faites roussir à petit feu, en faisant sauter de temps à autre. Lorsque vos ognons seront colorés, mouillez-les avec du bouillon ; hachez-y deux feuilles blanches de céleri et un peu de cerfeuil ; faites cuire à petit feu, et trempez à l'ordinaire, votre bouillon d'abord, vos ognons ensuite, après avoir bien dégraissé le tout.

N° 17. Potage de Poisson dit Bourride.

Ce potage doit être bien lié avec des œufs ; pour cela faire, délayez-en les jaunes avec du bouillon de poisson (*Voy.* n° 3) ; mettez sur un feu doux, et tournez avec une cuiller de bois, comme pour une crème ; lorsque cette liaison commence à s'épaissir, ôtez-la du feu et tournez toujours.

Ayez du pain blanc ; coupez-le dans une terrine, mais carré et un peu gros, la croûte de préférence ; versez-y du bouillon de poisson que vous aurez fait bouillir, et alors seulement amalgamez-y votre liaison.

Observation.

Les personnes qui ne craignent pas l'ail peuvent y mêler une cuillerée à bouche d'aïoli (beurre de Provence): on peut servir aussi cette moutarde sur une assiette, en même temps que le gros poisson que l'on a fait cuire pour bouillon.

N° 18. Potage de Poisson aux Herbes.

Mettez sur le feu, dans une casserolle, du bouillon de poisson (*Voy.* n° 3); lavez des cœurs de laitue, du cerfeuil, du céleri et un peu d'oseille; pressez-les et donnez-leur deux ou trois coups de couteau; jetez vos herbes dans la casserolle aux premiers bouillons, et continuez l'ébullition à petit feu.

Quand les herbes seront cuites, délayez quelques jaunes d'œufs avec un peu de bouillon, et tournez-les un instant sur le feu avec une cuiller de bois; lorsque cette liaison commence à s'épaissir, retirez-la, ajoutez-y du bouillon, et versez dans votre potage.

Jetez alors un peu de bonne huile sur votre pain avant de tremper, ou si vous préférez le beurre, mettez-en un morceau dans vos herbes.

Observation.

Ce potage peut aussi se faire sans liaison.

N° 19. Potage aux Herbes dit *Mourtèle*.

Il faut prendre une poignée d'épinards, quelques feuilles de céleri, de cerfeuil, d'oseille et de poirée, les bien laver, et leur donner quelques coups de couteau; vous les mettez dans votre pot, et quand il commence de bouillonner, vous les assaisonnez avec du sel, en ajoutant aussi de l'ail ou un peu d'ognon coupé à filets.

Tranchez du pain bien mince dans une soupière ; arrosez-le d'un peu d'huile, ou bien mettez un peu de beurre dans vos herbes, lorsqu'elles sont cuites, faites alors avec des œufs la même liaison que pour le potage au poisson (*Voy.* n° 18); quand elle est prête, jetez-la sur votre pain, et trempez immédiatement.

Observation.

Ce potage peut se faire encore d'une autre manière. Au moment de le tremper, et tandis qu'il est bouillant, coupez-y quatre ou cinq œufs du jour, et versez le tout dans votre soupière.

N° 20. Soupe aux Ognons.

Emincez quelques ognons dans une casserolle; ajoutez-y du beurre ou de l'huile, et faites roussir à petit feu ; mouillez avec de l'eau bouillante, salez et faites la même liaison que pour le potage.

N° 21. Potage au fromage.

Faites comme pour le précédent, mais sans liaison ; coupez votre pain dans une terrine, en mettant alternativement une couche de pain et une de fromage râpé, moitié Gruyère et moitié Parmesan; versez ensuite vos ognons dessus, et faites gratiner un moment.

N° 22. Potage de Choux au Fromage.

Faites bouillir de l'eau et échaudez vos choux maigres; après les avoir bien lavés, mettez-les dans le pot bouillant, et ne les couvrez pas ; assaisonnez avec du sel et deux aulx.

Coupez du pain bien mince, celui de ménage de préférence ; choisissez du bon Gruyère ou du fromage d'Auvergne, doux et gras, que vous couperez aussi très-mince.

Ayez une terrine qui supporte le feu ; placez-y un lit de pain, puis une couche de fromage ; continuez ainsi jusqu'à la fin, et arrosez avec un peu d'huile. Lorsque vos choux seront cuits, jetez-y également un peu d'huile, et trempez peu à peu ; mettez vos choux dessus, et ne prodiguez pas le bouillon, qu'il y en ait seulement assez pour faire gratiner ; posez votre terrine sur un feu doux ; faites bouillir quelques instants, et servez.

Offrez à part du bouillon de vos choux, pour ceux qui voudraient détremper le potage.

N° 23. Potage aux Haricots secs.

Faites-les cuire au pot, en ayant soin de les changer une fois d'eau ; à moitié cuisson, assaisonnez-les, et, lorsqu'ils sont cuits, ôtez-en une partie que vous mettrez à égoutter, ne laissant dans le pot que ceux qui doivent être jetés sur le potage.

Remplacez le vide qu'ils ont fait par de l'eau bouillante ; ajoutez du sel, un ail ou un ognon piqué d'un girofle, et, lorsque l'ébullition commence, une bonne poignée d'herbes frappées de quelques coups de couteau ; ajoutez aussi un morceau de beurre, ou bien faites tomber sur le pain, dans votre soupière, un peu d'excellente huile ; trempez lorsque vos herbes seront bien cuites.

N° 24. Potage aux Pois chiches.

Ayez la précaution de mettre ce légume à tremper la veille, dans de l'eau où vous aurez fait bouillir des épinards; mettez à cuire dans un pot ou une marmite, avec de l'eau de citerne de préférence; que votre légume y cuise un peu serré; assaisonnez avec du sel, un bouquet et un ognon piqué (*Voy.* n° 1): après la cuisson, trempez à l'ordinaire, après avoir mis un peu d'excellente huile sur le pain, ou bien un morceau de beurre dans le pot.

L'on peut ôter une partie des pois chiches un instant avant de servir, les allonger avec de l'eau bouillante, et substituer une bonne poignée d'herbes après leur avoir donné quelques coups de couteau.

N° 25. Eau bouillie.

Faites bouillir de l'eau dans un petit pot; aux premiers bouillons, jetez-y un ail et un peu de sel; coupez bien mince, dans une soupière, du pain de ménage, et arrosez-le d'une cuillerée à bouche de très-bonne huile; râpez-y un peu de noix muscade; faites bouillir alors fortement votre pot, et versez sur le pain.

N° 26. Potage au lait.

Jetez dans une casserolle deux litres de lait que vous édulcorez avec dix onces de sucre; ajoutez-y la peau d'un citron, trois ou quatre feuilles de laurier-amande et un petit morceau de canelle; faites bouillir le tout pendant deux minutes.

Mettez à part, dans une seconde casserolle, six jaunes d'œufs que vous délayerez avec le tiers de votre lait qui aura bouilli, et que vous aurez eu soin de laisser bouillir.

Tournez ensuite, avec une cuiller de bois et sur un feu modéré, votre liaison jusqu'à ce que, commençant à s'épaissir, elle s'attache à la cuiller ; ôtez-la alors en tournant toujours ; versez dans une terrine, où sera déjà votre pain coupé très-mince, le reste de votre lait bien bouillant, et mêlez-y peu à peu votre liaison.

N° 27. Cuisson pour des Purées.

Placez dans une marmite une barde de lard, et par-dessus une tranche de bœuf ou de veau, des parures de viandes et des abatis de volaille, un ognon piqué (*Voy.* n° 1), un bon bouquet comme pour le bouillon (*Voy.* n° 1); faites suer un instant votre viande sur le fourneau, et mouillez de bouillon avec une cuillerée à pot ; lorsqu'il est réduit, mouillez encore, mais en assez grande quantité pour cuire vos légumes, que vous y mettrez après les avoir bien lavés. Faites cuire à un feu doux ; à défaut de petite marmite, faites suer votre viande dans une casserolle, et, après l'avoir mouillée comme je viens de l'indiquer, versez le tout dans le pot où vous mettrez vos légumes pour les faire cuire ensemble.

Tous les légumes se font cuire de la même manière, excepté les haricots, qui, comme je l'ai dit au potage de haricots secs (*Voy* n° 23), doivent être changés d'eau.

Après la cuisson de vos légumes, dégraissez le bouillon et jetez le tout à la passoire ; enlevez la viande, l'ognon et le bouquet ; passez le reste à la passoire et au tamis, ou bien à l'étamine, et faites tomber dans une casserolle un peu haute. Placez votre purée un instant sur l'angle du fourneau ; écumez-la aux premiers bouillons ; dégraissez-la ; repassez au tamis en la faisant tomber dans votre soupière où seront déjà de petits croûtons frits au beurre.

Préparez également les purées suivantes :

N° 28. Purée aux lentilles.

N° 29. Aux haricots rouges ou à la Condé.

N° 30. Aux haricots secs, avec l'observation ci-dessus (*Voy.* n° 27.)

N° 31. Aux petits pois verts.

N° 32. Aux pois secs.

N° 33. Aux fèves sèches.

N° 34. Aux pommes de terre, que vous pelez avant de les mettre à cuire.

N° 35. Purée de Navets.

Il faut les faire blanchir, les passer ensuite au pot ou à la casserolle avec le dégraissis du pot, et terminer comme pour les autres purées.

N° 36. Purée aux Racines.

Faites blanchir pendant dix minutes des carottes, des navets, quelques pieds de céleri, un ognon, un pané et des salsifis; jetez le tout dans de l'eau fraîche, égouttez ensuite et émincez bien fin.

Mettez dans une casserolle ou une petite marmite deux ou trois cuillerées du dégraissis de votre pot; placez-y vos racines et posez sur le feu en tournant de temps en temps avec une cuiller de bois; faites ensuite cuire comme les autres purées, passez-la de même et servez-vous-en pour mêler avec du riz et toutes sortes de pâtes.

N. B. Les purées maigres de racines se font de même, avec cette seule différence que lorsqu'elles sont blanchies, vous les passez avec un morceau de beurre et les mouillez avec du bouillon de pois.

N° 37. Purées économiques.

Vous faites cuire, comme il est dit à l'art. 27, avec cette différence qu'au lieu de lard, de bœuf et de veau, vous vous contentez d'un léger morceau de petit salé, de quelques parures de viandes, d'abatis ou de carcasses de volaille, et mouillez avec du bouillon ou même avec de l'eau.

N° 38. Purées maigres.

Mettez vos légumes dans la marmite, avec de l'eau que vous assaisonnerez au moyen d'un bouquet, d'un ognon piqué (*Voy.* n° 1) et d'un peu de sel. Lorsque vos légumes seront presque cuits, joignez-y un morceau de beurre, et après l'entière cuisson, passez la purée au tamis comme toutes les autres.

Faites bouillir alors un instant quelques feuilles de cerfeuil haché menu dans un peu de bouillon tiré de votre pot, et jetez-le dans votre purée au moment de servir.

N° 39. Purée de Tomates.

Partagez vos tomates par le milieu ; ôtez l'eau et les graines ; placez ensuite dans une casserolle une barde de lard, des parures ou des débris de viandes et même des abatis ou des carcasses de volaille, un ognon et une carotte coupés à tranches, un girofle et un peu de céleri ; posez vos tomates par-dessus ; mettez à cuire sur le fourneau à petit feu ; couvrez la casserolle, et, lorsque vos tomates sont bien cuites, lorsqu'il n'y reste plus d'eau, mouillez avec du bon bouillon et faites bouillir à petit feu ; ensuite, vous ôterez votre viande et passerez au tamis, comme pour les autres purées.

N° 40. **Riz au bouillon.**

Passez au tamis du bouillon, et vérifiez s'il est de bon sel; jetez-y votre riz et faites cuire à petit feu; une bonne demi-heure doit suffire; dégraissez et versez dans une terrine.

Cuit à gros bouillon, et avec tout son mouillement à la fois, il demeure plus entier; mais il est plus pâteux, au contraire, lorsqu'on le mouille peu à peu.

N° 41. **Riz au consommé.**

Mettez dans une casserolle, sur le feu, du consommé passé au tamis; faites-y cuire le riz à petit feu; après la cuisson, dégraissez et servez.

N° 42. **Riz au blond de veau.**

Lavez bien votre riz et mettez-en dans votre casserolle une once par tête, à peu près; mouillez avec du blond de veau. (*Voy.* n° 6.)

N° 43. **Riz au coulis d'Ecrevisses.**

Faites cuire du riz avec du bon bouillon, et, lorsqu'il sera cuit un peu épais, vous y mêlerez un coulis d'écrevisses. (*Voy.* Bisque, n° 75.)

N° 44. **Riz aux Tomates.**

Cuisez le riz serré au bouillon, et délayez-le avant de servir, avec de la purée aux tomates. (*Voy.* n° 39.)

N° 45. **Riz à toute purée.**

Faites cuire votre riz un peu épais, et, au moment de servir, délayez-le avec la purée que vous voulez y joindre. (*Voy.* n° 27.)

No 46. Riz en pilau.

Faites cuire dans un bon bouillon un chapon troussé en entrée (*Voy.* n° 177). Après la cuisson, passez ce bouillon au tamis, et faites-le tomber dans une casserolle; ajoutez un peu de safran, et posez sur le feu.

Mettez-y alors une ou deux livres de riz. Il faut à peu près en bouillon deux fois et demi le volume du riz; faites en sorte que ce bouillon soit extrêmement gras : après les premières ébullitions, continuez la cuisson à petit feu; tenez votre riz très-épais et peu cuit; un moment avant de servir, ayez une casserolle un peu haute de bords, ou bien un moule en forme de bonnet turc : passez au-dedans du dégraissis de votre pot, mettez une partie du riz dans ce moule, ensuite la volaille par dessus, du côté de l'estomac; remplissez avec le reste du riz, et faites tenir chaud entre les deux fourneaux ou sur des cendres rouges; renversez enfin le tout sur un grand plat, et servez-le pour potage; mais en servant, présentez dans une terrine à part du bouillon pour le détremper au besoin.

No 47. Riz aux Courges.

Coupez de la courge à gros dés, mettez-la dans un pot où elle soit un peu serrée; assaisonnez avec du sel, un ognon piqué (*Voy.* n° 1) et une feuille de céleri; achevez de remplir avec de l'eau; ajoutez un morceau de beurre; faites bouillir à petit feu, et, après la cuisson, passez au tamis ou à la passoire.

Cuisez alors, avec bien peu d'eau, du riz auquel vous joindrez un peu de sel et de beurre; à moitié cuisson, mêlez-y votre courge et achevez de faire cuire ensemble.

N° 48. Potage de Riz au lait.

Mettez votre riz lavé dans une casserolle sur le feu, couvrez-le d'eau et jetez-y un grain de sel. Au bout de cinq minutes, vous l'égoutterez et mouillerez avec du lait auquel vous joindrez un peu d'écorce de citron ; faites cuire à petit feu ; mêlez-y ensuite du sucre râpé et quelques gouttes d'eau de fleurs d'orange, au moment de servir.

N° 49. Riz au lait d'amandes.

Nettoyez votre riz à l'ordinaire, et mettez-le dans une casserolle avec un peu d'eau ; ajoutez un grain de sel comme au précédent, un peu de peau de citron, deux feuilles de laurier-amande, et faites cuire à petit feu ; pilez ensuite huit onces d'amandes, humectez-les parfois en les pilant, avec une cuillerée d'eau afin qu'elles ne tournent pas en huile. Lorsqu'elles sont bien pilées, mettez-les dans une serviette avec trois verres d'eau tiède, et passez-les quatre ou cinq fois au moyen d'une cuiller de bois, et en froissant avec force. Mettez alors du sucre dans votre riz ; mouillez-le avec ce lait, et achevez de faire cuire à petit feu.

Otez avant de servir le citron et le laurier, et versez votre potage dans la soupière, en y mêlant une goutte d'eau de fleurs d'orange. On peut également presser le riz dans la passoire.

N° 50. Riz à l'eau et au sucre.

Mettez à cuire votre riz à l'eau, jetez-y un grain de sel, un peu d'écorce de citron, et faites-y tomber, en le servant, quelques gouttes d'eau de fleurs d'orange ; présentez en même temps dans une assiette du sucre râpé.

N° 51. Riz à l'eau et au beurre.

Faites comme pour le précédent, ayant soin d'y mettre assez de sel pour l'assaisonner; à moitié cuisson, jetez-y un morceau de beurre.

N° 52. Pâtes de Gênes au bouillon.

Passez au tamis, dégraissez et mettez dans une casserolle du bon bouillon que vous ferez bouillir; quand il sera en ébullition, versez-y la pâte, et faites cuire à petit feu.

Règle générale : Il faut que le bouillon dans lequel sera mise votre pâte soit de bon sel et dans une quantité bien relative à la pâte, parce qu'il ne faut pas y revenir.

N° 53. Pâte au blond de veau.

Mettez à bouillir du blond de veau (*Voy.* n° 6), au lieu de bouillon, et versez-y comme ci-dessus.

N° 54. Pâte au consommé (*Voy.* n° 5).

Comme pour celles au bouillon (*Voy.* n° 52.)

N° 55. Pâte au coulis d'Écrevisses.

Votre pâte étant cuite au bouillon, mêlez-y un coulis d'écrevisses (*Voy.* n° 74).

N° 56. Pâtes aux Tomates.

Faites de même et jetez-y, au lieu de coulis d'écrevisses, une purée de tomates (*Voy.* n° 39.)

N° 57.

On peut mêler aux pâtes, comme au riz, toutes sortes de purées (*Voy.* n° 27).

N° 58. Semoule au bouillon

Passez du bouillon au tamis; mettez sur le feu, et aux premières ébullitions, jetez-y quelques cuillerées de semoule que vous laisserez cuire un moment.

N° 59. Semoule au blond de Veau (Voy. n° 6).

Faites comme ci-dessus, avec du blond de veau au lieu de bouillon.

N° 60. Vermicelle au bouillon.

Faites bouillir votre bouillon; goûtez pour qu'il soit de bon sel, et aux premières ébullitions, jetez-y votre vermicelle, légèrement froissé dans la main; dix minutes suffiront pour le cuire.

N° 61. Vermicelle au consommé (Voy. n° 5.)

Comme au bouillon.

N° 62. Vermicelle au blond de Veau. (Voy. n° 6.)

Il se fait de même.

N° 63. Vermicelle au coulis d'Écrevisses.

Comme la pâte de Gênes. (Voy. n° 74.)

N° 64. Vermicelle aux Tomates.

Comme pour la pâte de Gênes. (Voy. n° 39.)

N° 65. Vermicelle à toutes sortes de purées.

Comme pour le riz et les pâtes. (Voy. n° 27.)

N° 66. Vermicelle au lait.

Employez pour le cuire, du lait au lieu de bouillon, et assaisonnez.

N° 67. Vermicelle à l'eau et au beurre.

Jetez à l'eau bouillante un peu de vermicelle, du sel et un morceau de beurre.

N° 68. Macaroni en potage.

Versez dans une casserolle deux litres de bon bouillon ou de blond de veau (*Voy.* n° 6). Quand il est en ébullition, jetez-y huit onces de macaroni d'Italie, et faites cuire alors à petit feu.

Servez avec du fromage râpé dans une assiette à part.

N° 69. Lazagnes.

Comme pour le macaroni.

CHAPITRE II.

POTAGES DE LUXE.

N° 70. Excellent bouillon.

Placez au fond d'une petite marmite une noix de veau (c'est la partie charnue à l'intérieur de la cuisse), deux vieilles poules ou une vieille dinde, que vous aurez vidées, flambées, et dont vous trousserez les pattes en dedans; ajoutez une carotte, un navet, une cuillerée à pot de bouillon, et posez la marmite sur le fourneau. Du moment où la réduction est opérée, couvrez la viande avec du bouillon de bœuf qui ne soit pas trop salé ; jetez-y une gigue de mouton tué du jour, et que vous aurez eu soin de faire cuire à moitié seulement à la broche; que le tout bouille ensemble dans votre marmite, et lorsque toutes les viandes seront bien cuites, passez au tamis. Vous vous procurerez ainsi un bouillon qui pourra mouiller dignement toutes sortes de purées de volaille et de gibier.

N° 71. Potage à la reine.

Rôtissez deux ou trois volailles; quand elles seront cuites, séparez la chair de la peau et des os que vous jetterez dans de l'excellent bouillon (*Voy.* n° 70) et pilez la chair dans un mortier; mêlez-y cinq ou six amandes pour blanchir votre purée, et gros comme un œuf de mie de pain que vous aurez mise un instant à tremper dans votre bouillon; ajoutez, en pilant, quelques cuillerées à bouche de ce dernier; passez au tamis en mêlant toujours un peu de bouillon pour faciliter le passage, et faites tomber dans une casserolle.

Lorsque vous voudrez vous servir de cette purée, faites-la chauffer au bain-marie, et qu'elle ne bouille pas; versez dans votre terrine, et jetez-y des croûtons de pain passés au beurre.

Observation.

On peut à la rigueur faire bon avec économie ; servez-vous de la desserte de votre table. Vous pouvez surtout faire de bonnes purées quand il vous reste les blancs d'une dinde ou toute autre volaille.

N° 72. Potage de Gibier en purée.

Toutes les autres purées de volaille et de gibier aux croûtons de pain se font de même, en supprimant pour ces dernières les six amandes.

N° 73. Potage à la napolitaine.

Faites une farce à quenelles de gibier (*Voy.* n° 158); divisez-la en petits morceaux de la grosseur d'une olive, que vous pochez dans du bouillon en ébullition; vous les mettez ensuite dans une terrine avec de l'excellent bouillon (*Voy.* n° 70) et des tranches de mie de pain coupées en rond comme des pièces de deux francs.

N° 74. Bisque.

Cuisez cent écrevisses à l'ordinaire; faites-en sécher les pattes et les coques au four, bien doux; pilez-les parfaitement, et mettez-les à bouillir dans de l'excellent bouillon (*Voy.* n° 70); un instant après, passez au tamis et conservez ce bouillon.

Pilez alors la chair des écrevisses, avec des blancs de volaille; passez au tamis pour obtenir une purée que vous délayerez avec le bouillon que je viens d'indiquer; faites chauffer au bain-marie, et versez dans votre terrine, en y joignant de petits croûtons passés au beurre clarifié.

N° 75. Bisque au Riz.

Faites cuire du riz dans du très-bon bouillon, et au moment de servir, joignez-y de la purée d'écrevisses, comme pour la précédente.

Nota. On peut, dans toutes sortes de potages de pâtes, mêler de la purée d'écrevisses.

N° 76. Potage à l'Espagnole.

Faites une farce à quenelles avec du blanc de volaille; divisez-la en petits morceaux comme des olives, que vous pocherez dans du bouillon en ébullition; vous les mettrez ensuite dans une terrine avec de l'excellent bouillon (*Voy.* n° 70) et quelques tranches de pain.

CHAPITRE III.

JUS & SAUCES.

N° 77. Jus.

Pour obtenir un bon jus, placez une barde de lard au fond d'une casserolle ; posez au-dessus deux sous-noix de veau (*Voy.* n° 246) ou des tranches de bœuf, deux carottes, deux ognons coupés par le milieu, et faites suer le tout un instant sur le feu ; mouillez ensuite avec une cuillerée de bouillon, et continuez la cuisson, en ayant soin de couvrir la casserolle. Lorsque le mouillement est réduit et qu'il s'attache, ajoutez une cuillerée à pot de bouillon, et couvrez encore ; quand le jus est prêt de tomber en glace, mettez-le sur un feu modéré, afin de faciliter cette transformation, et ne le retirez que lorsque les viandes s'attachent à la casserolle ; alors piquez-les avec la pointe d'un couteau, et recouvrez-les. Au bout de dix minutes, remplissez la casserolle de bon bouillon ; posez-la sur l'angle du fourneau : faites bouillir et écumez.

N° 78. Coulis gras.

Faites un roux avec du bon beurre et de la farine que vous tournerez ensemble dans une casserolle, sur un feu modéré et avec une cuiller de bois. Lorsqu'il est de belle couleur, retirez-le et versez-y du jus, assez pour le bien délayer sans grumeaux ; après cela versez le roux avec précaution dans la casserolle qui contient le jus ; mêlez bien avec la cuiller à pot ; assaisonnez, et lorsque la viande est cuite, dégraissez, passez au tamis ou à l'étamine, et soulevez trois ou quatre fois votre coulis avec la cuiller à pot ; c'est ce qui s'appelle *vaner la sauce*.

N. B. Dans le pays où on n'aime pas la cuisine au beurre, on lie le jus en délayant de la farine dans du bouillon ou du consommé froid, ou bien dans du vin blanc sec. On peut même à défaut de tout cela se servir d'eau ; mais il est de rigueur que le jus soit en ébullition quand on le lie.

N° 79. Espagnole.

Placez une barde de lard au fond d'une casserolle haute et bien étamée ; posez dessus des tranches de jambon de Bayonne, une noix de veau (*Voy.* n° 246), un chapon, une perdrix, une carotte, un ognon, et faites suer le tout sur un feu un peu vif ; mouillez ensuite avec du consommé peu salé ; faites partir alors sur un feu beaucoup plus ardent ; dès que le mouillement est près de sa réduction, achevez d'en obtenir la glace sur un feu modéré, et quand la viande commence à s'attacher, mouillez de nouveau avec un bon verre de Madère ou de vin blanc sec, que vous ferez encore réduire à petit feu. Un instant avant d'ôter la casserolle du feu, piquez vos viandes avec la pointe du couteau, après quoi vous la retirez et la laissez reposer dix minutes; ce temps écoulé, mouillez avec du coulis mêlé de jus ou de consommé, et faites bouillir sur l'angle du fourneau, en ajoutant quelques tranches de citron; dégraissez ensuite et passez à l'étamine ou bien au tamis; cette opération terminée, vanez votre sauce.

N° 80. Velouté.

Placez d'abord dans une casserolle des bardes de lard, des tranches de jambon, au-dessus de celles-ci des tranches de veau un peu épaisses, et mettez cette casserolle sur un feu modéré pour faire suer un instant; mouillez le tout avec de l'excellent bouillon à une épaisseur à peu près égale à celle de la couche de veau; ajoutez-y, si vous en avez, des carcasses de volaille, une carotte, un ognon piqué de deux girofles, et faites partir sur un feu ardent; couvrez la casserolle, et lorsque le mouillement sera réduit de moitié, continuez la cuisson à petit feu; piquez la viande afin d'en obtenir le suc, et surveillez jusqu'à ce que le mouillement tombe en glace. Il faut surtout observer que le velouté ne doit pas prendre couleur; pour l'éviter, mouillez avec du consommé ou du bouillon, et, lorsque ce dernier mouillement sera en ébullition, retirez la casserolle sur l'angle du fourneau; liez ensuite avec un roux blanc, ou bien avec un peu de farine délayée dans du consommé ou du bouillon froid; remuez de temps en temps avec la cuiller, et laissez cuire lentement. Dès que les viandes seront cuites, dégraissez, passez au tamis et vanez comme à l'article ci-dessus.

N° 81. Béchamelle.

Faites tomber dans une casserolle de la crème de lait,

ou à défaut du lait que vous ferez réduire à moitié par la cuisson ; alors mêlez-y une quantité à peu près égale de velouté ; posez la casserolle sur le feu, en tournant le contenu avec une cuiller de bois, jusqu'à ce qu'il soit encore réduit presque à moitié ; passez au tamis, après quoi ajoutez un petit morceau de beurre.

N° 82. Allemande.

On emploie à la confection de cette sauce, des fonds de cuisson de volailles ou du consommé de volaille, ou même du fumet (*Voy.* n° 98), qu'on mêle à une égale quantité de velouté (*Voy.* n° 80), qu'il faut faire réduire sur le feu ; après quoi on écume, on dégraisse, on ajoute une liaison de deux ou trois jaunes d'œufs, gros comme une noix de beurre frais, et on passe au tamis.

N° 83. Jus maigre de Racines.

Il faut mettre dans une casserolle du beurre ou un peu d'huile, et y jeter quelques morceaux de carotte, de navet et d'ognon, avec deux pieds de céleri ; remuez bien vos légumes sur le feu avec une cuiller de bois, et lorsqu'ils seront bien , mouillez-les avec du bouillon de pois (*Voy.* n° 8. de l'eau bouillante ; assaisonnez avec un peu de sel ; faites bouillir un instant et passez au tamis.

N° 84. Coulis de Poisson.

Vous ferez tomber, comme pour le précédent, un morceau de beurre dans une casserolle, et vous y couperez également quelques tranches d'ognon et un peu de carotte ; vous ajouterez alors des têtes, des débris, des arêtes de poisson ; après avoir fait gratiner un peu vos légumes sans les brûler, mouillez avec du jus maigre, et lorsqu'il sera en ébullition, vous le lierez comme le coulis gras, et vous l'utiliserez de la même manière.

N° 85. Roux au jus de Racines.

Vous placez sur un feu modéré votre casserolle, dans laquelle vous mettrez un morceau de beurre et un peu de farine ; vous tournerez avec une cuiller de bois ce mélange jusqu'à ce qu'il soit d'un beau roux ; mouillez alors avec du jus de racines (*Voy.* n° 83) ; faites bouillir un instant, et passez au tamis.

N° 86. Sauce tournée au bouillon de poisson.

Il faut d'abord faire ce que nous appelons un *roux blanc*, en mettant dans une petite casserolle un peu de beurre et de farine que vous tournez un moment sur le feu modéré, toujours avec la cuiller de bois, et jusqu'à ce que la farine soit seulement cuite ; prenez garde qu'elle ne roussisse ; mouillez avec du bouillon de poisson, et faites bouillir un instant ; vous ferez alors une liaison de deux ou trois jaunes d'œufs ; vous y joindrez le jus d'un citron, et passerez cette sauce au tamis.

Vous pourrez améliorer votre sauce en mettant dans la casserolle une tranche de jambon en même temps que le beurre.

N° 87. Sauce blanche à l'eau.

Mettez dans une casserolle, et sur un feu modéré, deux onces de beurre et une once de farine, dont vous ferez un roux blanc que vous mouillerez ensuite avec trois verres d'eau bouillante.

Tournez jusqu'à ce qu'il soit parfaitement en ébullition; assaisonnez; laissez bouillir encore un instant, passez la sauce au tamis, et joignez-y un filet de vinaigre.

N° 88. Béchamelle maigre.

Faites un roux blanc avec les mêmes quantités que pour le précédent; prenez toujours garde qu'il ne se colore; versez-y trois verres de lait bouillant, non pas tout à la fois, mais peu à peu, et en tournant toujours; assaisonnez avec du sel, une pincée de poivre, un morceau de carotte, un ognon piqué d'un girofle, et faites bouillir, afin qu'en se réduisant, votre sauce prenne du corps; vous ajouterez un peu de beurre et passerez au tamis.

N° 89. Jus économique bourgeois.

Ayez une barde de lard que vous poserez au fond de votre casserolle, et sur laquelle vous placerez des tranches de viande, des abatis ou bien des carcasses de volailles, une carotte et un ognon coupé; posez sur un feu ardent; faites suer, et versez-y une cuillerée à pot de bouillon; recouvrez alors votre casserolle; dès que le mouillement est réduit, et que la viande commence de s'attacher, mouillez encore avec une seconde cuillerée de bouillon, et après une nouvelle réduction des trois quarts, transposez sur un feu très-modéré pour donner à la viande le temps d'opérer une bonne glace; cette glace faite, et avant qu'elle s'attache à la casserolle, piquez la viande avec un couteau, retirez du feu, et laissez reposer dix minutes; après ce temps, mouillez à fond avec du bouillon ou de l'eau, et faites bouillir sur l'angle du fourneau; liez enfin avec un roux ou avec de la farine délayée, dont vous faites un coulis (*Voy.* n° 78).

N° 90. Espagnole économique bourgeoise.

Coupez à gros dés une tranche de jambon, ainsi qu'un peu de veau ou des abatis et des carcasses de volaille, un ognon, une carotte, et mettez le tout dans une casserolle sur le feu, avec un peu de dégraissis de fond de cuisson, et faites roussir; ensuite vous mouillerez avec un demi-verre de vin blanc sec, et y joindrez deux tranches de citron; lorsque le vin blanc sera réduit, mouillez de nouveau avec du coulis (*Voy.* n° 78) et un peu de réduction de cuisson, ou bien une cuillerée de consommé (*Voy.* n° 5); faites bouillir sur l'angle du fourneau; dégraissez et passez au tamis.

N° 91. Velouté économique bourgeois.

Coupez, comme pour le précédent, du jambon, du veau et des carcasses de volaille ou des abatis, ainsi que les mêmes légumes; placez le tout dans votre casserolle, et posez-la sur un feu modéré, en ajoutant un morceau de beurre ou de lard râpé; ne faites point roussir; ajoutez une cuillerée à bouche de farine; mouillez avec du consommé ou du bouillon, ou à défaut, avec de l'eau bouillante; joignez-y un clou de girofle, le quart d'une feuille de laurier, une tige de céleri et du persil; faites bouillir sur l'angle du fourneau, dégraissez et passez au tamis.

N° 92. Béchamelle économique.

Faites-la comme la précédente, en vous servant de velouté bourgeois.

N° 93. Sauce allemande économique.

Comme celle du n° 91, en vous servant de velouté bourgeois.

N° 94. Sauce au poulet économique.

Faites un velouté économique bourgeois, et avant de le passer au tamis, liez-le avec trois ou quatre jaunes d'œufs; joignez-y un jus de citron et passez au tamis.

N° 95. Consommé économique bourgeois.

Jetez dans un pot ou une petite marmite un jarret et deux pieds de veau, que vous avez bien fait dégorger, et dont vous avez coupé les batillons; ajoutez des abatis, des carcasses de volaille, des os du bout du manche d'un gigot de mouton, enfin toutes les parties nerveuses des viandes; mettez à cuire, et mouillez avec du bouillon ou de l'eau

Ecumez, assaisonnez, ajoutez une carotte, un ognon piqué (*Voy.* n° 1); couvrez et faites bouillir à petit feu jusqu'à ce que la viande soit ce que l'on appelle pourrie de cuisson; passez alors au tamis.

N° 96. Essence de jambon.

Réunissez dans une casserolle, et faites suer ensemble des tranches de jambon et de noix de veau (*Voy.* n° 245) d'un travers de doigt d'épaisseur; faites-y réduire du Madère ou du vin blanc sec; après son entière réduction, mouillez avec du consommé, et faites bouillir sur l'angle du fourneau; vous le passerez au tamis lorsque la viande sera cuite, et ferez ensuite réduire à petit feu, jusqu'à moitié glace, après quoi vous le verserez pour vous en servir au besoin : c'est une bonne sauce pour donner du corps à celles qui se trouveraient faibles.

N° 97. Essence de Racines.

Prenez cinq carottes, autant de navets, d'ognons, et deux porreaux, deux pieds de céleri, les cœurs de deux laitues, et un clou de girofle (*Voy.* n° 1); mouillez le tout avec du consommé ou du bouillon (*Voy.* n° 5) doux sel ; alors faites bouillir à petit feu, et lorsque les racines seront cuites, passez-les au tamis. Il faut que cette essence soit reposée un instant pour s'en servir.

N° 98. Fumet de Volaille.

Mettez dans une casserolle des carcasses et des abatis de volaille, un morceau de carotte, deux échalottes et un clou de girofle ; mouillez avec du consommé ou de l'excellent bouillon doux de sel ; écumez et faites bouillir à petit feu, jusqu'à ce que la viande soit cuite ; alors vous passerez le tout au tamis.

N° 99. Fumet de Gibier.

Employez de préférence pour ce fumet les carcasses et les abatis de faisans, de perdreaux ou de lapereaux de champ ; ajoutez-y, comme dans le précédent, la carotte, les échalottes et le clou de girofle ; mouillez également jusqu'à la surface avec du consommé ou du bouillon, et quand les viandes sont cuites, passez au tamis.

N° 100. Sauce Espagnole travaillée au fumet de Volaille et de Gibier.

Ayez soin que la casserolle où vous devez travailler votre sauce soit bien étamée, parce que l'étamage contribue à la rendre brillante. Mettez-y du fumet de gibier ou de volaille, selon que l'entrée avec laquelle vous devez la servir est de l'un ou de l'autre ; ajoutez une quantité à peu près semblable de sauce espagnole, et placez la casserolle sur un feu ardent ; il faut remuer avec une cuiller jusqu'à l'ébullition ; retirez-la sur l'angle du fourneau pour bien écumer et dégraisser ; après quoi vous la remettrez au feu, en remuant toujours avec une cuiller, jusqu'à ce que la sauce soit au point ; alors vous la passerez au tamis.

Nota. Lorsque vous travaillerez les sauces au fumet de gibier, mêlez-y un demi-verre de vin de Madère et des truffes.

N° 101. Aspic.

Lavé quatre œufs ; cassez-les et jetez-les avec leur coque dans une casserolle un peu haute ; mêlez-y deux cuillerées à bouche de bon vinaigre blanc et un demi-verre de consommé froid ; fouettez le tout pendant cinq minutes avec un petit fouet d'osier, après quoi vous y mettrez à peu près deux litres de consommé, et vous poserez la casserolle sur le feu en remuant toujours son contenu avec le fouet ; dès que l'ébullition se manifeste, retirez-la sur l'angle du fourneau, couvrez-la ; posez sur le couvert trois charbons ardents, et laissez bouillir à petit feu environ une demi-heure. Dans cet intervalle, attachez au dos d'une chaise une serviette pliée en quatre doubles, au-dessous de laquelle vous placez une terrine. C'est dans la serviette que vous devez passer par deux fois votre aspic, afin de le mieux clarifier ; si, même après la deuxième opération, la clarification n'était pas suffisamment obtenue, il faudrait la renouveler.

N° 102. Purée de Bécasses.

Faites rôtir des bécasses à la broche; dépecez-les et mettez-en les peaux et tous les débris d'os dans une casserolle avec un peu de vin blanc sec, une échalotte et le quart d'une feuille de laurier; faites réduire des trois quarts : après quoi mouillez, avec un peu d'espagnole ou de coulis, auquel vous mêlerez du consommé (*Voy.* n° 5), ou un peu de fond de cuisson de volaille ; faites bouillir de nouveau cette sauce jusqu'à ce qu'elle soit encore réduite de moitié; dégraissez-la et passez au tamis.

Pilez la chair et les boyaux de vos bécasses ; délayez-les dans la sauce déjà faite; passez à l'étamine ou au tamis, et quand vous voudrez employer votre purée, faites-la chauffer au bain-marie.

Nota. Les purées de toutes sortes de gibier se font de même : on retranche les boyaux dans ceux qui ne sont pas rôtis.

N° 103. Purée de Volailles.

Faites également rôtir les volailles à la broche; dépecez-les de même, et mettez-en les peaux et les os dans une casserolle, avec une échalotte et le quart d'une feuille de laurier; mouillez avec un peu de fond de cuisson de volaille ou de consommé (*Voy.* n° 5), et faites réduire à moitié; mouillez alors avec du velouté (*Voy.* n° 80); faites bouillir doucement sur l'angle du fourneau, et passez à l'étamine ou au tamis.

Pilez les chairs des volailles ; délayez-les avec votre sauce et passez encore au tamis ; vous obtiendrez ainsi la purée que vous ferez chauffer au bain-marie quand vous voudrez vous en servir.

Nota. On peut employer à la confection de ces sortes de purées les restes de rôti, soit de volaille ou de gibier, et remplacer la sauce ci-dessus indiquée par du bouillon (*Voy.* n° 1).

N° 104. **Purée d'Ognons.**

Coupez des ognons à gros dés, et placez-les dans une casserolle, sur une petite tranche de jambon et un peu de lard râpé; exposez-les à un feu modéré jusqu'à ce qu'ils soient à peu près cuits; alors faites partir sur un feu plus ardent, en les remuant avec une cuiller de bois, jusqu'à ce que toute l'eau qu'ils ont pu rendre soit réduite, et dès qu'ils sont de belle couleur, mouillez-les avec du coulis (*Voy.* n° 78), et terminez la cuisson à petit feu; dégraissez et passez au tamis pour obtenir la purée.

N° 105. **Purée d'Ognons à la Béchamelle.**

Mettez dans une casserolle des ognons entiers que vous mouillerez avec du consommé (*Voy.* n° 5) ou du bon bouillon (*Voy.* n° 1); placez au-dessus une barde de lard, et posez sur un feu modéré; faites cuire bien lentement, en évitant que les ognons prennent de la couleur; quand vous jugez qu'ils sont cuits, égouttez-les et placez-les dans une serviette bien propre, dans laquelle vous les tordrez à deux, afin de comprimer fortement et de les réduire en purée; vous séparerez la partie aqueuse que vous obtiendrez d'abord, afin que la purée ne soit pas trop liquide, et vous mettrez le plus épais dans une casserolle avec une quantité suffisante de béchamelle (*Voy.* n° 81).

N° 106. **Demi-glace.**

Pour obtenir une demi-glace, il faut d'abord faire suer dans une casserolle une plaque de lard, un jarret de veau des carcasses et des abatis de volaille, et une vieille poule; il faut mouiller ensuite, avec une cuiller à pot de consommé ou de bouillon (*Voy.* n° 1) doux de sel, et faire tomber en glace ; alors on mouille de nouveau avec du bouillon ou du consommé, de manière à couvrir toute la cuisson ; on y joint une carotte, un ognon piqué de deux girofles ; on écume le tout, et enfin, on le fait bouillir jusqu'à ce que la viande soit bien cuite ; alors on passe le liquide au tamis ; quand il est froid, on le clarifie (*Voy.* n° 101), et enfin, on le met après cette opération dans une casserolle haute de bords et bien étamée, où on le fait réduire en demi-glace ; ce dont on juge quand le liquide est rapproché à l'épaisseur d'un coulis.

N° 107. Purée de Pommes de terre.

Faites cuire dans un bon bouillon (*Voy.* n° 1) des pommes de terre pelées ; passez-les au tamis pour en faire une purée et en y joignant un peu de fond de cuisson de volaille ou de consommé (*Voy.* n° 5), pour qu'elles se tamisent plus aisément ; ensuite vous délayerez cette purée avec de l'espagnole (*Voy.* n° 79) ou du velouté (*Voy.* n° 80) ou bien de la béchamelle (*Voy.* n° 81).

N° 108. Sauce à la Purée d'Épinards.

Lavez et nettoyez vos épinards, dont vous n'emploierez que les feuilles ; faites-les blanchir à l'eau bouillante, après la cuisson, dont vous jugerez au toucher, jetez-les à l'eau fraîche pour qu'ils conservent leur vert ; égouttez en pressant bien dans les mains ; puis hachez et pilez.

Mettez cette pâte dans une casserolle où vous aurez fait suer une petite tranche de jambon ; ajoutez un peu de beurre frais ou de dégraissis de cuissons de fricandeau (*Voy.* n° 246), et passez un instant sur le feu, en remuant parfois avec la cuiller ; après quoi mouillez avec du velouté ou du coulis (*Voy.* n° 78) ; à défaut, jetez-y une pincée de farine, et mouillez avec un peu de bouillon (*Voy.* n° 1).

N° 109. Beurre d'Écrevisses.

Faites cuire à l'eau cent écrevisses ; séparez-en les pattes et les coques que vous ferez sécher à la bouche du four, bien doux ; pilez-les ensuite jusqu'à ce qu'elles soient bien pulvérisées ; joignez-y alors dix onces de bon beurre que vous pilerez également, et délayez ce mélange avec quelques cuillerées d'eau ; passez le tout à l'étamine pour en exprimer le suc, et faites tomber dans une casserolle d'eau chaude ; enlevez les parties de beurre qui restent au-dessus et versez-les dans un plat profond, rempli d'eau froide, afin qu'elles se figent ; lorsqu'elles seront bien refroidies, vous les épongerez avec un linge, pour les dégager de l'eau qu'elles pourraient encore contenir.

N° 110. Beurre de Languedoc aux Écrevisses.

Pilez une cuillerée à bouche de câpres déjà hachées, deux anchois, une échalotte, quatre jaunes d'œufs durs ; assaisonnez avec du sel et du poivre, et mêlez quatre onces de beurre d'écrevisses et du carmin ; pilez le tout ensemble, et versez-y la moitié d'un verre d'huile avec le jus d'un citron ; sortez-le du mortier, et tenez-le dans un lieu frais.

N° 111. Beurre de Languedoc à la Ravigote.

Faites blanchir cinq minutes à l'eau bouillante, du cerfeuil, de l'estragon, de la pimprenelle et des ciboulettes ;

jetez-les à l'eau fraîche ; pressez-les dans la main, et placez-les dans un mortier avec quatre jaunes d'œufs durs, deux beaux anchois, une cuillerée de câpres, une de cornichons, le tout haché d'abord : pilez ferme, et joignez-y ensuite quatre onces de beurre ; pilez encore, et faites-y tomber, peu à peu un demi-verre d'huile et le jus d'un citron ; quand le tout sera parfaitement amalgamé, retirez le beurre sur une assiette et au frais, à la glace même, en attendant que vous vous en serviez.

N° 112. Sauce au beurre d'Ecrevisses.

Faites réduire sur le feu du fond de cuisson de volaille bien dégraissé, et passez au tamis ; ou bien du fumet de volaille que vous mêlez avec de la sauce à velouté, après l'avoir bien écumée ; vous y joindrez du beurre d'écrevisses en la servant.

N° 113. Purée d'Ecrevisses.

Faites, avec les coques de cinquante écrevisses et quatre onces de beurre frais, du beurre d'écrevisses, ainsi qu'il est expliqué au n° 109 ; puis vous pilez la chair des écrevisses ; vous y joignez du velouté, et vous passez le tout au tamis ; enfin, ajoutez-y le beurre des coques que vous faites chauffer, et mêlez le tout ensemble.

N° 114. Moutarde à la Provençale.

Enlevez, comme pour le précédent, le germe et la peau de deux gousses d'aulx, et pilez celles-ci parfaitement dans un petit mortier de bois ; jetez-y un peu de sel, un jaune d'œuf du jour, et broyez avec le pilon ; faites monter cette moutarde en tournant toujours et légèrement le pilon ;

allongez avec de l'huile que vous faites tomber par intervalles et goutte à goutte.

Mêlez-y gros comme une noisette de mie de pain trempée dans le bouillon de poisson (*Voy.* n° 3), après l'avoir épongée; à mesure que vous continuez ce mélange, faites-y tomber quelques gouttes de jus de citron ou de verjus ou même de vinaigre; allongez également avec un peu de bouillon de poisson, toujours mis goutte à goutte, comme l'huile et le verjus.

Cette moutarde exige beaucoup de soins; quelques personnes préfèrent la monter sans œufs, d'autres la trouveraient trop forte.

On la sert sur une assiette, à côté du plat contenant le poisson bouilli ou l'objet avec lequel on veut la manger.

N° 115. Vert d'Épinards.

Lavez bien des feuilles d'épinards; pilez-les dans un mortier; mettez-les dans une serviette, et tordez-la pour en extraire l'eau; faites tomber cette eau dans une casserolle que vous mettrez sur un feu doux; couvrez-la et placez un peu de feu sur le couvert; après quelques instants d'ébullition, le vert s'attachera au fond; jetez l'eau, et mettez le vert sur une assiette pour vous en servir au besoin.

N° 116. Sauce au chevreuil.

Coupez à gros dés, et réunissez dans une casserolle, un morceau de veau ou des débris de viande, des abatis et carcasses de volaille, une tranche de jambon, un peu de carotte, un ognon, un ail, le quart d'une feuille de laurier et un clou de girofle; exposez le tout sur un feu doux, afin de le faire roussir; joignez-y un peu de dégraissis de cuisson de volaille ou de toute autre cuisson, et remuez de temps en temps, afin que rien ne s'attache à la casserolle; quand le roux sera uniformément obtenu, vous mouillerez avec un demi-verre de bon vinaigre et vous le ferez réduire pour mouiller de nouveau avec de l'espagnole (*Voy.* n° 79) ou du coulis (*Voy.* n° 78) mêlé à un tiers de sa quantité de consommé (*Voy.* n° 5) ou fond de cuisson de volaille; faites bouillir cette sauce sur l'angle du fourneau; lorsque la viande sera parfaitement cuite, vous dégraisserez, et enfin, passerez au tamis.

Nota. On peut, après la réduction du vinaigre, lorsqu'on n'a ni coulis, ni espagnole, mettre une pincée de farine dans la casserolle, et mouiller un instant après avec du jus ou du bouillon, et terminer à l'ordinaire.

N° 117. Sauce hachée.

Hachez séparément un peu de jambon, une échalotte ou bien un peu d'ognon, un anchois, quelques truffes, du persil, des champignons, des câpres ou des cornichons; mettez l'ognon et le jambon dans une casserolle que vous poserez sur le feu, et dans laquelle vous jetterez en même temps un peu de dégraissis de quelque bon fond de braise (*Voy.* n° 174); passez cela un moment en le remuant avec une cuiller de bois; ajoutez alors vos autres hachis à l'exception des cornichons et des câpres; ajoutez un quart de feuille de laurier, piquée d'un clou de girofle et un ail; mouillez un instant après avec du jus (*Voy.* n° 77) que vous ferez réduire seulement; cela fait, mouillez encore avec du coulis (*Voy.* n° 78), et faites réduire de nouveau, à petit feu, sur l'angle du fourneau; après une réduction suffisante, dégraissez, et lorsque vous voudrez servir, ajoutez les câpres et les cornichons qu'il ne faut pas laisser bouillir dans la sauce.

N° 118. Poivrade ou Sauce pointue.

On emploie dans cette sauce du persil en branche, de la ciboule, une feuille de laurier, une tranche d'ognon, un demi-verre de bon vinaigre, du poivre et du sel ; on réunit le tout dans une casserolle, et on l'expose sur le feu jusqu'à ce que le vinaigre soit réduit ; alors on mouille avec un peu de coulis (*Voy.* n° 78); on fait bouillir sept à huit minutes ; on dégraisse et on passe au tamis.

N° 119. Hollandaise.

Versez dans une casserolle du velouté (*Voy.* n° 80), auquel vous joindrez un filet de vinaigre blanc ; joignez-y une pincée de persil que vous aurez d'abord fait blanchir à l'eau bouillante ; ensuite pilez et passez au tamis, et quand vous voudrez servir, vous jetterez dans votre sauce bouillante un morceau de beurre de la grosseur d'une noix.

N° 120. Sauce aux Tomates ou Pommes d'amour.

Etendez au fond d'une casserolle une tranche de jambon, quelques débris de viande ou des abatis, deux tranches d'ognon, un peu de carotte, un peu de céleri et un girofle ; après avoir ôté toutes les graines et l'eau de vos pommes d'amour, posez-les dans la même casserolle et placez-les sur un feu doux ; lorsqu'elles seront presque cuites, remuez-les de temps en temps avec la cuiller de bois, pour éviter qu'elles se prennent ; après l'entière cuisson, mouillez avec du velouté (*Voy.* n° 80) ou du coulis (*Voy.* n° 78), et faites bouillir à petit feu ; un instant plus tard, ôtez tous les débris de viande et passez au tamis, en ayant soin de bien presser avec la cuiller.

Observation.

Dans la petite cuisine, on n'a pas toujours du coulis : on supplée à ce mouillement avec une pincée de farine et un peu de bouillon qu'on répand par dessus, un instant après; il faut également dans ce cas passer au tamis.

N° 121. Sauce génevoise.

Faites blanchir une petite poignée d'épinards à l'ordinaire, que vous hachez ensuite ; passez-les sur le feu avec un morceau de beurre ; joignez-y des échalottes ou de l'ognon, un anchois, du persil, une cuiller à bouche de câpres, une autre de cornichons, le tout bien haché ; pilez avec les épinards ; ajoutez-y un morceau de beurre frais de la grosseur d'un œuf ; mêlez-y quatre jaunes d'œufs durcis ; après avoir de nouveau pilé le tout ensemble, mettez ce mélange dans une casserolle et assaisonnez; ajoutez-y ensuite une cuillerée à bouche de vinaigre à l'estragon, et lorsque vous voudrez vous en servir, vous le mouillerez avec le fond de la cuisson du poisson et avec autant de sauce espagnole, ou bien du velouté (*Voy.* n° 80); vous tournerez un petit moment votre sauce sur le feu avec une cuiller ; puis vous la passerez au tamis ; vous la ferez chauffer et la répandrez immédiatement sur l'objet qu'elle doit accompagner.

N° 122. Sauce à la Maître-d'Hôtel.

Ayez un peu de persil et d'échalotte bien hachés ; joignez-y la grosseur d'un œuf de beurre frais ; assaisonnez avec du sel, du poivre, et le jus d'un citron ; amalgamez le tout avec une cuiller, et lorsque vous voudrez servir, posez d'abord la sauce sur le plat, et la viande ou l'objet quelconque par dessus.

N° 123. Beurre noir.

Mettez du beurre dans une casserolle, et posez-la sur le feu ; lorsque votre beurre est noir, jetez dedans un demi-verre de vinaigre, du sel et du poivre ; écumez, passez au tamis en faisant tomber dans une autre casserolle, et servez bien chaud, après avoir ajouté quelques câpres.

N° 124. Sauce au Restaurant.

Mettez dans une casserolle un peu de glace à fricandeau (*Voy.* n° 106), et mouillez-la avec de l'espagnole (*Voy.* n° 79); faites bouillir un instant sur l'angle du fourneau, écumez et passez au tamis.

N° 125. Sauce claire.

Vous n'avez qu'à faire chauffer de l'aspic (*Voy.* n° 101) dans une casserolle, et le verser bouillant sur l'objet.

N° 126. Sauce Italienne.

Hachez très-fin, dans une casserolle, un peu d'échalotte, du persil et quelques truffes ; ajoutez-y une demi-cuillerée d'huile, une tranche de citron, un ail et le quart d'une feuille de laurier piquée d'un clou de girofle.

Posez sur le feu, et dix minutes après, versez-y le quart d'un verre de vin blanc sec ; après sa réduction, mouillez avec de l'espagnole (*Voy.* n° 79); faites bouillir un instant sur l'angle du fourneau ; ensuite vous dégraisserez ; enlevez la tranche de citron et l'ail, et servez-vous de votre sauce au besoin.

N° 127. Italienne blanche.

Faites comme pour la précédente, mais en mouillant avec du velouté (*Voy.* n° 80).

N° 128. Petit-Deuil.

Ayez un peu de glace de fricandeau (*Voy.* n° 246) dans une petite casserolle, et mouillez-la avec du velouté (*Voy.* n° 80); faites bouillir un instant, et coupez-y à petits dés, une truffe bien noire.

N° 129. Sauce au charbon.

Pilez deux truffes bien noires, et mouillez-les avec du velouté (*Voy.* n° 80); faites bouillir et passez au tamis.

N° 130. Sauce à l'estragon.

Mettez un peu d'aspic (*Voy.* n° 101) dans une casserolle; aux premières ébullitions, jetez-y quelques feuilles d'estragon, et faites bouillir encore deux minutes.

N° 131. Soupiquet pour Levraut rôti.

Hachez le foie cru que vous mettez dans une casserolle, sur le feu, avec un morceau de beurre frais ou du dégraissis, ou bien encore du fond de cuisson de volaille ou de gibier; joignez-y une échalotte, du persil en branche, du thym, du laurier, du basilic, un girofle, un ail, un verre de bouillon, un demi-verre de vinaigre, un demi-verre de coulis; tournez cette sauce avec une cuiller, jusqu'à ce qu'elle bouille; assaisonnez-la alors avec du sel et un petit excès de poivre, de manière à ce que celui-ci domine un peu; puis vous la laisserez réduire à moitié, vous la passerez au tamis, et la servirez ensuite dans un saucier, à côté du levraut.

N° 132. Sauce au Citron.

Pressez le jus de deux citrons, que vous recevrez dans une casserolle; assaisonnez-le avec un peu de sel; remuez avec une cuiller d'argent, et versez-y goutte à goutte le tiers d'un verre de très-bonne huile.

N° 133. Sauce gastronomique.

Mettez du velouté dans une casserolle et une portion égale de consommé de volaille; joignez-y un peu de demi-glace et gros comme une noix de beurre du jour; vous tournerez ensuite le tout avec une cuiller, et sur le feu, jusqu'à moitié réduction.

N° 134. Rémoulade.

Hachez du persil, deux échalottes, un peu d'ognon, et pressez-les ensuite dans un linge pour en extraire les parties aqueuses; hachez aussi des cornichons, des câpres et un anchois; après quoi vous pilerez parfaitement le tout dans un mortier avec quatre jaunes d'œufs durcis, un peu de persil blanchi d'abord, un peu d'ail, si vous ne le craignez pas, et, lorsque ces objets seront bien pilés, vous y mettrez un jaune d'œuf cru; vous verserez presque goute à goutte dans le mortier la valeur d'un bon verre d'huile; vous assaisonnerez votre rémoulade avec du sel, du poivre, de la moutarde, une cuillerée à bouche de bon vinaigre à l'estragon, un peu de jus de citron, et vous mêlerez bien le tout ensemble.

N° 135. Sauce Ravigote bourgeoise.

Mettez sur le feu, dans une casserolle, un anchois, une échalotte, quelques câpres, des cornichons, des truffes et du persil, le tout bien haché; versez-y un demi-verre de vinaigre blanc à l'estragon ; un instant avant la réduction, mouillez avec du velouté (*Voy.* n° 80) ou de l'espagnole (*Voy.* n° 79); assaisonnez de bon goût, faites bouillir un instant par côté sur l'angle du fourneau, écumez, et au moment de servir, mêlez-y un œuf dur haché, et une cuillerée à café de moutarde.

N° 136. Sauce Ravigote froide, bourgeoise.

Ayez un anchois, une échalotte, des câpres, des cornichons, des truffes, du persil, de l'estragon, du cerfeuil, un œuf dur, le tout bien haché ; posez ce mélange dans un saladier, assaisonnez-le avec du sel, une pincée de poivre et de la moutarde ; délayez avec un tiers de verre de vinaigre blanc à l'estragon, et un demi-verre d'excellente huile ; ajoutez une cuillerée de consommé (*Voy.* n° 5) ou de fond de cuisson de volaille (*Voy.* n° 174) bien dégraissé et passé au tamis, ou bien de l'aspic haché (*Voy.* n° 101).

N° 137. Mayonnaise.

Il faut jeter dans une petite terrine deux jaunes d'œufs du jour, un peu de sel et le quart d'une cuillerée de vinaigre ; remuez bien ce mélange avec une cuiller de bois, et lorsque la mayonnaise commence à se lier, ajoutez-y, en remuant toujours, une cuillerée à bouche d'huile que vous ferez tomber goutte à goutte; faites de même pour quelques gouttes de vinaigre que vous y ajouterez également, et que la cuiller de bois frotte constamment les parois de la terrine ; ce frottement fera blanchir votre sauce. Lorsqu'elle sera bien liée, mêlez-y de l'huile à plus forte dose en y mariant toujours un peu de vinaigre; ajoutez à ce mélange un peu d'aspic congelé (*Voy*. n° 101).

Placez-vous, pour faire la mayonnaise, dans un lieu frais; si elle venait à se décomposer, ce qui peut arriver, sortez-la de la terrine, dans laquelle vous jetterez un jaune d'œuf du jour et une cuillerée de béchamelle (*Voy*. n° 81), que vous mêlerez bien ensemble par le frottement, et auxquels vous joindrez peu à peu votre mayonnaise.

N° 138. Mayonnaise à la Ravigote.

Prenez une poignée de cerfeuil et de ciboule, de l'estragon et de la pimprenelle; après les avoir bien lavés, faites-les blanchir à l'eau bouillante pendant cinq à six minutes, en y joignant un peu de sel; jetez le tout dans une passoire; mettez à l'eau fraîche, et pressez ensuite avec la main pour en extraire l'eau; placez ces objets dans un mortier avec un anchois nettoyé et lavé; pilez votre ravigote; joignez-y une bonne cuillerée de mayonnaise; passez le tout au tamis, et mêlez-le avec une mayonnaise ordinaire.

N° 139. Soubise.

Coupez des ognons à dés; joignez-y une petite tranche de jambon, et faites cuire à bien petit feu, en couvrant votre casserolle; prenez garde qu'ils ne roussisse, et mêlez-y un peu de dégraissis d'un fond de braise (*Voy*. n° 174), ou un petit morceau de beurre bien frais; assaisonnez vos ognons, et lorsqu'ils sont bien cuits, mouillez-les avec un peu de velouté (*Voy*. n° 80); à défaut, jetez-y une pincée de farine, et mouillez un peu après avec du consommé (*Voy*. n° 5), ou du bouillon (*Voy*.

n° 1); faites bouillir doucement en remuant parfois avec la cuiller, et au moment de servir, faites à votre sauce une liaison avec deux jaunes d'œufs, auxquels vous ajouterez un peu de jus de citron.

N° 140. Sauce à l'Oseille.

Faites blanchir à l'eau votre oseille, d'abord bien lavée ; lorsqu'elle est cuite, égouttez-la à la passoire ; hachez et passez au tamis ; placez alors dans votre casserolle une tranche de jambon ; posez sur le feu en ajoutant un peu de fond d'un fricandeau (*Voy.* n° 246) ou bien du beurre frais ; jetez votre oseille dedans, assaisonnez avec du sel et une pincée de poivre ; passez le tout un moment sur un feu doux, pour faire prendre bon goût, et remuez avec la cuiller ; mouillez ensuite avec du coulis (*Voy.* n° 78), à défaut, jetez-y, comme pour le précédent, une pincée de farine, et mouillez avec du bouillon (*Voy.* n° 1) ou du jus (*Voy.* n° 77).

Vous pouvez, pour bonifier votre oseille, la passer dans la casserolle où vous aviez fait une glace (*Voy.* n° 184) ; dans ce cas, rappelez-vous qu'elle doit être moins salée.

N° 141. Sauce à la Chicorée.

Ne prenez que le blanc de vos chicorées ; blanchissez-les à l'eau bouillante ; mettez-y un peu de sel, et quand elles seront cuites, jetez-les à la passoire ; pressez pour en extraire l'eau, et hachez bien fin ; placez-les alors dans une casserolle avec une petite tranche de jambon et un morceau de beurre frais ou le dégraissis d'une cuisson de fricandeau (*Voy.* n° 246) ; assaisonnez bien légèrement, et passez un bon moment sur un feu modéré pour en faire prendre le goût; remuez de temps en temps avec la cuiller; mouillez ensuite avec du velouté (*Voy.* n° 80), ou bien mettez-y la pincée de farine comme ci-dessus (*Voy.* n° 1), mouillant un peu après avec du bouillon et un peu de lait; lorsque vous voudrez servir, liez avec deux jaunes d'œufs.

N° 142. Sauce Robert.

Mettez dans la casserolle une petite tranche de jambon et un peu de dégraissis d'un bon fond de cuisson (*Voy.* n° 174), ou un petit morceau de beurre; ajoutez trois ou quatre ognons coupés à petit dés; faites roussir à petit feu, en tournant par intervalles avec la cuiller; assaisonnez avec du sel et un peu de poivre; lorsque vos ognons seront cuits et roux, mouillez avec du coulis (*Voy.* n° 78), ou bien faites avec de la farine et du bouillon comme aux précédents (*Voy.* n° 1); laissez bouillir un moment à petit feu, et lorsque vous voudrez servir, ajoutez une bonne cuillerée à bouche de vinaigre blanc, et un peu de moutarde.

N° 143. Sauce aux Truffes.

Coupez à tranches deux ou trois truffes; mettez-les dans une casserolle avec un peu d'échalotte bien hachée et quelques gouttes d'huile; assaisonnez et passez deux minutes sur le feu.

Ajoutez un peu de vin blanc sec; sitôt qu'il sera réduit, mouillez avec du velouté (*Voy.* n° 80) ou de l'espagnole (*Voy.* n° 79) et faites bouillir deux minutes seulement; écumez, dégraissez et servez.

N° 144. Sauce à la Pâte en ouille (*Voy.* n° 603).

Faites blanchir pendant une demi-heure, de la pâte en ouille dans du bouillon; jetez-la alors à la passoire pour l'égoutter, et vous la placerez ensuite dans une casserolle où vous aurez déjà mis à bouillir de l'aspic (*Voy.* n° 101); faites cuire pendant dix minutes à petit feu, et servez-vous de cette sauce pour des entrées.

N° 145. Sauce aux petits pois.

Posez sur un feu modéré votre casserolle où vous aurez déjà mis une tranche de jambon et un peu de dégraissis de fricandeau (*Voy.* n° 246); vous y passez un instant vos pois, et les mouillez ensuite avec moitié jus (*Voy.* n° 77) et moitié coulis (*Voy.* n° 78); continuez la cuisson à petit feu, et dégraissez avant de servir.

N° 146. Sauce aux Olives.

Tournez des olives, faites-les blanchir et mettez-les dans une casserolle avec un peu de coulis (*Voy.* n° 78). On peut remplacer le noyau des olives avec de la farce à quenelles.

N° 147. Émincée aux Concombres.

Fendez en quatre quatre concombres; ôtez-en les graines, les bouts et la peau, et émincez-les bien fin; émincez aussi deux ognons, et mêlez le tout dans un plat profond; jetez-y un peu de sel et le quart d'un verre de vinaigre blanc; une heure après, mettez votre émincée dans une serviette, et tordez à deux pour en extraire l'eau; posez dans une casserolle une petite tranche de jambon; mettez-y votre émincée et du dégraissis d'un bon fond de cuisson (*Voy.* n° 174), ou bien du beurre; passez cela sur un feu modéré, en remuant de temps en temps avec la cuiller de bois; faites attention que votre émincée ne devienne pas rousse; faites-y réduire un peu de consommé (*Voy.* n° 5) ou de bouillon (*Voy.* n° 1), et lorsqu'elle sera cuite, mouillez avec du velouté (*Voy.* n° 80); à défaut, jetez-y une pincée de farine, et mouillez un moment après avec du consommé ou du bouillon ou même du lait; laissez bouillir quelques instants à petit feu, et quand vous voudrez utiliser cette sauce, faites-y une liaison avec deux jaunes d'œufs.

N° 148. Garniture aux Haricots.

Après l'entière cuisson, égouttez-les à la passoire, et mettez dans une casserolle un morceau de beurre frais avec une cuiller à bouche de farine, que vous tournerez sur le feu, à l'aide d'une cuiller, jusqu'à ce que vous obteniez une bonne couleur rousse; vous y joindrez alors un peu d'ognon haché, et vous tournerez toujours jusqu'à ce que l'ognon soit cuit; mouillez le roux avec du jus (*Voy.* n° 77) dont vous exciterez l'ébullition, en ayant soin de tourner constamment; assaisonnez de bon goût; vous jetterez ensuite vos haricots dedans et continuerez de faire bouillir à petit feu; vous pourrez y joindre un peu du fond de cuisson de l'entrée ou du jus de votre rôti.

N° 149. Garniture aux Aulx.

Épluchez et mettez à blanchir à l'eau bouillante des aulx et un peu de sel; lorsqu'ils seront presque cuits, égouttez-les à la passoire, et jetez-les dans une casserolle avec un peu de jus (*Voy.* n° 77) ou du coulis (*Voy.* n° 78); dès lors vous acheverez leur cuisson à petit feu.

N° 150. Garniture aux Navets.

Ratissez, coupez et tournez en forme d'olives vos navets, que vous ferez blanchir ensuite, pendant dix minutes, à l'eau bouillante; égouttez-les à la passoire, et couvrez-les de bouillon (*Voy*. n° 1) dans une casserolle ; posez dessus des plaques de lard, et recouvrez d'un rond de papier ; faites cuire à petit feu, et après cuisson, lorsque leur mouillement est réduit, égouttez-les sur un tamis ; puis vous les jetterez dans une petite casserolle où vous les mouillerez avec de la béchamelle (*Voy*. n° 81); vous pouvez aussi les mouiller avec une espagnole (*Voy*. n° 79).

N° 151. Garniture de Carottes.

Ratissez-les, tournez-les en olives, comme les précédents, et faites-les blanchir cinq ou six minutes, à l'eau bouillante; ensuite égouttez-les à la passoire, après quoi vous les placerez dans une casserolle et vous les couvrirez de bouillon ; vous ajouterez du sucre gros comme une noisette, pour corriger leur âcreté, et une plaque de lard que vous étendrez au-dessus ; couvrez alors avec un rond de papier et un couvert, et faites cuire à petit feu ; lorsqu'elles seront au point, retirez le lard et faites en sorte que le fond de cuisson soit assez réduit pour tomber en glace ; il est essentiel de n'employer, dans ces occasions, que du bouillon doux de sel ; quand vous dresserez votre entrée, placez les carottes par dessus, et répandez sur le tout une sauce espagnole (*Voy*. n° 79).

N° 152. Petits Ognons glacés.

Foncez une casserolle avec un peu de beurre frais; placez-y ensuite de petits ognons que vous aurez épluchés avec soin sans les écorcher, sans couper trop ras les têtes ni les queues; tournez toutes les têtes vers le fond de la casserolle, et recouvrez-les jusqu'à la queue avec du bouillon (*Voy.* n° 1); ajoutez du sucre gros comme une noix, et faites partir sur un feu ardent; lorsque le mouillement sera réduit, modérez le feu, afin que les ognons aient le temps de bien se glacer sans se prendre à la casserolle.

N° 153. Garniture aux pieds de Céleris.

Tournez des pieds de céleris; blanchissez-les à l'eau bouillante pendant cinq minutes, et vous les égoutterez; placez au fond d'une casserolle une plaque de lard; rangez-y les pieds de céleris dessus; ajoutez une petite tranche de jambon, le quart d'une feuille de laurier, deux ou trois tranches de citron, et vous recouvrirez avec une seconde plaque de lard, après y avoir mis un ognon piqué (*Voy.* n° 1); mouillez avec une quantité de bouillon qui puisse recouvrir les céleris; faites partir sur le fourneau, et mettez ensuite à cuire à petit feu, en couvrant votre casserolle et plaçant des cendres rouges sur le couvert; lorsqu'ils seront cuits, versez dans un plat profond, passez le fond de la cuisson au tamis, et mettez tout ensemble.

N° 154. Garniture aux culs d'Artichauts.

Tournez-les comme j'ai dit pour les navets (*Voy.* n° 150), et chaque fois que vous en aurez tourné un, frottez-le avec un peu de jus de citron pour qu'il conserve sa blancheur, et jetez-le à l'eau fraîche.

Mettez ensuite dans une casserolle un peu d'eau et de sel, le quart d'une feuille de laurier, un citron coupé à tranches, et un morceau de beurre de la grosseur d'un œuf environ, que vous maniez dans de la farine; mettez cela sur le feu, et, lorsque l'ébullition l'aura réduit à peu près de moitié, égouttez vos artichauts et jetez-les dedans; couvrez d'un rond de papier et d'un couvert de casserolle, et après l'entière cuisson, versez le tout dans un plat profond.

N° 155. Garniture de Racines.

Mettez quelques carottes cuites, deux ou trois pieds de céléri cuits, et coupez par le milieu huit petits ognons, quelques navets, quelques tranches de truffes, également cuits, dans une casserolle, et mouillez avec une espagnole (*Voy.* n° 79); faites bouillir un instant par côté; dégraissez et servez.

N° 156. Garniture de Champignons secs.

Après les avoir nettoyés et bien lavés, faites-les tremper quelques heures dans de l'eau tiède; puis laissez-les dans dans l'eau bouillante l'espace d'une bonne demi-heure, et égouttez-les à la passoire; passez-les ensuite dans une casserolle, sur le feu, pendant quelques instants, pour qu'ils prennent goût avec du dégraissis de votre entrée et une tranche de jambon; vous assaisonnez, et mouillez enfin avec du coulis ou du fond de cuisson de l'entrée.

CHAPITRE IV.

FARCES, RAGOUTS & SALPICONS.

N° 157. Mitonnage.

Mettez dans une petite casserolle une once de pain blanc, et le tiers d'un verre de lait; posez le tout sur le feu, et faites dessécher le pain en le remuant avec la cuiller ; vous le lierez ensuite avec cinq jaunes d'œufs ; ôtez alors la casserolle de dessus le feu, et versez votre mitonnage sur une assiette.

N° 158. Farce à quenelles de volailles.

Prenez des filets de volaille ; ratissez-les avec le couteau, de façon à en détacher parfaitement tout ce qui est chair, et à laisser, au contraire, tout ce qui est nerf ou peau ; pilez cette chair, et passez-la ensuite au tamis ; passez-y également du mitonnage.

Ayez en même temps de la tétine de veau cuite et refroidie, dont vous ôterez aussi les peaux, et que vous pilerez pour la passer de même au tamis.

Tous ces objets étant ainsi disposés, vous aurez soin de peser cinq onces de chair, trois de tétine ; vous les mettrez dans le même mortier où vous les repilerez ensemble, en ajoutant trois onces de mitonnage ; assaisonnez avec un demi-gros de sel-épice, de l'échalotte, du persil, quelques truffes, le tout bien haché et passé une minute sur le feu, avec un morceau de beurre de la grosseur d'une noix.

Pilez jusqu'à ce que les divers éléments ne fassent plus qu'un seul et même corps.

Alors vous prendrez de cette pâte à peu près la grosseur d'une noisette, et la jetterez dans un peu de consommé (*Voy.* n° 5) bouillant, pour la retirer au bout de cinq minutes : vous voyez par là si elle est au point convenable ; est-elle trop ferme, vous jetez dans votre mortier une cuillerée à bouche de béchamelle ; est-elle, au contraire trop molle, vous fouettez un blanc d'œuf, et vous le mêlez avec la farce que vous ôtez ensuite pour faire les quenelles de la manière suivante :

Ayez une cuiller à bouche que vous tremperez dans de l'eau tiède ; remplissez-la de farce, que vous égaliserez avec la lame d'un couteau déjà passée dans du blanc d'œufs fouettés : ceci est nécessaire pour que la pâte ne s'attache pas à la lame.

Prenez, avec une seconde cuiller, dans la première, la quenelle ainsi faite, et posez-la sur un papier beurré ; faites de même pour toutes les autres.

Mettez alors au feu une casserolle avec du consommé (*Voy.* n° 5) ou du bouillon (*Voy.* n° 1) ; lorsqu'il sera en ébullition, trempez-y votre papier, les quenelles s'en détacheront, et vous le retirerez ; dix minutes suffisent pour cuire vos quenelles, que vous faites bouillir doucement sur l'angle du fourneau.

Vous pouvez faire cette farce avec toutes sortes de blancs de volaille et de gibier, ou même avec du veau ; on peut remplacer aussi la tétine par du beurre et du lard râpé.

Je dois prévenir également que l'on peut faire toute espèce de farce à quenelle aux écrevisses, en se servant, au lieu de tétine, de beurre d'écrevisses (*Voy.* n° 109).

N° 159. Quenelles de Poissons.

Pesez six onces de merlan, trois de mitonnage (*Voy.* n° 157), autant de lard râpé que vous pouvez remplacer par une égale quantité de tétine de veau ou de beurre ; pilez et faites absolument comme ci-dessus : observez seulement que le beurre étant très-ferme en hiver, il faut, afin de le dissoudre, que le mitonnage soit un peu chaud.

N° 160. Quenelles de Pommes de terre.

Faites cuire des pommes de terre dans la braise ; ôtez-en les peaux et toutes les parties rougeâtres ; ne vous servez que de l'intérieur.

Pesez-en cinq onces que vous pilerez parfaitement, en y joignant trois onces de beurre, quelques fines herbes bien hachées, et deux œufs entiers ; placez ensuite cette farce dans une casserolle sur le feu, et remuez sans discontinuer avec la cuiller de bois ; puis vous y jetterez un œuf entier, et vous essaierez cette farce comme vous faites pour les autres quenelles, et si elle n'a pas assez de consistance, jetez-y encore un œuf ; mettez toujours sur le feu, et essayez jusqu'à ce que la quenelle résiste à l'épreuve.

N° 161. Farce cuite.

Mettez dans une casserolle cinq onces de veau, autant de lard ou de tétine, et passez un moment sur le feu ; assaisonnez ensuite avec un demi-gros de sel-épice ; hachez une échalotte, des truffes et du persil que vous mêlerez à votre viande, et quand elle sera un peu roidie, vous l'ôterez du feu et la laisserez refroidir ; vous hacherez alors ; après vous pilerez ce hachis en y ajoutant trois onces de mitonnage, (*Voy.* n° 157), et lorsque le tout sera suffisamment amalgamé, vous y mêlerez encore un blanc d'œuf fortement fouetté.

N° 162. Farce fine.

Mêlez à six onces de veau ou de volaille, ou même de lapereau, six onces de lard ou de tétine de veau cuite ; assaisonnez avec un demi-gros de sel d'épice et quelques fines herbes hachées ensemble ; hachez alors le tout et pilez-le en y ajoutant trois onces de mitonnage et un blanc d'œuf fouetté, comme à l'article ci-dessus.

N° 163. Farce pour Pâté froid et Dinde glacée.

Hachez une demi-livre de veau ou de cochon, avec une livre et quatre onces de lard ; lorsque le hachis est bien fait, ajoutez-y quelques fines herbes et des truffes ; assaisonnez dans la proportion d'un gros et demi pour une livre de viande ; ajoutez deux jaunes d'œufs et pilez parfaitement.

N° 164. Farce au Gratin.

Hachez ensemble et bien menu trois onces de veau, autant de lard et deux de foie gras de volaille ; assaisonnez dans la même proportion que les farces précédentes, avec du sel d'épice et de fines herbes ; ajoutez deux jaunes d'œufs, et un instant après, trois onces de moelle de bœuf que vous aurez eu d'abord le soin de hacher.

N° 165. Farce aux Truffes.

Après avoir bien nettoyé et lavé vos truffes, vous en pesez six onces que vous passez cinq minutes sur le feu, dans une casserolle avec un peu de beurre frais et de fines herbes bien hachées ; lorsqu'elles sont refroidies, vous les pilez et vous y joignez six onces de tétine de veau, que l'on peut remplacer par du lard râpé ou bien du beurre frais ; vous les assaisonnez ensuite et y ajoutez quatre onces de mitonnage et trois jaunes d'œufs.

N° 166. Farce aux Œufs.

Faites une omelette avec trois œufs et quelques fines herbes hachées ; laissez-la bien cuire et pilez-la dans un mortier avec six jaunes d'œufs durs, dans trois onces de beurre, et gros comme un œuf de mitonnage; joignez-y deux jaunes d'œufs frais, et un instant après, les deux blancs que vous aurez bien fouettés. Quand l'amalgame en sera parfait, ôtez cette farce du mortier.

N° 167. Farce à la Ménagère.

Ayez cinq onces de veau, quatre de lard, trois de moelle de bœuf ou de graisse de rognons de veau, trois de mitonnage (*Voy.* n° 157), quelques fines herbes et demi-gros de sel-épice.

Vous procédez comme pour la farce fine, et en la sortant du mortier, vous la mettez dans un plat; alors vous prenez une bonne poignée d'herbes, des épinards, de l'oseille, du cerfeuil, de la poirée que vous hachez bien menu, et dans lesquels vous jetez un peu de sel, mais tout juste ce qui doit suffire pour les saler et leur faire rendre l'eau, que vous extrairez un moment après en les pressant fortement dans la main.

Mêlez ces herbes à votre farce, ajoutez-y trois jaunes d'œufs, une once de lard et pareille quantité de jambon, moitié gras et moitié maigre; coupez ces derniers objets à petits dés, et joignez-les à votre farce.

Celle-ci vous servira pour farcir toutes sortes de volailles, de poitrines, de ventres de veaux ou d'agneaux cuits au pot ou en braise. On peut y mettre des truffes et même un peu d'ail ratissé, si on ne le craint pas.

N° 168. Godiveau.

Ratissez avec le couteau huit onces de veau que vous pouvez remplacer par un poids égal de filets de volailles ou de gibier; après les avoir bien hachées avec douze onces de graisse de bœuf bien farineuse vous assaisonnez ; vous y joignez des truffes et de fines herbes, le tout bien haché ; après quoi vous les pilez en y joignant quatre jaunes d'œufs et un peu de muscade ; cela fait, ôtez-les du mortier et placez-les dans un lieu frais. On peut s'en servir comme de quenelles.

Nota. On fait les godiveaux de poissons de même que ci-dessus ; il suffit d'y ajouter deux onces de mitonnage.

N° 169. **Ragoût mêlé**.

Passez dans la casserolle, sur le feu, quelques filets de jambon et des ris d'agneaux avec un peu de lard râpé ou de beurre ; faites-y réduire un demi-verre de vin de Madère ou de vin blanc sec ; joignez-y quelques tranches de truffes, et vous mouillerez ensuite avec un peu d'espagnole (*Voy.* n° 79) ou de velouté (*Voy.* n° 80), selon l'entrée où doit être mis le ragoût mêlé ; ajoutez des crêtes de volailles, des rognons de coqs, du foie gras, des culs d'artichauts, et liez bien court avec trois jaunes d'œufs ; jetez-y aussi un jus de citron.

Vous pouvez joindre à votre ragoût des huîtres et des queues d'écrevisses.

N° 170. **Salpicon**.

Ayez un peu de jambon, la moitié d'un ognon, du ris de veau ou de l'agneau blanchi ; des truffes ou des champignons ; coupez le tout à petits dés.

Faites fondre dans une casserolle une plaque de lard ou un morceau de beurre ; à défaut des deux, placez-y du dégraissis d'un bon fond de cuisson.

Mêlez d'abord le jambon et l'ognon ; un instant après, tous les objets ci-dessus détaillés, et lorsque vous aurez passé le tout un moment sur le feu, en remuant avec la cuiller de bois, mouillez avec du coulis et faites bouillir jusqu'à presque entière cuisson ; quand la sauce sera rapprochée, liez avec deux ou trois jaunes d'œufs, et ajoutez un peu de jus de citron.

On peut faire entrer dans ce salpicon, comme dans le ragoût précédent, du foie gras, des rognons de coqs, le tout coupé à dés.

N° 171. Salpicon de Volaille et de Gibier.

Coupez à petits dés des truffes et du blanc de volaille ou de gibier déjà cuit à la broche ; jetez le tout dans une sauce allemande (*Voy.* n° 82) bien réduite, ou dans une espagnole (*Voy.* n° 79), et faites une liaison (*Voy.* n° 176).

N° 172. Cassogne.

Placez au fond d'une casserolle une barde de lard et une petite tranche de jambon ; émincez des ognons bien fin, et posez-les au-dessus ; mettez à cuire en couvrant avec un couvert de casserolle et à petit feu ; prenez garde que vos ognons ne prennent de la couleur ; lorsqu'ils seront presque cuits, ôtez le lard et le jambon, et mettez à la place un peu de dégraissis de quelque bon fond de cuisson ; achevez de faire cuire sur un feu plus ardent, et en remuant de temps en temps avec la cuiller de bois, afin que rien ne s'attache à la casserolle, ou ne se colore trop : par-là, vous ferez réduire l'eau qu'ils auront pu rendre ; assaisonnez ; mouillez ensuite avec un peu de coulis, et, un instant après, liez avec trois ou quatre jaunes d'œufs, et ajoutez un bon jus de citron.

N° 173. Financière.

Après avoir fait suer, dans une casserolle, une petite tranche de jambon coupée à filets, avec du lard râpé ou du beurre, jetez et passez cinq minutes dans la casserolle des ris de veau ou d'agneau, blanchis, parés de leurs peaux, et coupés à morceaux ; ajoutez-y ensuite des tranches de truffes et des champignons ; on peut, selon l'emploi du ragoût, mouiller avec de l'espagnole (*Voy.* n° 79) ou du velouté (*Voy.* n° 80) ; vous laisserez un moment bouillir le tout, et enfin, vous mêlerez à ces premiers objets des culs d'artichauts, des crêtes de coqs, et du palais de bœuf, le tout cuit et coupé à morceaux, et au moment de servir, vous y ajouterez encore des huîtres cuites dans leur eau, et des queues d'écrevisses.

CHAPITRE V.

CUISSONS POUR LES ENTRÉES.

N° 174. Braise pour faire cuire les Entrées.

Placez dans une casserolle des bardes de lard, et posez au-dessus des tranches de veau ou de toute autre viande, ou bien des parures que vous assaisonnerez ; mettez par dessus ces objets celui que vous voulez cuire et que vous aurez assaisonné ; recouvrez avec des bardes de lard ; ajoutez un bouquet (*Voy.* n° 175), un ognon piqué ; mettez par dessus le tout des parures, des abatis et des carcasses de volailles ; faites suer un instant sur le feu ;

mouillez ensuite avec un peu de bouillon et un demi-verre de vin blanc sec; recouvrez avec un rond de papier et un couvert; posez sur le couvert des cendres rouges, et faites cuire à petit feu.

N° 175. Bouquet pour Entrée.

Coupez en long quelques morceaux de carottes; joignez-y un peu de persil en branche et une demi-feuille de laurier; ficelez le tout de manière à ce que les carottes soient à l'extérieur et renferment le reste, afin qu'il ne se mêle pas dans l'entrée.

N° 176. Liaison.

Délayez deux ou trois jaunes d'œufs avec deux cuillerées à bouche de lait ou de bouillon froid, à défaut avec de l'eau.

CHAPITRE VI.

CUISSONS DE TOUTE SORTE DE VOLAILLES.

N° 177. Entrées de broche, à la broche, poêlées ou sur le gril.

PRÉPARATION PRÉLIMINAIRE.

Après avoir plumé, flambé et vidé une volaille, coupez-lui la fourchette, c'est-à-dire posez votre pièce sur le dos, la tête tournée vers vous; introduisez un couteau dans la gorge, afin de fendre le commencement de l'os de l'estomac, sans endommager la peau ; frappez ensuite dessus avec le dos d'un couteau, l'os s'affaissera, et la volaille prendra une forme arrondie. Faites blanchir les pattes sur le feu, pour en enlever plus facilement la peau ; coupez les ongles ; donnez un coup de couteau au nerf du dessous des cuisses, un peu avant la jointure, et retroussez les pattes le long des cuisses, avec une ficelle que vous passerez, au moyen d'une aiguille à brider, entre l'une et l'autre ; nouez derrière le dos, et faites attention de placer les pattes en dehors des cuisses ; mettez alors, dans le jabot de votre volaille, gros comme la moitié d'un œuf de beurre assaisonné d'un peu de sel.

N° 178. Cuisson en entrée de broche.

Mettez une barde de lard sur deux feuilles de papier attenantes, que vous aurez placées sur la table ; posez par dessus votre volaille du côté du dos ; jetez un peu de sel sur l'estomac ; recouvrez-la avec des tranches de citron dont vous aurez enlevé l'écorce, deux ou trois tranches d'ognon, de carotte, et le quart d'une feuille de laurier ; recouvrez le tout avec du lard ; ayez soin d'arroser le papier avec une cuillerée à bouche d'huile, ou de le beurrer ; après quoi, embrochez votre volaille, et repliez le papier sur elle, de façon à l'y envelopper entièrement ; assujétissez fortement les extrémités, en les ficelant, à la broche ; huilez encore ou beurrez l'extérieur du papier, de crainte qu'il ne vienne à s'enflammer, et faites cuire à petit feu.

N° 179. Cuisson en entrée de broche au four.

Préparez la volaille comme ci-dessus ; enveloppez-la de papier et emballez-la comme un paquet ; graissez bien l'extérieur ; posez la volaille dans un plat, et mettez au four ; au bout d'une demi-heure, vous la retournerez.

N° 180. **Cuisson en entrée de broche sur le gril.**

Préparez et empaquetez votre volaille comme précédemment ; délayez de la farine comme pour une friture ; oignez-en le paquet ; enveloppez-le de nouveau d'une feuille de papier bien huilée, et mettez sur le gril : il faut que cette cuisson s'opère à petit feu.

N° 181. **Poêle.**

Mettez dans une casserolle du veau déjà blanchi à l'eau bouillante, et que vous aurez coupé à gros dés, un morceau de jambon, un peu de lard, des carottes et de l'ognon coupés de même ; passez le tout un instant sur le feu, en y joignant un morceau de beurre frais ; mouillez de suite avec du consommé ; faites bouillir quelque temps ; écumez et mettez à refroidir dans un plat profond.

N° 182. **Entrée poêlée.**

Votre volaille étant troussée, comme pour une entrée de broche (*Voy.* n° 177), mettez-la dans une casserolle, sur des plaques de lard ; posez sur la volaille des tranches de citron, et recouvrez-la de bardes de lard ; ajoutez un ognon piqué (*Voy.* n° 1), un bouquet (*Voy.* n° 175) ; mouillez jusqu'à mi-cuisse avec de la poêle (*Voy.* n° 181) ; couvrez la casserolle avec un rond de papier, et posez sur le feu ; aux premiers bouillons, transposez votre cuisson sur la paillasse ; remettez un couvert de casserolle avec un peu de cendres rouges dessus, et faites cuire à petit feu.

Observation.

Dans les cuisines bourgeoises, on n'a pas toujours de la poêle faite : on prépare néanmoins la volaille comme dans l'article précédent, mais, au lieu de la mouiller avec une poêle, on emploie, à cet effet, du consommé ou du bouillon; on peut, dans ce cas, la bonifier en mettant autour des peaux et parures de veau ou des abatis qu'on aura eu soin de faire blanchir, et une petite tranche de jambon. J'engage les cuisiniers à ne pas trop mouiller ni laisser trop cuire ces sortes d'entrées; j'en ai vu couvrir de mouillement jusque par dessus les cuisses, et faire ensuite la sauce avec le fond de cuisson de cette même entrée; il est évident que cette manière de travailler dégoûte la volaille et lui donne l'aspect d'une viande bouillie.

N° 183. Cuisson pour entrées piquées.

Bardez de lard le fond d'une casserolle, mettez-y quelques tranches de veau bien minces, un morceau de carotte et un petit ognon coupé; le quart d'une feuille de laurier, un ou deux clous de girofle et une petite tranche de jambon; posez dessus votre viande piquée; faites suer et mouillez de suite avec du bouillon peu salé, jusqu'à moitié viande; ayez soin que ce mouillement ne monte pas sur le piquage; recouvrez d'un rond de papier et d'un couvert sur lequel vous mettrez des cendres chaudes; faites cuire à petit feu; glacez et servez.

N° 184. Glace pour glacer.

Passez au tamis le fond de cuisson de votre entrée; après qu'il aura été bien dégraissé, s'il n'a pas assez de couleur, donnez-lui-en avec du blond de veau (*Voy.* n° 6) ou du jus (*Voy.* n° 77) : versez-le dans une casserolle, et faites réduire jusqu'à ce qu'il tombe en glace ; servez-vous-en au moyen d'un petit plumet fait avec des queues de volailles.

On fait aussi de la glace pour glacer, en faisant réduire du consommé (*Voy.* n° 5) dans une petite casserolle bien étamée ; ayez soin, lorsque vous glacerez des entrées, que le lard soit un peu sec, afin qu'il prenne une bonne glace. Dans les grandes cuisines on a, d'ordinaire, une grosse pelle fort épaisse que l'on fait bien chauffer et que l'on suspend sur la table, à l'effet de sécher le lard ; on évite cette opération, si l'on veut, en tenant, lors de la cuisson, des cendres rouges sur le couvert.

N° 185. Cuisson à la minute, de tous filets.

Mettez dans une casserolle du consommé (*Voy.* n° 5) ou un fond de cuisson bien dégraissé et passé au tamis ; faites réduire sur le feu, et, un moment avant qu'il tombe en glace, rangez-y vos filets, le lard en dessous, et faites partir.

Transposez ensuite votre casserolle sur des cendres rouges ; placez dessus un rond de papier et un couvert sur lequel vous poserez un peu de feu ; dix minutes doivent suffire à l'entière cuisson de vos filets ; ils se glaceront d'eux-mêmes ; évitez que le lard s'attache à la casserolle. Au moment de servir, passez cette dernière sur le feu, et retirez-la presque de suite ; remuez les filets avec une fourchette, afin qu'ils prennent bien la glace.

N° 186. Cuisson de Crêtes de volaille et de Rognons de Coqs.

Faites dégorger des crêtes de coqs dans de l'eau fraîche ; lavez-les ensuite dans de l'eau chaude, après quoi vous les essuierez et vous les parerez en coupant les bouts.

Mettez-les à cuire dans une petite casserolle avec un

peu de bouillon (*Voy*. n° 1), et du jus de citron; couvrez-les d'une barde de lard; un moment avant leur entière cuisson, joignez-y les rognons que vous aurez aussi fait dégorger dans l'eau fraîche, et, lorsque le tout sera au point, versez dans un plat profond.

CHAPITRE VII.

MARINADES ET PATES A FRIRE.

N° 187. Marinade pour les Côtelettes.

Assaisonnez les côtelettes avec du sel et du poivre, et arrosez-les avec de la bonne huile, ou bien avec une once de beurre clarifié.

N° 188. Marinade au vinaigre.

Répandez sur les objets que vous voulez mariner, du poivre et du sel; posez par dessus des tranches d'ognon, deux carottes, une demi-feuille de laurier, du persil en branche, et versez sur le tout un demi-verre de bon vinaigre.

N° 189. Marinade à l'huile.

Assaisonnez votre viande avec du sel et du poivre; étalez-la dans un plat, et posez par dessus des tranches de citron, d'ognon, de carotte, une demi-feuille de laurier, un ail, quelques feuilles de persil en branche, et vous arroserez le tout avec de la bonne huile.

N° 190. Marinades aux fines herbes.

Assaisonnez comme dans les articles précédents, ajoutez de fines herbes et des truffes, le tout bien haché ; exprimez par dessus le jus d'un citron, répandez-y deux cuillerées à bouche de bonne huile, ou bien une once de beurre clarifié.

N° 191. Marinade chaude pour cuire les poissons.

Coupez deux carottes, deux ognons, deux porreaux et deux panais ; mettez le tout dans une casserolle avec un morceau de beurre, et faites-le roussir en le remuant avec une cuiller ; mouillez ensuite avec du vin blanc sec ; assaisonnez, ajoutez un bouquet fait avec deux cœurs de laitue, du cerfeuil et du persil, ficelés ensemble ; faites bouillir un quart-d'heure ; écumez et versez sur le poisson que vous ferez cuire ensuite.

Nota. Quand on veut préparer le poisson au gras, on remplace l'huile ou le beurre par du dégraissis.

N° 192. Pâte à frire.

Mettez dans une casserolle ou dans un petit plat profond quatre onces de farine, un peu de sel fin et une pincée de poivre ; délayez la farine avec les deux tiers d'un verre d'eau ou bien avec pareille quantité de bière ou de vin blanc sec ; ayez soin que la pâte ait de la consistance, et soit mollette, sans grumeaux ; il faut qu'elle soit coulante et délayée, mais cependant assez intense pour bien masquer les objets que l'on y trempe ; elle sera au point lorsqu'elle quittera la cuiller sans effort ; jetez-y une cuillerée de bonne huile ou une once de beurre fondu, et, au moment de vous en servir, mêlez à la pâte deux blancs d'œufs fouettés bien ferme.

CHAPITRE VIII.

BŒUF.

N° 193. Pièce de Bœuf au naturel.

Tout le monde connaît quand un bouilli est assez cuit ; alors dressez-le dans un plat, ôtez avec la lame du couteau, la peau du dessus, et placez autour du persil en branche.

N° 194. Bouilli aux pommes de terre.

Dressez la pièce, et parez-la comme la précédente ; entourez-la de pommes de terre entières et bien arrondies, que vous aurez d'abord fait cuire et puis fait roussir dans le beurre.

N° 195. Bouilli en sauce.

Dressez la pièce comme ci-dessus, et versez dans le plat une sauce aux tomates (*Voy.* n° 120) ou toute autre sauce piquante.

N° 196. Bouilli en Chou-croûte.

Dressez et parez votre pièce, après quoi vous l'entourez de chou-croûte cuite dans une bonne braise (*Voy.* n° 174).

N° 197. Pièce de bouilli de Bœuf garnie.

Après l'avoir mise sur son plat, rangez autour la garniture ci-après : lavez des choux ; faites-les blanchir à l'eau bouillante environ dix minutes ; vous les égouttez ensuite et les mettez à l'eau fraîche pour les égoutter de nouveau un instant après ; puis vous les pressez dans vos mains pour en extraire l'eau ; cela fait, assaisonnez, ficelez et mettez à cuire dans une bonne braise (*Voy.* n° 174) ; joignez-y deux morceaux de petit salé, ou bien de jambon, deux carottes, deux gros navets, une bonne andouille qui peut se remplacer par du saucisson ; mouillez le tout avec du bouillon doux de sel, et faites cuire à petit feu jusqu'à parfaite réduction ; après quoi vous délierez vos choux, afin de les égoutter et ranger le tout autour de la pièce, en y intercalant les navets, les carottes, le petit salé, l'andouille en tranches et un ognon glacé sur chaque morceau de chou ; enfin vous verserez une sauce de pommes d'amour dessus.

N° 198. Côte de Bœuf à la ménagère.

Parez une côte de bœuf, piquez-la à gros lard, et saupoudrez-la avec un peu de farine ; placez-la ensuite dans une casserolle, au fond de laquelle vous aurez d'abord fait fondre du lard ; assaisonnez avec du sel, un peu d'épice ; ajoutez-y une carotte, un peu d'ognon, et faites-la roussir à petit feu ; quand un côté sera au point, tournez de l'autre ; mouillez avec du bouillon (*Voy.* n° 1) ou de l'eau bouillante, et quand la côte sera bien cuite, vous la dégraisserez et la servirez dans son jus avec quelques câpres ou des cornichons.

N° 199. Côte de Bœuf braisée.

Mettez à cuire dans une braise (*Voy.* n° 174) deux côtes qui ne soit pas séparées, après les avoir piquées avec de gros lardons; assaisonnez à l'ordinaire, et lorsqu'elles seront cuites, ratissez le bout des côtes afin qu'elles soient bien blanches, et versez par dessus une sauce ou une garniture quelconque.

N° 200. Côte de Bœuf en gelée.

Laissez trois côtes tenir ensemble; piquez le filet, c'est-à-dire la partie charnue à la naissance des côtes, avec des lardons gros et bien carrés, et des truffes coupées dans la même dimension, que vous intercalerez de façon à former un damier; ficelez et mettez à cuire dans une braise (*Voy.* n° 174); après quoi vous laisserez refroidir vos côtes; vous en nettoierez bien les bouts à la hauteur d'un pouce, et vous les servirez couvertes de gelée.

N° 201. Sous-filet de Bœuf à la broche.

Ôtez-en les peaux; piquez-le à petit lard, et marinez-le (*Voy.* n° 189); laissez-le dans la marinade pendant deux jours, en ayant soin de le retourner de douze en douze heures; après cela, faites-le cuire à la broche, à laquelle vous l'assujettirez bien au moyen de deux brochettes que vous fixerez à la broche par les deux bouts; enveloppez la pièce et sa marinade avec une grande feuille de papier, et observez que la cuisson doit être opérée en cinq quarts-d'heure; quand vous voudrez servir, vous ôterez le papier, vous dresserez votre rôti sur son plat, et répandrez par dessus une sauce poivrade.

N° 202. Bifteeks.

Après avoir paré un sous-filet de bœuf de toutes ses peaux, coupez-le à tranches d'un travers de doigt d'épaisseur ; battez ces tranches avec un battoir, et marinez-les (*Voy.* n° 187); mettez-les ensuite sur le gril, à un feu bien ardent, et quand elles seront roidies d'un côté, vous les tournerez de l'autre; mettez de la sauce à la maître-d'hôtel (*Voy.* n° 122) dans un plat, et rangez vos biftecks par dessus.

N° 203. Biftecks aux Pommes de terre.

Préparez-les absolument comme dans l'article qui précède, et servez-les avec un cordon de pommes de terre que vous avez d'abord fait cuire et ensuite roussir dans du beurre.

N° 204. Biftecks au beurre d'Anchois.

Hachez un anchois et du beurre, que vous mêlerez avec de la maître-d'hôtel (*Voy.* n° 122), et servez vos biftecks par dessus.

N° 205. Sous-filet de Bœuf sauté.

Coupez-le et marinez-le comme pour le bifteck; placez-le dans un sautoir avec du beurre, et faites-le roidir des deux côtés; lorsque vos tranches sont cuites, retirez-les sur un plat; ôtez le beurre du sautoir, et mettez-y quelques tranches de truffes, un demi-verre de vin blanc et de fines herbes; laissez réduire à demi, après quoi vous verserez dans votre sauce un peu de coulis (*Voy.* n° 78); vous la dégraisserez quelques minutes après, et la répandrez sur votre bœuf.

N° 206. Bœuf à la Mode.

Servez-vous de préférence de la culotte; coupez-la en morceaux carrés; employez pour chaque livre un gros et demi de sel-épice; lardez fortement vos morceaux; assaisonnez-les avec la quantité de sel-épice ci-dessus désignée; répandez le reste sur votre viande; joignez-y du lard coupé à petits dés, quelques couennes de porc frais, un pied de veau désossé, et un morceau de carotte; faites cuire dans un pot, et versez-y un verre de vin blanc sec ou du bouillon; ayez soin de tenir le pot bien plein; couvrez-le avec une feuille de papier double sur laquelle vous placerez encore un couvert; cela fait, entourez le pot de cendres rouges, et laissez cuire à petit feu; à la demi-cuisson, faites sauter une fois, afin que le fond du pot vienne dessus.

Il est essentiel de proportionner la capacité du pot au volume de viande que l'on prépare: c'est un inconvénient grave d'y laisser exister du vide. En effet, on conçoit que lorsque le pot est plein, le jus surnage sur la viande, qui s'en pénètre et s'en nourrit; dans le cas contraire, le suc de la viande s'évapore pendant la cuisson, d'où il résulte qu'elle se gratine dans la graisse en se desséchant par degrés.

N° 207. Rosbif.

Faites cuire un aloyau à la broche; cette partie du bœuf comprend le filet à la naissance des côtes, et le sous-filet qui longe l'épine du dos. Il y a donc deux aloyaux dans la bête.

Quand votre pièce est au point, dressez-la sur un plat et versez par dessus une sauce hachée (*Voy.* n° 117). Le rosbif peut se servir pour grosse pièce de relevé de potage; il peut également être présenté rôti.

N° 208. Gras-double au naturel.

Lorsque le gras-double est bien nettoyé, il faut le couper en deux, le ficeler et le mettre à cuire dans un pot avec de l'eau; écumez-le, après quoi vous l'assaisonnerez avec du sel et un bouquet (*Voy.* n° 175), un ognon piqué de deux clous de girofle, et un morceau de petit salé ou de lard.

N° 209. Gras-double bourgeois.

Après cette première cuisson, coupez le gras-double de la largeur de quatre doigts; mettez-le dans une casserolle où vous aurez d'abord fait fondre à moitié une tranche de jambon et du lard coupés à petits dés; assaisonnez avec un ognon piqué, un ail enveloppé de la peau et une feuille de laurier; mouillez avec bien peu de cette eau dans laquelle vous l'avez déjà fait cuire, et terminez votre cuisson à petit feu. Le mouillement doit être court.

N° 210. Gras-double à l'étuvée.

Faites cuire à moitié du gras-double, comme il est dit au naturel; à moitié cuisson, coupez-le à morceaux, en y joignant d'autres morceaux de bœuf piqués à gros lard; assaisonnez à raison d'un gros et demi de sel-épice par livre de viande, de deux onces de lard par livre également, mais coupés à petits dés; mettez le tout à l'étuvée, dans un pot ou une marmite; ajoutez des couennes de porc frais, du salé faute des premières, et toujours coupées à morceaux; mouillez avec le quart d'un verre d'eau-de-vie et un verre de vin blanc sec ou de Madère; entourez votre usine de cendres rouges, en faisant attention qu'elle soit bien pleine; au moyen de cette précaution, le jus monte constamment pendant la cuisson, et celle-ci s'opère aussi bien au-dessus qu'au-dessous, la viande se trouvant partout également nourrie ; vous servirez dans un plat avec tout le jus.

N° 211. Gras-double en poulette.

Lorsque le gras-double est bien cuit, comme il est spécifié à la bourgeoise (*Voy.* n° 209), coupez-le à filets et jetez-le dans une sauce allemande (*Voy.* n° 82).

N° 212. Palais de Bœuf.

Après l'avoir paré et fait dégorger dans de l'eau fraîche, faites-le blanchir ; nettoyez-le bien de nouveau, et mettez-le à cuire dans une poêle (*Voy.* n° 181).

N° 213. Palais au gratin.

Fendez le palais en long ; mettez-y de la farce à gratin, que vous égaliserez bien avec la lame du couteau : égalisez de même, par dessus cette farce, une couche de salpicon bien truffé (*Voy.* n° 170), et roulez le palais ; placez-le ensuite dans un plat au fond duquel vous aurez mis un peu de farce ; saupoudrez avec du Parmesan ou du Gruyère râpé, et exposez-le à la bouche du four un instant avant de servir ; on peut, à défaut de four, poser le plat sur un trépied ; feu dessous et dessus ; quand la préparation a pris couleur, faire égoutter la graisse, et répandre dessus un peu d'espagnole (*Voy.* n° 79).

N° 214. Palais de Bœuf à l'allemande.

Quand le palais de bœuf est cuit, comme à l'article 212, coupez-le de deux pouces de largeur, et mettez-le dans une sauce allemande (*Voy.* n° 82).

N° 215. **Palais de Bœuf à la béchamelle.**

Faites absolument comme ci-dessus, et posez vos morceaux dans une sauce béchamelle (*Voy.* n° 81).

N° 216. **Palais de Bœuf en attelles.**

Après la première préparation (*Voy.* n° 212), coupez le palais à petits carrés, et passez successivement dans une brochette un morceau de palais, un morceau de truffe cuite et un morceau de tétine de veau cuite aussi et coupée de la même manière ; lorsque toutes les brochettes sont ainsi garnies, mettez-les dans un plat ; versez par dessus de la sauce allemande (*Voy.* n° 82), un peu liée et bien chaude ; laissez-la refroidir, après quoi panez vos brochettes à l'anglaise, c'est-à-dire dans de l'œuf bien battu que vous aurez assaisonné, et puis dans la mie de pain ; faites-les griller un moment, et arrosez-les avec de l'huile ou du beurre.

N° 217. **Noix de Bœuf en gelée.**

Lardez une noix de bœuf à gros lardons ; assaisonnez-la avec du sel-épice, deux gros environ par livre de viande ; joignez-y des lardons de jambon et des truffes ; répandez le reste de l'assaisonnement déjà pesé sur le bœuf ; après l'avoir ficelée, mettez-la à cuire dans une braise (*Voy.* n° 174) ; mouillez avec deux verres de vin blanc sec, autant de bouillon et un demi-verre d'eau-de-vie. Lorsque votre noix sera cuite, vous la laisserez refroidir dans la braise, après quoi vous la sortirez et mêlerez du consommé dans sa cuisson ; vous passerez ensuite ce consommé au tamis, vous le dégraisserez et le clarifierez, ainsi qu'il est expliqué au n° 101, à l'article *Aspic* ; cela fait, vous déficellerez la noix et la glacerez en répandant sur elle de la gelée obtenue ; vous pourrez aussi la décorer et l'entourer même de croûtons de gelée.

N° 218. Noix de Bœuf en surprise.

Préparez-la comme ci-dessus ; au moment de servir, évidez le milieu en lui donnant une forme ronde, et mettez, à la place de la viande que vous enlevez, un macaroni (*Voy*. n° 885) fait avec le jus de bœuf ; recouvrez le trou avec le dessus de la viande que vous avez coupée en rond bien mince, et saucez avec une espagnole (*Voy*. n° 79).

N° 219. Langue de Bœuf en sauce piquante.

Enlevez les bavures de la langue, en la ratissant avec un couteau, sans cependant en endommager la peau ; coupez-la ras du gosier, et laissez-la dégorger dans l'eau fraîche pendant quelques heures, lavez-la ensuite à plusieurs eaux ; faites-la blanchir et remettez-la dans de l'eau fraîche ; après cela vous la larderez à gros lardons, vous l'assaisonnerez avec du sel-épice, et la mettrez à cuire dans une braise (*Voy*. n° 174) ; lorsqu'elle sera cuite, vous la retirerez, l'égoutterez, la dépouillerez de sa peau, la fendrez d'un bout à l'autre, sans néanmoins séparer les deux morceaux, et la servirez avec une sauce piquante (*Voy*. n° 118).

N° 220. Langue de Bœuf à l'écarlate.

Lavez la langue et laissez-la tremper pendant deux jours, après quoi vous la frotterez avec du salpêtre et un peu de cassonade rousse ; vous l'assaisonnerez avec du gros poivre et de l'eau-sel bien refroidie ; laissez-la tremper ainsi quatre jours, en la retournant chaque jour afin qu'elle soit pénétrée de tous côtés ; au bout de ce temps mettez-la à cuire dans de l'eau et un peu de sa saumure ;

ajoutez-y un bouquet (*Voy.* n° 175), un ognon piqué, et, lorsqu'elle sera cuite, vous la dépouillerez de sa peau, la placerez dans un plat creux, et répandrez par dessus, le mouillement passé au tamis; il faut la laisser refroidir dans sa braise.

N° 221. Langue de Bœuf à la broche.

Quand vous aurez lavé la langue, échaudez-la avec de l'eau bouillante, et faites-la cuire dans une braise (*Voy.* n° 174) ou bien dans une marmite; ensuite vous en ôterez la peau, vous la piquerez à petit lard, la ferez cuire à la broche, et la servirez sur une sauce piquante (*Voy.* n° 118).

N° 222. Pièce de Bœuf à la Godard.

Prenez un aloyau de bœuf que vous désossez et lardez à gros lardons; assaisonnez avec du sel-épice, dans la proportion de un gros et demi par livre de viande; vous larderez aussi votre pièce avec du jambon, des truffes et des cornichons; vous répandrez sur elle le reste de l'assaisonnement déjà pesé; vous la ficellerez et la mettrez à cuire à petit feu dans une bonne braise (*Voy.* n° 174); pour la servir, enlevez la ficelle, mettez votre pièce sur son plat et répandez dessus une sauce à l'italienne; enfin, piquez à sa surface les brochettes garnies à la Godard.

Brochettes.

Faites cuire, ainsi qu'il est expliqué aux entrées poêlées (*Voy.* n° 182), des pigeons à la cuiller dite à la Gauthier, des cailles, des ortolans, de grosses truffes en court-bouillon; des foies de canards, des ris d'agneau ou de veau, des écrevisses, des palais de bœufs, de grosses huîtres et des crêtes de volaille ; un moment avant de servir, disposez vos brochettes avec symétrie et tenez-les bien chaudement, avec le fond de la cuisson, dans un grand sautoir. Après avoir arrosé votre pièce avec la sauce ci-dessus indiquée, vous les y piquez dessus avec goût.

CHAPITRE IX.

VEAU.

N° 223. Tête de Veau au naturel.

Faites d'abord dégorger la tête dans l'eau fraîche ; ouvrez ensuite la mâchoire inférieure, dont vous ôterez les deux os ; dépouillez la supérieure jusqu'à l'orbite des yeux, coupez l'os, et mettez de nouveau à dégorger ; après cela vous nettoierez bien la tête, vous la ferez blanchir, ôterez ensuite la peau de la langue, et placerez la pièce sur un linge fin, au milieu duquel vous aurez d'abord mis des bardes de lard, deux ou trois tranches d'ognon, un peu de carrotte, une feuille de laurier et un citron coupé à tranches ; enveloppez-la dans cet appareil ; ficelez le linge, et mettez-le avec son contenu dans une marmite ; faites en sorte que l'eau recouvre absolument votre objet ; assaisonnez comme pour le bouillon (*Voy.* n° 1), avec du sel, bouquet, ognon piqué, et faites cuire pendant trois heures et demie : quand vous voudrez servir, vous donnerez un coup de couteau sur le crâne, vous en sortirez les doux os que vous placerez sur le plat, à côté de la tête ; vous mettrez dans l'un du persil, et dans l'autre de l'échalotte ou de l'ognon haché.

N° 224. Tête de Veau à la béchamelle.

Préparez absolument comme il est indiqué ci-dessus, après quoi dressez la tête aussi de la même manière, et versez par dessus une sauce à la béchamelle (*Voy.* n° 82).

N° 225. Tête de Veau à l'allemande.

Toujours même procédé que pour la tête au naturel ; cette première préparation faite, dressez et versez par dessus une sauce allemande (*Voy.* n° 82).

N° 226. Tête de Veau à la sauce piquante.

Préparez, dressez comme dans les articles précédents, et versez par dessus une sauce piquante (*Voy.* n° 118).

N° 227. Tête de Veau farcie.

Nettoyez bien la tête, fendez-la par dessous, et la désossez tout entière ; ainsi préparée, vous la ferez blanchir à l'eau, et la sortirez dès qu'elle commencera à bouillir ; vous l'essuierez alors avec un linge ; vous la flamberez ; vous en nettoierez soigneusement les oreilles et les muscles, et vous la farcirez avec une farce cuite (*Voy.* n° 161), ou une farce fine (*Voy.* n° 162), en y ajoutant du jambon et des truffes coupés à dés ; tâchez, en ficelant la tête, de lui rendre sa forme primitive, et mettez-la à cuire dans un linge blanc où vous placerez des bardes de lard, de citron, de l'ognon, un peu de carottes et une demi-feuille de laurier, le tout bien ficelé ; ensuite faites cuire à la casserolle, dans de l'eau mitigée avec du bouillon ; recou-

7

vrez votre tête avec une barde de lard, un bouquet, un ognon piqué et deux girofles ; ayez soin que, pendant trois heures et demie que doit durer votre cuisson, elle ne cesse jamais de bouillir ; écumez-la dans cet intervalle et retournez-la quand elle est cuite à moitié ; couvrez, et lorsque vous voudrez servir, vous la déficellerez et la mettrez à égoutter sur un tamis ; vous la dresserez ensuite sur son plat et la servirez avec une sauce hachée (Voy. n° 117).

N° 228. Tête de Veau garnie.

Préparez et cuisez comme au n° 227, avec cette différence que celle-ci ne doit pas être farcie.

Garniture de la Tête de Veau.

Faites fondre dans une casserolle, sur le feu, une plaque de lard ; après en avoir retiré ce dernier, mettez-y un morceau de beurre frais et une tranche de jambon coupée à filets ; passez-y des ris d'agneau ou de veau coupés à gros dés, et mouillez avec de l'espagnole ou du coulis et un peu de cuisson de volaille ; joignez-y des tranches de truffes, des champignons, des crêtes de volailles, des rognons de coqs ; coupez alors la langue en huit morceaux et mêlez-la à la garniture ; assaisonnez avec une pincée de piment. — Lorsque vous servirez la tête, vous joindrez à la sauce trois douzaines d'huîtres blanchies dans leur eau et passées aux fines herbes, des queues d'écrevisses, des cornichons, six jaunes d'œufs durs ; cessez alors de faire bouillir et tenez bien chaud ; ayez soin que le goût de votre garniture soit un peut relevé ; après avoir égoutté la tête sur un tamis, placez-la dans un grand plat ; coupez la cervelle en sept morceaux, disposez-les autour de la tête et versez la garniture dessus.

N° 229. Cervelle de Veau en friture.

Pelez les cervelles et faites-les dégorger dans l'eau fraîche; faites-les blanchir ensuite trois ou quatre minutes dans de l'eau bouillante, où vous aurez d'abord mis un peu de sel et un filet de vinaigre; écumez-les, après quoi vous les égoutterez et les mettrez de nouveau dans l'eau fraîche; lorsqu'elles s'y sont un peu raffermies, ôtez-les de l'eau, essuyez-les sur un linge; coupez-les à morceaux et marinez-les au vinaigre (*Voy.* n° 188); quand vous voudrez les employer, trempez-les dans la pâte à frire (*Voy.* n° 192).

N° 230. Cervelles au beurre noir.

Faites dégorger et blanchir les cervelles comme ci-dessus; ensuite vous les ferez cuire dans une poêle (*Voy.* n° 181); quand elles seront cuites, faites-les égoutter, dressez-les sur un plat, et versez par dessus du beurre noir (*Voy.* n° 123); on peut placer, entre chaque cervelle, du persil frit comme à l'article précédent.

N° 231. Cervelles de Veau en crépine.

Faites cuire dans une poêle (*Voy.* n° 181) des cervelles; vous les couperez ensuite de la grosseur d'une noix; enveloppez chaque morceau dans de la crépine de cochon, étendue d'abord sur un linge, et coupée de la grandeur de la main; placez dessus et dessous de chacun d'eux une cuillerée à bouche de gascogne (*Voy.* n° 172), de manière à ce qu'ils ne paraissent pas; repliez la crépine, et placez tous les morceaux ainsi arrangés dans une casserolle plate ou bien dans un plat de terre avec une cuillerée de jus (*Voy.* n° 77), ou un peu de fond de cuisson; mettez-les un instant à l'entrée du four, après avoir couvert le plat avec une feuille de papier ; on peut également les faire cuire sur un trépied, feu dessous et dessus ; quand la cuisson est au point, on égoutte les cervelles, on les dresse et on les sert avec un peu de coulis (*Voy.* n° 78).

N° 232. Cervelles de Veau à l'oseille.

Faites toujours dégorger et blanchir les cervelles comme il est dit à l'article 229 ; faites-les cuire ensuite dans une poêle (*Voy.* n° 181) ; égouttez-les quand elles sont au point, et rangez-les dans un plat, sur une sauce à l'oseille (*Voy.* n° 140) ; après quoi vous les glacerez.

N° 233. Cervelles à la bourgeoise.

Faites dégorger dans l'eau fraîche ; pelez et faites blanchir les cervelles à l'ordinaire ; coupez-les ensuite en carrés longs ; marinez-les au vinaigre (*Voy.* n° 188) et passez-les dans la farine ; mettez-les ensuite dans la poêle à frire, avec de l'huile ou du beurre ; lorsqu'elles seront de belle couleur, tirez-les avec l'écumoire, et faites avec l'huile ou le beurre qui reste dans la poêle, une marinade au vinaigre que vous verserez par dessus, au moment de servir.

N° 234. Cervelles de Veau en coquilles d'huîtres.

Quand les cervelles sont blanchies, faites-les cuire dans une poêle (*Voy.* n° 181), après quoi vous les couperez à dés ; pendant que cette première préparation a lieu, mettez un peu de velouté (*Voy.* n° 80) dans une casserolle ; quand il commence à bouillir, liez-le avec un jaune d'œuf ; exprimez-y un peu de jus de citron ; mettez-y du beurre gros comme une noix, et déposez-y les cervelles.

Enduisez alors des coquilles d'huîtres avec du beurre ; remplissez-les avec les préparations déjà indiquées ; saupoudrez le dessus avec de la râpure de pain, et faites prendre couleur en mettant par dessus les coquilles un couvert avec du feu.

N° 235. Coquilles de Cervelles au naturel.

Blanchissez toujours les cervelles de la même manière; assaisonnez-les ensuite avec du sel et du poivre; mêlez-y une échalotte, des truffes et du persil hachés ensemble, et faites sauter le tout un moment pour répandre l'assaisonnement; arrosez avec de l'huile, ou bien mettez-y un peu de beurre ou de lard râpé; ajoutez un peu de jus de citron, après quoi vous remplirez les coquilles, frottées à l'intérieur avec du beurre et un peu d'anchois; mettez dessus de la râpure de pain, et faites griller à l'ordinaire.

N° 236. Brochettes de Cervelles.

Après avoir blanchi, coupé carrément et fait cuire dans une poêle (*Voy.* n° 181) les cervelles, coupez de la même manière de la tétine de veau cuite, et deux ou trois truffes cuites aussi, enfilez alternativement ces morceaux dans des brochettes; lorsqu'elles seront garnies jusqu'au bout, égalisez-les et donnez-leur une forme régulière; rangez-les sur une assiette, et versez par dessus une sauce épaisse faite avec du velouté (*Voy.* n° 80) que vous aurez fait réduire de moitié dans une casserolle, que vous aurez ensuite lié avec deux jaunes d'œufs, et dans lequel vous aurez mis un petit morceau de beurre et exprimé un peu de jus de citron; laissez refroidir le tout; après quoi vous roulerez les brochettes dans la sauce, afin qu'elles s'en garnissent bien; vous les passerez dans de la mie de pain, et les ferez griller de belle couleur.

le plat avec une feuille de papier ; on peut également les faire cuire sur un trépied, feu dessous et dessus ; quand la cuisson est au point, on égoutte les cervelles, on les dresse et on les sert avec un peu de coulis (*Voy*. n° 78).

N° 232. Cervelles de Veau à l'oseille.

Faites toujours dégorger et blanchir les cervelles comme il est dit à l'article 229 ; faites-les cuire ensuite dans une poêle (*Voy*. n° 181) ; égouttez-les quand elles sont au point, et rangez-les dans un plat, sur une sauce à l'oseille (*Voy*. n° 140) ; après quoi vous les glacerez.

N° 233. Cervelles à la bourgeoise.

Faites dégorger dans l'eau fraîche ; pelez et faites blanchir les cervelles à l'ordinaire ; coupez-les ensuite en carrés longs ; marinez-les au vinaigre (*Voy*. n° 188) et passez-les dans la farine ; mettez-les ensuite dans la poêle à frire, avec de l'huile ou du beurre ; lorsqu'elles seront de belle couleur, tirez-les avec l'écumoire, et faites avec l'huile ou le beurre qui reste dans la poêle, une marinade au vinaigre que vous verserez par dessus, au moment de servir.

N° 234. Cervelles de Veau en coquilles d'huîtres.

Quand les cervelles sont blanchies, faites-les cuire dans une poêle (*Voy*. n° 181), après quoi vous les couperez à dés ; pendant que cette première préparation a lieu, mettez un peu de velouté (*Voy*. n° 80) dans une casserolle ; quand il commence à bouillir, liez-le avec un jaune d'œuf ; exprimez-y un peu de jus de citron ; mettez-y du beurre gros comme une noix, et déposez-y les cervelles.

Enduisez alors des coquilles d'huîtres avec du beurre; remplissez-les avec les préparations déjà indiquées ; saupoudrez le dessus avec de la râpure de pain, et faites prendre couleur en mettant par dessus les coquilles un couvert avec du feu.

N° 235. Coquilles de Cervelles au naturel.

Blanchissez toujours les cervelles de la même manière; assaisonnez-les ensuite avec du sel et du poivre; mêlez-y une échalotte, des truffes et du persil hachés ensemble, et faites sauter le tout un moment pour répandre l'assaisonnement; arrosez avec de l'huile, ou bien mettez-y un peu de beurre ou de lard râpé; ajoutez un peu de jus de citron, après quoi vous remplirez les coquilles, frottées à l'intérieur avec du beurre et un peu d'anchois; mettez dessus de la râpure de pain, et faites griller à l'ordinaire.

N° 236. Brochettes de Cervelles.

Après avoir blanchi, coupé carrément et fait cuire dans une poêle (*Voy.* n° 181) les cervelles, coupez de la même manière de la tétine de veau cuite, et deux ou trois truffes cuites aussi, enfilez alternativement ces morceaux dans des brochettes; lorsqu'elles seront garnies jusqu'au bout, égalisez-les et donnez-leur une forme régulière; rangez-les sur une assiette, et versez par dessus une sauce épaisse faite avec du velouté (*Voy.* n° 80) que vous aurez fait réduire de moitié dans une casserolle, que vous aurez ensuite lié avec deux jaunes d'œufs, et dans lequel vous aurez mis un petit morceau de beurre et exprimé un peu de jus de citron; laissez refroidir le tout; après quoi vous roulerez les brochettes dans la sauce, afin qu'elles s'en garnissent bien; vous les passerez dans de la mie de pain, et les ferez griller de belle couleur.

N° 237. Brochettes de Cervelles bourgeoises.

Coupez carrément de la cervelle de veau blanchie d'abord, de la tétine de veau cuite et refroidie, que vous pouvez remplacer au besoin par du lard ; coupez aussi des truffes cuites, et enfilez vos morceaux dans la brochette, comme il est dit ci-dessus, après les avoir marinés dans un plat avec de fines herbes hachées et une goutte d'huile ou de beurre, et les avoir assaisonnés avec du sel et une pincée de poivre ; lorsque les brochettes sont garnies jusqu'au bout, arrosez-les avec un peu d'huile ou de beurre, panez-les et faites-les griller.

N° 238. Cervelles de Veau au gratin.

Mettez au fond d'un plat de la farce à gratin (*Voy.* n° 164) ; posez sur cette farce des cervelles de veau cuites dans une braise (*Voy.* n° 174) ; couvrez le tout d'une gascogne (*Voy.* n° 172) ; égalisez le dessus avec un couteau ; saupoudrez avec de la chapelure de pain passée au tamis ; entourez le gratin de petits croûtons de pain coupés en triangles ou en bouchons, et déjà passés dans de l'œuf battu ; soumettez-le au four, et versez-y, au moment de servir, un peu d'espagnole (*Voy.* n° 79.)

N° 239. Langue de Veau.

Après l'avoir fait blanchir, ôtez-en la peau ; coupez ensuite un peu de lard, assaisonnez-la et lardez la langue en travers, mettez à cuire dans une braise (*Voy.* n° 174) ; après la cuisson, fendez-la par le milieu, et versez dessus une sauce hachée (*Voy.* n° 117).

N° 240. Oreilles de Veau au naturel.

Après avoir nettoyé les oreilles, flambez-les, lavez-les,

faites-les blanchir à l'eau, et jetez-les dans l'eau fraîche ; essuyez-les ensuite avec un linge, après quoi vous les mettrez à cuire dans une casserolle ou un pot de terre, en observant de les couvrir absolument avec de l'eau ; assaisonnez-les avec du sel, une feuille de laurier, un morceau de carotte, un ognon piqué d'un girofle, et quelques tranches de citron, couvrez le tout avec une barde de lard, et laissez cuire pendant trois heures ; ce temps écoulé, faites égoutter les oreilles, placez-les sur un plat, mettez d'un côté du persil, de l'autre de l'ognon, le tout bien haché, et servez.

N° 241. Oreilles de Veau en sauce.

Préparez-les comme les précédentes, et servez-les avec une sauce hachée (*Voy.* n° 117).

N° 242. Oreilles de Veau au gratin.

Préparez-les comme il est dit, après quoi vous les partagerez par le milieu dans la longueur, et les placerez sur une farce à gratin d'un doigt d'épaisseur (*Voy.* n° 164) ; vous ferez en sorte que le petit bout de l'oreille soit en dedans ; vous mettrez par dessus vos morceaux une pincée de fromage de Parmesan râpé ou de Gruyère, et une petite cuillerée de jus ou coulis (*Voy.* n° 78) ; recouvrez le plat avec un rond de papier, et quand vous voudrez servir, exposez-le à l'entrée du four ou sur un trépied, feu dessus et feu dessous, jusqu'à ce que la farce soit cuite ; alors vous ferez égoutter la graisse, et la remplacerez par un peu de sauce espagnole (*Voy.* n° 79).

N° 243. Oreilles de Veau en friture.

Nettoyez toujours et blanchissez les oreilles ; mettez-les ensuite à cuire dans une bonne braise (*Voy.* n° 174), après quoi vous couperez chacune d'elles en trois ou quatre longs morceaux que vous marinerez avec un peu de vinaigre et une tranche d'ognon, et que vous assaisonnerez convenablement ; vous les ferez ensuite égoutter, les passerez dans la pâte à frire (*Voy.* n° 192), et les ferez roussir de belle couleur. Cette friture se sert d'ordinaire rangée autour d'un peu de persil frit, qui occupe le milieu du plat.

N° 244. **Carré de Veau piqué à la broche.**

Parez un carré de veau de manière à n'y laisser que les os des côtes ; ôtez la peau qui recouvre le filet ; piquez-le ensuite à petit lard, et marinez votre pièce (*Voy.* n° 189) ; lorsque vous voudrez la faire cuire, assujétissez-la à la broche en passant deux brochettes, l'une sous le filet, et l'autre sous les côtes, et les fixant par les deux bouts à la broche ; enduisez un papier avec du beurre ; mettez-y la marinade ; entourez-en bien le carré ; faites cuire ; quelques instants avant de servir, vous ôterez le papier, afin que la viande prenne couleur, et lorsque ce dernier résultat sera obtenu, vous l'ôterez de la broche, la dresserez sur son plat, et verserez dessus une sauce poivrade (*Voy.* n° 118).

N° 245. **Noix de Veau en papillote.**

Piquez la noix avec de gros lardons à l'intérieur seulement ; posez-la dans une casserolle avec un morceau de beurre ; soumettez au feu, et, lorsqu'elle est un peu roidie d'un côté, tournez-la de l'autre, assaisonnez et laissez refroidir.

Hachez des échalottes, du persil, des truffes, que vous mêlerez avec du lard râpé ou du beurre ; ayez une grande feuille de papier double, où vous placerez la noix entre de fines herbes et une plaque de lard; pliez bien la feuille, pour qu'elle ne laisse rien échapper; oignez-la d'huile, et faites griller à petit feu.

N° 246. Fricandeau de Veau à la bourgeoise.

Otez la peau d'une sous-noix de veau; battez-la avec le couperet; introduisez-y quelques gros lardons à l'aide d'une lardoire, et piquez le dessus à petit lard, après quoi vous la posez sur une plaque de lard au fond d'une casserolle; mettez sur le feu; faites suer un moment, puis mouillez jusqu'à la surface avec moitié eau bouillante et moitié bouillon; joignez-y un bouquet, un ognon piqué, et tournez le fricandeau en maintenant le lard dessous; écumez-le soigneusement et laissez cuire à petit feu pendant deux heures, après quoi vous le tournez de nouveau; couvrez avec un papier beurré et un couvert de casserolle sur lequel vous placerez un peu de feu; trois heures et demie suffisent pour l'entière cuisson; un moment avant de servir, si vous n'avez pas de glace pour le glacer, passez le fond de la cuisson au tamis pour le dégraisser, et s'il ne vous paraît pas suffisamment coloré vous y ajoutez un peu de jus; puis vous faites réduire sur le feu et dans la même casserolle, après avoir ôté et placé votre fricandeau sur un plat; tournez alors votre glace, avec une cuiller de bois, jusqu'à ce qu'elle ait atteint le point qui lui convient, et remettez-y le fricandeau, le lard dessous; asseyez votre casserolle sur des cendres chaudes, et prenez garde que le lard s'attache au fond; lorsque vous servirez, il faudra verser en premier lieu la sauce dans un plat, et puis poser votre fricandeau dessus; cela fait, vous le glacerez avec un petit plumet formé de queues de volailles.

N° 247. Côtelettes de Veau piquées en fricandeau.

Donnez aux côtelettes une belle forme ; après les avoir parées de toutes les parties nerveuses, piquez-les à petit lard, faites blanchir à l'eau et mettez à cuire dans une casserolle, comme pour les entrées piquées (*Voy.* n° 183); après la cuisson, glacez-les (*Voy.* n° 184); versez dans un plat une sauce à l'oseille (*Voy.* n° 140), et rangez-y vos côtelettes.

N° 248. Côtelettes de Veau à la Mayonnaise.

Après avoir paré les côtelettes, piquez-en le filet avec du jambon cuit et des truffes coupés bien carrément, de manière à former le damier sur chaque face ; cuisez dans un sautoir avec une demi-glace à la minute (*Voy.* n° 185), et après la cuisson, glacez les côtelettes, placez-les dans un plat, et couvrez-les d'aspic (*Voy.* n° 101); lorsque le tout sera congelé, parez de nouveau les côtelettes, afin que l'aspic ne dépasse pas le tour du filet ; hachez de l'aspic et foncez-en un plat d'entrée ; rangez les côtelettes en couronne, par dessus, la côte en bas et le filet en haut ; posez sur chacunes d'elles un petit croissant et le filet mignon de volaille, piqué aux truffes ; garnissez le tour du plat de beaux croûtons de gelée, et versez dans le milieu une mayonnaise à la ravigote (*Voy.* n° 138).

N° 249. Ris de Veau piqués.

Faites-les blanchir à l'eau ; prenez garde qu'ils ne bouillent, on ne pourrait les piquer comme il faut ; mettez-les vite à rafraîchir ; après vous les essuierez bien avec un linge, et ferez votre piquage à petit lard.

Cuisez-les comme une entrée piquée (*Voy.* n° 183);

glacez-les (*Voy.* n° 184) ; versez dans un plat une garniture de petits pois ou toute autre (*Voy.* n° 145), et superposez-y vos ris.

N° 250. Côtelettes de Veau en papillotes.

Disposez-les comme au n° 313, et marinez-les dans un plat comme il est dit à la marinade (*Voy.* n° 187).

Hachez un peu de lard avec une échalotte, du persil et des truffes ; prenez une feuille de papier d'office, pliez-la par le milieu, faites un trou au milieu du pli pour y passer la côte ; arrondissez ensuite cette enveloppe, posez-y un peu de votre farce, sur laquelle vous placerez la côtelette, l'os dans le trou pratiqué ; vous aurez soin alors de poser encore par dessus la viande une autre portion de la même farce, et vous plierez le papier, en lui conservant une forme ronde comme celle de la côtelette ; huilez et faites cuire à petit feu sur le gril ; après la cuisson, dressez sur le plat et ajoutez un peu de jus (*Voy.* n° 77).

N° 251. Longe de Veau en entrée.

Otez la peau de dessus le filet que vous piquerez à petit lard : marinez (*Voy.* n° 189), et quand vous voudrez utiliser cette pièce, placez-la dans une brasière, et versez la marinade par dessus, en ajoutant des bardes de lard sur la partie non piquée ; mouillez avec deux verres de vin blanc sec ; recouvrez d'un papier double, et soumettez au four chaud ; une heure après, tournez votre viande ; une heure et demie de cuisson doit suffire ; dressez-la sur le plat ; glacez (*Voy.* n° 184), et ajoutez une espagnole (*Voy.* n° 79), dans laquelle vous aurez mis des cornichons blanchis.

On peut également cuire cette entrée à la broche, en l'enveloppant toujours d'un papier et de la marinade.

N° 252. Cuisse de Veau en gelée.

Désossez la cuisse de veau jusqu'à la jointure du jarret ; lardez l'intérieur à gros lardons assaisonnés ; ajoutez de nouveaux lardons de jambon et des truffes ; assaisonnez intérieurement et extérieurement avec deux gros de sel-épice par livre de viande ; ficelez l'ouverture de la cuisse avec une aiguille à brider, et mettez-la à cuire dans une braise (*Voy.* n° 174) ; mouillez-la avec moitié de vin blanc sec et moitié bouillon ; on peut effectuer la cuisson au four ou sur un trépied ; une fois cuite, vous la laissez refroidir dans son réduit ; ôtez ensuite la ficelle et glacez à deux reprises ; mêlez du consommé au fond de la cuisson ; laissez refroidir et clarifiez à l'ordinaire (*Voy.* n° 101) ; lorsque vous servirez la cuisse, vous décorerez le dessus avec de la gelée, et vous entourerez le plat de croûtons de gelée.

N° 253. Rouelle de Veau à la bourgeoise aux petits pois.

Mettez dans une casserolle un peu de lard coupé à dés, ou bien un peu de beurre ; déposez-y votre rouelle, dont vous aurez ôté l'os du milieu, que vous aurez ensuite lardée avec de gros lardons assaisonnés avec du sel-épice, et qu'enfin vous aurez saupoudrée des deux côtés avec de la farine ; laissez-la cuire à petit feu ; assaisonnez-la avec du sel-épice et un bouquet (*Voy.* n° 175) ; faites-la roussir des deux côtés, et mouillez-la un instant après, avec du bouillon ou de l'eau bouillante ; à moitié cuisson, joignez-y des petits pois en grain ; puis vous achevez la cuisson.

N° 254. Rouelle de veau en guise de Thon.

Ayez soin que la rouelle soit d'un veau jeune et bien blanc; laissez-la mortifier; après cela, vous ôterez l'os du milieu; vous battrez bien la rouelle avec le couperet; vous la piquerez avec des morceaux d'anchois; vous l'assaisonnerez et répandrez au-dessus un verre de vinaigre blanc; laissez-la à peu près un jour dans cet assaisonnement; ce temps écoulé, essuyez-la, saupoudrez-la avec de la farine, et faites-la cuire doucement à la poêle avec un peu d'huile; lorsqu'elle sera cuite et de belle couleur, vous la retirerez de la poêle, ferez une marinade avec les restes de sa cuisson, et la verserez dessus.

N° 255. Grenadine de veau.

Parez la noix (*Voy.* n° 246); fendez-la par le milieu; aplatissez-en les deux morceaux en les battant avec le couperet; piquez-les ensuite à petit lard, et faites-les blanchir. Cette opération terminée, faites égoutter votre viande; essuyez-la, et subdivisez vos moitiés de noix en quatre ou cinq morceaux, auxquels vous donnerez la forme d'un triangle allongé; faites-les cuire de la même manière que les entrées piquées (*Voy.* n° 183); glacez-les ensuite (*Voy.* n° 184), et rangez-les sur une sauce à la purée d'épinards (*Voy.* n° 108).

N° 256. Pieds de veau au naturel.

Désossez des pieds de veau, coupez-en les bâtillons, nettoyez-les, ficelez-les, et faites-les blanchir dans l'eau bouillante; après cela, mettez-les dans une casserolle ou dans un pot, couvrez-les d'eau et d'une barde de lard; mettez-y une carotte, un ognon piqué (*Voy.* n° 1), une demi-feuille de laurier, quelques tranches de citron et du sel, et faites-les bouillir pendant trois heures ; avant de les servir, hachez séparément du persil et des échalottes, ou, à défaut, des ognons que vous mettrez à côté des pieds, après avoir ôté les os de ces derniers.

N° 257. Pieds de Veau en friture.

Faites-les cuire comme au numéro précédent ; coupez-les à morceau ; mettez-les dans la pâte (*Voy.* n° 192), et faites-les frire.

N° 258. Pieds de Veau en poulette.

Après les avoir préparés comme ci-dessus, coupez-les à morceaux, et mettez-les dans une casserolle avec un peu de velouté (*Voy.* n° 80) et de persil haché ; liez-les avec deux jaunes d'œufs ; après quoi vous exprimerez par dessus un peu de jus de citron, qu'on peut au besoin remplacer par un filet de vinaigre.

N° 259. Pieds de Veau en poulette à la bourgeoise.

Après les avoir préparés au naturel, il faut les désosser, les couper par morceau, et les passer un instant sur le feu avec du beurre ou une plaque de lard fondu ; liez-les d'abord avec une pincée de farine, puis mouillez-les avec du bouillon ou de l'eau bouillante ; ajoutez un bouquet (*Voy.* n° 175), une truffe coupée à tranches, un peu de sel et de poivre, et faites bouillir lentement ; quand la sauce sera réduite à moitié, vous la lierez avec deux jaunes d'œufs, et vous y exprimerez le jus d'un citron que vous pouvez remplacer par un filet de vinaigre.

N° 260. Pieds de Veau à la hollandaise.

Préparez-les en poulette (*Voy.* n° 94), et liez-les avec

deux jaunes d'œufs dans lesquels vous aurez délayé un peu de vert d'épinards (*Voy.* n° 115); exprimez au-dessus le jus d'un citron.

N° 261. Noix de Veau en fricandeau.

Parez-la des peaux de dessus et mettez-la dans un linge pour la bien battre avec le couperet; introduisez-y des lardons à l'aide d'une grosse lardoire; piquez le dessus à petit lard; faites-la blanchir dans de l'eau, et aux premiers bouillonnements, écumez-la, plongez-la dans l'eau fraîche, après quoi vous la poserez sur un tamis pour l'égoutter; enfin, faites cuire comme il est dit aux entrées piquées (*Voy.* n° 183); au moment de la servir, vous la glacerez et la placerez sur la garniture ou sur telle sauce que vous voudrez.

N° 262. Pieds de Veau au gratin.

Après les avoir fait cuire dans une bonne braise (*Voy.* n° 174) et les avoir désossés, vous les fendez, y mettez le salpicon truffé (*Voy.* n° 170) et la farce cuite (*Voy.* n° 161), comme au numéro précédent; mais, au lieu de leur rendre leur forme première, vous les roulez sur la longueur, et les placez ensuite dans un plat d'entrée, sur de la farce au gratin (*Voy.* n° 164); vous saupoudrez le dessus avec un peu de fromage de Parmesan ou de Gruyère râpé; soumettez au four un instant, et servez en ajoutant un peu de jus.

N° 263. Fraise de Veau.

Faites-la dégorger et blanchir à l'eau bouillante; mettez-la ensuite à rafraîchir; ficelez-la; faites-la cuire à l'eau en ajoutant un ognon piqué (*Voy.* n° 1) et des bardes de lard ; après la cuisson, ôtez la ficelle, et servez pour hors-d'œuvre.

N° 264. Fraise de Veau au gratin.

Lorsqu'il vous reste des fraises de veau déjà cuites, faites comme pour l'article 238.

N° 265. Poitrine de Veau farcie à la bourgeoise.

Pratiquez entre les côtes et la poitrine une poche que vous remplirez de farce à la ménagère (*Voy.* n° 167) ; cousez l'ouverture, et mettez à cuire. La poitrine farcie peut servir pour bouilli ; on peut la préparer aussi dans une braise (*Voy.* n° 174) avec une garniture de laitues ou de choux. Toutes les poitrines, soit de veau, de mouton, ou d'agneau, se préparent de même.

N° 266. Pain de foie de Veau.

Ôtez les peaux de la moitié d'un foie de veau ; hachez ce foie bien menu ; prenez du lard à peu près le volume du foie, hachez-le et mêlez-le au premier ; pilez le tout dans un mortier, en l'assaisonnant avec du sel-pice et du persil bien haché ; enlevez-le ensuite de là pour le mettre dans un plat de terre profond ; coupez à petits dés deux ognons que vous ferez roussir sur le feu, en ajoutant un peu de dégraissis de quelque bon fond de cuisson, ou un peu de beurre ou de lard râpé.

Lorsque ces ognons seront cuits, vous les mêlerez avec le foie ; vous couperez également à petits dés une tranche de jambon et un peu de lard, deux ou trois truffes, et les jetterez dans le foie ; ajoutez encore trois jaunes d'œufs ; brouillez bien tous ces objets avec une cuiller de bois ; montez les blancs très-ferme, et joignez-les de même à votre pain.

Prenez alors une casserolle bien faite; mettez au fond une plaque de lard, et foncez-la en outre avec de la crépine de cochon; posez-y votre foie que vous recouvrirez d'une barde de lard; faites cuire au four ou sous le fourneau; après la cuisson, égouttez sur un couvert de casserolle; enlevez le lard; dressez le pain sur le plat, et versez dessus une sauce au chevreuil (*Voy.* n° 116).

N° 267. Foie de Veau à la bourgeoise.

Coupez-le par morceaux de deux lignes d'épaisseur et de toute la longueur du foie; posez-les sur un plat; assaisonnez-les avec un peu de sel; mettez ensuite dans une casserolle un morceau de beurre ou de lard que vous ferez fondre; sautez-y le foie; enlevez-le après cuisson, et jetez dans la casserolle une pincée de farine que vous tournerez un moment sur le feu; hachez bien une échalotte, ajoutez-la à votre sauce, et mouillez avec du bouillon, ou à défaut, avec de l'eau bouillante; ajoutez encore un peu de persil haché, et lorsque cette sauce sera un peu réduite, jetez-y votre foie; deux minutes après, faites une liaison avec deux jaunes d'œufs, et terminez par un jus de citron ou un filet de vinaigre.

N° 268. Rognons de Veau au vin.

Pelez les rognons; émincez-les bien fin; sautez-les dans une casserolle avec un peu de beurre ou de lard fondu; assaisonnez avec du sel, du poivre, une échalotte, du persil et des truffes, le tout bien haché; quand les rognons seront cuits, ôtez-les; posez-les sur une assiette; versez dans la cuisson un demi-verre de vin blanc, et faites réduire à moitié; ajoutez alors un peu de coulis (*Voy.* n° 78), et faites bouillir un instant.

8

Vous jetterez ensuite les rognons dans la sauce ; vous la ferez un peu bouillonner, la verserez dans le plat, et y mêlerez un peu de jus de citron.

N° 269. Tendons de Veau au blanc.

Détachez les tendons de la poitrine ; parez-les en coupant le bout des côtes en dessous de la chair ; mettez ces tendons dans l'eau fraîche où vous les laisserez dégorger quelques moments ; changez l'eau et mettez-les ensuite dans une casserolle où ils seront recouverts ; faites-les blanchir, et aux premiers bouillons, retirez-les du feu ; passez l'eau dans un tamis, et jetez les tendons à l'eau fraîche.

Vous aurez soin de les essuyer avec un linge et de les parer de nouveau.

Mettez alors dans une casserolle une tranche de jambon, un peu de lard râpé ou un morceau de beurre ; placez-y les tendons, et passez-les ainsi un moment sur le feu, en les faisant sauter ; ayez soin qu'ils ne roussissent pas ; jetez-y une pincée de farine ; mouillez avec l'eau dans laquelle ils ont blanchi ; ajoutez une moitié de bouillon, un bouquet (*Voy.* n° 175) et un ognon piqué (*Voy.* n° 1) ; écumez ; faites bouillir en couvrant la casserolle, et faites en sorte que, la cuisson opérée, il ne reste de mouillement juste que pour la sauce.

Enlevez le bouquet, le jambon et l'ognon ; faites une liaison (*Voy.* n° 176), et ajoutez un jus de citron.

N° 270. Tendons de Veau aux truffes.

Préparez et cuisez comme ci-dessus ; deux minutes avant la liaison, joignez-y quelques tranches de truffes.

N° 271. Blanquette de Tendons aux petits pois.

Préparez de même, et à moitié cuisson, ajoutez des

petits pois en grains ; faites ensuite une liaison (*Voy.* n° 176) après la cuisson du tout.

N° 272. Blanquette de Tendons de Veau avec toute sorte de garnitures.

Préparez-les encore comme pour la blanquette (*Voy.* n° 271), et, avant d'y faire la liaison, garnissez-les avec des pieds de céleri (*Voy.* n° 153), de petits ognons (*Voy.* n° 152), des champignons (*Voy.* n° 156), des ris d'agneau (*Voy.* n° 306), des culs d'artichauts (*Voy.* n° 154), n'importe, le tout cuit ; liez avec deux ou trois jaunes d'œufs, selon la quantité du ragoût ; après la liaison, vous pouvez ajouter des huîtres blanchies dans leur eau, des pointes d'asperges, des écrevisses, des câpres ou des cornichons.

N° 273. Tendons de Veau en Auchpau.

Faites-les cuire dans une braise (*Voy.* n° 174) ; dressez-les sur le plat ; glacez-les (*Voy.* n° 184) ; posez dessus une garniture de petites carottes tournées en olives, et dont le mouillement soit réduit en glace ; saucez ensuite avec une espagnole (*Voy.* n° 79).

N° 274. Tendons de Veau en haricots vierges.

Cuisez-les de même ; dressez-les, et versez dessus de petits navets déjà cuits (*Voy. Haricots vierges*).

N° 275. Tendons de Veau garnis.

Cuisez-les en braise (*Voy.* n° 174) ; glacez-les (*Voy.* n° 184), et posez-les sur toutes sortes de garnitures (*Voy.* n° 154).

N° 276. Tendons de Veau au riz.

(*Voy. Fricassée de Poulets au riz*, n° 442.)

No 277. Escalope de filets de Veau.

Parez des sous-filets de toutes leurs peaux ; ensuite vous les couperez en biais, à peu près de l'épaisseur d'un écu de cent sous, en donnant aux morceaux une forme arrondie ; vous les mettrez alors dans le sautoir avec un peu de beurre clarifié, pour les sauter un moment ; cela fait, vous les égoutterez et vous les mettrez dans une sauce allemande (*Voy.* no 82).

No 278. Amourettes de Veau en friture.

Parez-les de toutes leurs peaux ; coupez-les ensuite à peu près de la longueur d'un doigt ; marinez-les au vinaigre mêlé avec un peu d'eau ; quand elles auront pris goût, vous les ferez égoutter, les passerez dans la farine, et les ferez frire.

CHAPITRE X.

MOUTON.

No 279. Sellette de Mouton au naturel.

La sellette est dans le mouton ce qu'est la culotte dans le bœuf, c'est-à-dire la partie inférieure du corps à l'extrémité de l'échine ; elle s'emploie pour bouilli ; au moment de la servir, ôtez la peau de dessus, mettez-la ensuite dans un plat, et vous l'entourerez de persil en branches.

N° 280. Sellette de Mouton en sauce.

C'est encore un bouilli dont on ôte la peau comme ci-dessus, et sur lequel on verse une sauce aux tomates (*Voy.* n° 120).

N° 281. Sellette de Mouton aux pommes de terre.

Otez toujours la peau du dessus ; placez la sellette dans un plat, et mettez tout autour un cordon de pommes de terre d'égale grosseur et de forme arrondie, cuites d'abord à l'eau, et roussies dans le beurre ; on peut aussi l'entourer de chou-croûte (*Voy.* n° 196).

N° 282. Sellette à l'anglaise.

Quand votre bouilli est retiré du pot, passez de l'œuf battu et de la râpure de pain par dessus, et mettez-le sous le four de campagne jusqu'à ce qu'il soit de belle couleur.

N° 283. Sellette de Mouton à l'allemande.

Même procédé que dans les articles précédents ; ôtez la peau, répandez dessus une sauce allemande (*Voy.* n° 82), saupoudrez ensuite avec de la râpure de pain, et faites prendre couleur sous le four de campagne.

N° 284. Quenelles de Volailles.

Faites la farce à quenelles avec des filets de volailles, que vous pochez avec une cuiller à bouche (*Voy.* n° 158) ; faites cuire dans du bon bouillon en ébullition ; dix minutes suffisent pour l'entière cuisson de vos quenelles ; laissez bouillir doucement sur l'angle du fourneau ; puis vous les mettez dans une casserolle avec du fond de cuisson de volailles pour qu'elles prennent bon goût ; vous placez la casserolle sur des cendres rouges ; un moment après vous servez sur un plat et vous arrosez d'une béchamelle (*Voy.* n° 81).

N° 285. Quenelles de Gibier.

Faites de la farce à quenelles avec des filets de lapereaux, que vous pochez avec une cuiller à bouche (*Voy.* n° 158); mettez à cuire dans du bouillon en ébullition ; dix minutes suffisent pour l'entière cuisson de vos quenelles ; faites bouillir doucement sur l'angle du fourneau, après quoi vous les mettrez dans une casserolle avec du fond de cuisson de gibier, afin qu'elles prennent bon goût; placez votre casserolle sur des cendres rouges ; au bout de quelques instants, vous pourrez les servir sur un plat, en y versant une sauce espagnole au fumet de gibier (*Voy.* n° 100).

N° 286. Quenelles de Pommes de terre.

Servez-vous de farce à quenelles de pommes de terre, que vous pochez avec une cuiller à bouche (*Voy.* n° 158); faites cuire dans du bouillon en ébullition ; dix minutes suffisent pour l'entière cuisson de vos quenelles ; laissez bouillir doucement sur l'angle du fourneau, après quoi vous les mettrez encore un instant à bouillir à petit feu dans une sauce aux truffes (*Voy.* n° 143).

N° 287. Poitrine de Mouton farcie à la bourgeoise.

(*Voy. Poitrine de Veau,* n° 265).

N° 288. Gigot de Mouton à l'ail.

Faites-le cuire à la broche ; avant de le servir, entourez le manche d'un papier, et versez sur la viande une garniture d'aulx (*Voy.* n° 149).

N° 289. Gigot de Mouton aux Haricots.

Cuisez-le comme le précédent, et mettez dans le plat une garniture de haricots (*Voy.* n° 148).

N° 290. Gigot à l'eau.

Désossez-le d'abord ; coupez ensuite de gros lardons que vous assaisonnez avec un peu de sel-épice, et dont vous lardez votre pièce en dedans ; ficelez le gigot et assujétissez de même, avec une ficelle, le manche, après en avoir coupé le bout ; donnez-lui une forme arrondie, et placez-le dans une casserolle un peu haute de bords, ou dans une marmite. Il faut que votre gigue y soit à l'étroit ; couvrez-la d'eau ; faites-la écumer ; jetez-y un peu de sel, parce qu'il faut que toute l'eau tombe en glace.

Ajoutez une tranche de jambon, une carotte et un ognon piqué, ainsi qu'un pied de céleri ; faites bouillir bien doucement ; au bout de deux heures, retournez votre gigot et remarquez bien qu'au moment de l'entière cuisson, il est de nécessité absolue que le mouillement soit réduit comme je l'ai déjà dit ; un instant auparavant, vous avez eu soin d'enlever tous vos légumes, parce qu'il faut que votre pièce se glace.

Otez la ficelle, et mettez le gigot sur son plat ; jetez dans son réduit un peu de jus et le suc d'un citron ; dégraissez-le, passez au tamis, et faites-le tomber sur la pièce, ou bien entourez-la d'une garniture d'ognons glacés (*Voy.* n° 152), en ajoutant une espagnole (*Voy.* n° 79).

N° 291. Gigot de Mouton de sept heures.

Choisissez un gigot qui ait le manche court et les boutons bien fondus ; vous vous le ferez couper un peu gros par le boucher, de manière à ce qu'un peu de la longe s'y tienne, et vous le laisserez mortifier pendant quelques jours. Je dois faire remarquer que lorsque le temps est au nord et qu'on tue le mouton, la viande se conserve bien davantage. Vous désosserez alors votre gigot jusqu'à la jointure du manche, et le larderez en dedans avec de moyens lardons; vous assaisonnerez, après quoi vous ajouterez des lardons de jambon, des truffes, des cornichons et deux anchois; vous assaisonnerez légèrement l'intérieur du gigot avec du sel-épice, le ficellerez et lui donnerez une forme arrondie; après avoir coupé le bout du manche, vous le ferez cuire dans une bonne braise (*Voy.* n° 174), et le couvrirez avec quelques tranches de veau, des carcasses et des débris de volailles; vous arroserez le tout avec un demi-verre de vin blanc sec et une égale quantité de bouillon; après la cuisson, qui doit s'opérer à petit feu, vous déficellerez votre gigot, le dresserez sur un grand plat et y verserez la garniture ci-après:

N° 292. Garniture de Gigot à la Durand.

Faites fondre une plaque de lard dans une casserolle; lorsqu'elle sera fondue, vous l'ôterez et la remplacerez par une tranche de jambon que vous couperez en filets, et un morceau de beurre frais; vous y passerez des ris d'agneau ou de veau coupés à gros dés; vous mouillerez avec un peu de sauce espagnole (*Voy.* n° 79), et un peu du fond de la cuisson du gigot bien dégraissé et passé au tamis; vous y joindrez d'épaisses tranches de truffes, des champignons, des quenelles de volailles (*Voy.* n° 158) faites dans une cuiller à café et pochées dans du bouillon, des olives farcies avec de la farce aux truffes (*Voy.*

n° 165), des crêtes de volailles déjà cuites, des palais de bœuf cuits et coupés en carrés, et enfin des rognons de coqs; vous laisserez un peu bouillir cette garniture sur l'angle du fourneau, et au moment de servir, vous y ajouterez six jaunes d'œufs durs, des queues d'écrevisses et quatre douzaines d'huîtres déjà blanchies dans leur eau et passées un instant avec de fines herbes et un peu de dégraissis de la cuisson du gigot, ainsi que des cornichons; vous cesserez alors de faire bouillir ; vous écumerez et dégraisserez bien la garniture; vous dresserez le gigot, le poserez sur un grand plat et verserez la garniture dessus.

N° 293. Rosbif de Mouton.

Cuisez à la broche un derrière de mouton, et servez-le pour relevé de potage, en versant dessus une sauce claire (*Voy.* n° 125), dans laquelle vous mêlerez un peu d'échalotte hachée; vous pouvez le servir aussi avec une garni-d'ail (*Voy.* n° 149), de haricots au roux (*Voy.* n° 148), ou bien à la purée d'ognons (*Voy.* n° 104).

N° 294. Carbonnade de Mouton.

Après avoir enlevé l'os du milieu, battez-la avec le couperet; assaisonnez de moyens lardons avec du sel-épice, et lardez-la en long, après quoi vous la saupoudrerez légèrement avec de la farine, et la mettrez à cuire avec un peu de lard fondu, du beurre ou telle autre substance grasse que bon vous semblera; vous la ferez un peu roussir des deux côtés; vous l'assaisonnerez et la mouillerez de suite jusqu'à la surface, pour lui donner le temps de cuire parfaitement et à petit feu.

Observation.

Lorsque vous restez longtemps à faire roussir la carbonnade doucement et à petit feu, votre viande finit par rendre tout son suc ; par ce procédé, vous obtenez du jus au détriment de la carbonnade qui se dessèche à mesure.

N° 295. Rognons de Mouton à la maître-d'hôtel.

Fendez avec le couteau le derrière des rognons, ôtez-en la peau, et ouvrez ensuite les rognons de manière à en faire deux moitiés qui se tiennent seulement par le milieu ; faites en dedans quelques incisions ; marinez-les avec un peu de sel, une pincée de poivre et un peu d'huile ou de beurre ; passez au travers une petite brochette pour les contenir ; faites-les griller, et après cuisson, placez-les sur une sauce à la maître-d'hôtel (*Voy.* n° 122).

N° 296. Rognons de Mouton au vin.

Préparez-les comme les rognons de veau (*Voy.* n° 268).

N° 297. Pieds de Mouton au naturel.

Mettez dans une casserolle, avec de l'eau bouillante, des pieds de mouton déjà cuits, une plaque de lard, un bon bouquet (*Voy.* n° 175), du sel, une feuille de laurier et un ognon piqué (*Voy.* n° 1) ; lorsqu'ils auront bouilli un bon moment, vous les retirerez, les ferez égoutter, et les servirez avec de fines herbes.

N° 298. Pieds de Mouton en poulette bourgeoise.

Préparez-les comme ci-dessus, ôtez-en les os, mettez-les dans une casserolle avec du beurre ou du lard râpé, assaisonnez-les avec du sel, du poivre, et quand vous les aurez passés un instant sur le feu, vous y mettrez une pincée de farine, et la mouillerez avec du bouillon (*Voy.* n° 1), ou bien de l'eau bouillante ; ajoutez ensuite un peu de persil bien haché, et liez avec deux jaunes d'œufs; vous exprimerez par dessus un peu de jus de citron, que vous remplacerez, si vous n'en avez pas, par un filet de vinaigre.

Nota. On achète ordinairement les pieds de mouton cuits à l'eau ; c'est pour suppléer à cette première cuisson, qui ordinairement est imparfaite, que je conseille de les faire encore bouillir avant de les préparer.

N° 299. Queue de Mouton à l'anglaise.

On fait cuire la queue de mouton au pot ou à la marmite ; on la passe ensuite dans de l'œuf battu, puis dans de la mie de pain, et on la fait griller jusqu'à ce qu'elle ait pris belle couleur : ce plat se sert pour hors-d'œuvre.

N° 300. Queues de Mouton glacées.

Faites-les cuire dans une braise (*Voy.* n° 174), glacez-les ensuite (*Voy.* n° 184) et posez-les sur une garniture de petits pois (*Voy.* n° 185) ou même d'oseille (*Voy.* n° 140).

N° 301. Foie de Mouton à la ménagère.

Coupez le foie à petites tranches, et mettez-le à cuire à la poêle avec du lard fondu ou du saindoux, ou du beurre, selon votre goût ; assaisonnez-le avec du sel, du poivre et une feuille de laurier ; lorsqu'il sera au point, vous le retirerez de la poêle, et vous mettrez à sa place des ognons coupés à filets bien minces, que vous ferez roussir à petit feu, et que vous remuerez de temps en temps avec une cuiller de bois ; assaisonnez-les convenablement, et quand leur cuisson sera complète, vous y mettrez une pincée de farine, et les mouillerez un instant après, avec du bouillon ou de l'eau bouillante ; cela fait, laissez-les quelque temps prendre goût sur un feu doux, et quand la sauce vous paraîtra au point, mêlez-y le foie ; faites sauter un moment le tout ensemble, et liez de suite avec deux ou trois jaunes d'œufs : on peut y exprimer un jus de citron qu'on remplace, quand on n'en a pas, par un filet de vinaigre ; on peut même y ajouter un peu de moutarde.

N° 302. Manière de couper les Côtelettes.

Laissez d'abord mortifier le carré des côtelettes ; quand vous voudrez les diviser, vous enlèverez la peau qui couvre le gras, et vous couperez les côtelettes à distances égales ; il arrive quelquefois que pour obéir à la proportion, il faut en couper quelques-unes de deux côtes ; mais alors, quand on pare la côtelette des os et de toutes les parties filandreuses, on enlève la deuxième côte ; marquez-les toutes à huit lignes au-dessous du bout de la côte ; enlevez la chair sur toute cette longueur, en ratissant avec le couteau, de manière à ce que l'os soit bien net ; après quoi vous les battrez ferme les unes après les autres ; vous leur donnerez une forme arrondie, les marinerez avec du sel, une pincée de poivre, et les arroserez avec un peu d'huile ou de beurre fondu.

N° 303. Côtelettes de Mouton au naturel.

Quand les côtelettes de mouton sont préparées comme il est dit ci-dessus, placez-les sur le gril, toutes tournées du même côté, et le bout de chaque côté posé sur la partie charnue de sa voisine ; exposez-les à un feu très-vif ; cette manière de les cuire formant, pour ainsi dire, croûte à la superficie, concentre le jus dans l'intérieur de la chair et la rend succulente ; quand les côtelettes sont roidies d'un côté, tournez-les de l'autre, et quand elles sont au point; rangez-les en cordon autour d'un plat, au milieu duquel vous pouvez verser un peu de sauce claire (*Voy*. n° 125), où vous aurez fait bouillir, deux minutes, une échalotte bien hachée, et exprimé un peu de jus de citron.

N° 304. Côtelettes de Mouton panées.

Conformez-vous, pour la préparation première, à l'article 302; panez-les ensuite, et faites-les cuire à feu ardent.

N° 305. Ris d'Agneau en poulette.

Laissez d'abord dégorger les ris à l'eau froide; changez-les d'eau; faites-les blanchir, et aux premiers bouillons, retirez-les pour les jeter à l'eau fraîche.

Vous les nettoyez ensuite et en détachez les peaux et les parties de chair qui peuvent s'y tenir; ceci demande beaucoup d'attention; il pourrait y rester quelques petits filets de laine, qui, trouvés dans le ragoût, occasionneraient de la répugnance.

Cette préparation préliminaire étant faite, mettez sur le feu une casserolle avec une tranche de jambon, à laquelle vous joindrez du lard râpé ou un morceau de beurre; passez-y un instant les ris d'agneau; jetez-y ensuite une pincée de farine, et mouillez avec du bouillon (*Voy*. n° 1); ajoutez un bouquet (*Voy*. n° 175), un ognon piqué (*Voy*. n° 1), et faites cuire à petit feu; il faut veiller à ce que la cuisson soit finie à point, parce que l'excès les ferait réduire à petits morceaux détachés, et l'entrée ne serait pas présentable; enfin, dégraissez, liez avec deux ou trois jaunes d'œufs et le jus d'un citron ou un filet de vinaigre.

N° 306. Ris d'Agneau avec toute sorte de garnitures.

Préparez-les d'abord comme les précédents, et au moment de faire la liaison, jetez-y des tranches de truffes, des champignons, des pieds de céleris, des culs d'artichauts, de petits ognons (*Voy.* n° 152); on peut également les garnir avec des huîtres blanchies dans leur eau, des écrevisses, des pointes d'asperges ou de cornichons; mais alors il faut débuter par faire la liaison.

N° 307. Poitrine d'Agneau à la ménagère.

Comme pour la poitrine de veau (*Voy.* n° 265).

N° 308. Poitrine d'Agneau en blanquette.

Faites-en cinq morceaux : coupez les os des deux extrémités; faites dégorger, puis blanchir, et passez l'eau au tamis.

Mettez alors un morceau de beurre dans une casserolle, ou si vous le préférez, une barde de lard que vous ferez fondre; placez-y une tranche de jambon; passez votre agneau un moment sur le feu en le faisant sauter de temps en temps; jetez-y une pincée de farine; mouillez avec du bouillon mitigé avec de l'eau où vous avez fait blanchir la viande; ajoutez un bouquet (*Voy.* n° 175), un ognon piqué (*Voy.* n° 1) et, si vous voulez, des petits pois, des truffes, des champignons ou toute autre garniture (*Voy.* n° 145); écumez enfin, et lorsque la cuisson sera terminée et que le mouillement sera réduit, faites une liaison avec deux ou trois jaunes d'œufs, un peu de citron ou un filet de vinaigre; vous pouvez jeter dans la liaison un peu de persil haché.

N° 309. Poitrine d'Agneau farcie.

Tranchez les os des extrémités; séparez la chair du dessus et du dessous, de manière à ménager entre elles deux une espèce de poche, et introduisez-y une farce fine (*Voy.* n° 162); cousez; faites cuire dans une braise (*Voy.* n° 174), et après la cuisson, égouttez, ôtez le fil, jetez sur votre farce une sauce aux pommes d'amour (*Voy* n° 120).

N° 310. Poitrine d'Agneau grillée.

Cuisez cette poitrine dans une braise (*Voy.* n° 174) ou au pot; passez-la dans de l'œuf battu; assaisonnez-la; passez-la dans de la mie de pain, et faites griller : ce mets se sert pour hors-d'œuvre.

N° 311. Épaule d'Agneau en caneton.

Désossez une épaule d'agneau; coupez quelques petits lardons; assaisonnez-les avec du sel-épice, et piquez le dedans de votre viande; ficelez avec l'aiguille à brider, en donnant à votre épaule une forme allongée; assujétissez le bout de l'os de manière à ce qu'il soit relevé et présente la forme du bec du caneton; faites blanchir la pièce à l'eau bouillante pendant deux minutes, et jetez-la à l'eau fraîche; essuyez-la ensuite parfaitement; piquez-la à petit lard, et mettez à cuire comme une entrée piquée (*Voy.* n° 183); après la cuisson, déficelez et glacez (*Voy.* n° 184); formez à votre caneton deux petites ailes avec des tranches de truffes ou des cornichons; assujétissez-les en faisant une incision de chaque côté avec la pointe d'un couteau; versez dans votre plat une sauce à la chicorée (*Voy.* n° 141), et placez votre caneton par dessus.

N° 212. Ballotine d'Agneau.

Désossez une épaule, en laissant néanmoins le bout du manche ; lardez en dedans et ficelez comme pour le précédent ; arrondissez votre objet ; piquez le dessus à petit lard ; après avoir fait blanchir l'épaule à l'eau bouillante, faites-la cuire comme les autres piqués (*Voy.* n° 183) ; glacez-la (*Voy.* n° 184), et posez-la sur une garniture de racines ou toute autre (*Voy.* n° 155). On peut servir la ballotine sans en piquer le dessus, et en y versant toutes sortes de sauces piquantes.

N° 213. Carré d'Agneau piqué.

Parez-les en ôtant l'épine du dos qui tient au filet, et les peaux du dessus ; coupez carrément les côtes au-dessous de la chair, et piquez les filets à petit lard ; faites blanchir et mettez à cuire en entrée piquée (*Voy.* n° 183) ; après la cuisson, glacez (*Voy.* n° 184) comme un fricandeau et placez au fond d'un plat une garniture de haricots (*Voy.* n° 148), de chicorées (*Voy.* n° 141) ou d'oseilles (*Voy.* n° 140), sur laquelle vous poserez votre carré.

N° 214. Carré piqué à la broche.

Parez et piquez comme le précédent ; marinez à l'huile (*Voy.* n° 189), et assujétissez-le ensuite à la broche avec deux brochettes ; enveloppez-le d'un papier qui contienne sa marinade, et un instant avant que la cuisson soit terminée, ôtez le papier afin de faire prendre couleur, et versez dessus, en le dressant, une sauce au chevreuil (*Voy.* n° 116).

N° 215. Carré d'Agneau piqué au persil.

Parez encore le carré de la même manière, et piquezen le filet avec des petits paquets de persil en branches que vous introduisez au moyen d'une lardoire ; marinez-le ensuite (*Voy.* n° 189), et faites-le rôtir à la broche. Vous le servirez avec une sauce claire (*Voy.* n° 125).

N° 316. Côtelettes au naturel.

Otez la peau et les nerfs des côtelettes ; ratissez le bout des côtes, et marinez-les dans de l'huile ou du beurre fondu que vous aurez assaisonné avec du poivre et du sel ; passez-les ensuite dans la mie de pain, et faites-les griller sur un feu ardent ; après quoi vous les rangerez en cordon autour d'un plat, et vous verserez par dessus une sauce faite avec un peu de jus (*Voy.* n° 77), une échalotte bien hachée et du jus de citron. Ce dernier objet doit être mêlé aux précédents, quand ceux-ci sont déjà en ébullition ; la sauce doit être versée incontinent après ce mélange.

N° 317. Côtelettes aux Croûtons.

Faites frire dans de l'huile ou du beurre des tranches de pain auxquelles vous aurez donné la forme des côtelettes qu'elles doivent accompagner ; lorsque celles-ci sont préparées comme à l'article précédent, établissez-les en cordon sur un plat, posez un croûton entre chacune d'elles, et versez par dessus une sauce hachée (*Voy.* n° 117).

N° 318. Côtelettes au gratin.

Parez toujours les côtelettes et sautez-les dans une casserolle où vous aurez fait fondre du beurre ou une tranche de lard ; laissez-les roidir d'un côté, puis de l'autre, et assaisonnez de bon goût, retirez-les alors, et répandez par dessus le jus d'un citron ; après quoi, vous les placerez en cordon dans un plat à gratin, au fond duquel vous aurez d'abord mis de la farce à la Nîmoise un peu épaisse, et presque au moment de servir, vous mettrez le plat au four ou bien sur un trépied, feu dessus et feu dessous, et l'y laisserez seulement le temps nécessaire pour cuire la farce ; après cela, vous en ôterez la graisse, et le servirez avec une sauce espagnole (*Voy.* n° 79).

N° 319. Côtelettes en crépine.

Pour les préparer ainsi, il faut les couper plus petites qu'à l'ordinaire, et les faire sauter comme les précédentes ; lorsqu'elles sont cuites ; vous les mettez sur une assiette ; prenez ensuite de la crépine de cochon, et mettez-la à l'eau tiède ; vous en prendrez, pour chaque côtelette, un morceau grand comme la main, et vous y poserez une cuillerée à bouche de gascogne (*Voy.* n° 172) ; placez la côtelette par dessus ; recouvrez-la d'une seconde cuillerée de gascogne, et enveloppez le tout de la crépine, en lui donnant la forme de la côtelette, dont l'os doit ressortir au dehors ; soumettez-les au four un moment ou dans une casserolle sous le fourneau, ou bien sur un trépied, feu dessus et dessous ; vous pouvez mettre dans la cuisson un peu de fond de quelque bonne braise (*Voy.* n° 174), une cuillerée de jus un peu gras (*Voy.* n° 77) ; après la cuisson, et lorsque vous avez dressé vos côtelettes sur le plat, versez-y une sauce espagnole (*Voy.* n° 79).

N° 320. Côtelettes d'Agneau en friture.

Parez-les comme au naturel, faites-les cuire dans une petite braise (*Voy.* n° 174), ou bien sautez-les ; mettez-les sur un plat, et versez-y une sauce allemande ou en poulette (*Voy.* n° 82) un peu épaisse. Lorsqu'elles sont bien couvertes de cette sauce, mettez-les à refroidir ; au moment de les servir, passez-les dans la pâte à frire (*Voy.* n° 192) tout enveloppées dans leur sauce, jetez-les dans la friture, et posez-les ensuite en couronne sur le plat avec du persil frit au milieu.

N° 321. Côtelettes d'Agneau en papillote.

Parez les côtelettes comme au naturel ; marinez-les (*Voy.* n° 187) hachez du lard auquel vous joindrez du persil, une échalotte ou un peu d'ognon.

Coupez du papier un peu rond ; faites-y un trou afin de pouvoir y passer le manche de la côtelette ; posez sur ce papier un peu de votre hachis ; placez-y la côtelette avec l'os dans le trou, et mettez par dessus une quantité égale de hachis, de manière à ce que la côtelette en soit enveloppée ; repliez avec soin le papier qui la contient ; enduisez-le d'huile ou de beurre, et faites cuire sur le gril à petit feu.

N° 322. Côtelettes d'Agneau en fricandeau.

Parez-les avec soin ; piquez-les à petit lard, et mettez-les à cuire comme les entrées piquées (*Voy.* n° 183) ; lorsqu'elles seront au point, vous les glacerez à l'ordinaire (*Voy.* n° 184), et les servirez sur une purée d'épinards (*Voy.* n° 108).

N° 323. Côtelettes d'Agneau à la Soubise.

Parez-les et laissez tenir les deux côtés dont vous marquez le bout avec un couteau, sans en ôter la chair ; mettez quatre petits lardons en travers, dans le côté du filet ; et faites-les cuire comme ci-dessus ; dès qu'elles seront au point, vous ratisserez le bout des côtes, et vous rangerez vos côtelettes le bout en dedans ; servez-les sur une sauce à la Soubise (*Voy.* n° 159).

N° 324. Côtelettes d'Agneau à la financière.

Dressez en couronne sur un plat des côtelettes d'agneau déjà cuites au naturel, et versez au milieu une financière (*Voy.* n° 173) : on peut également verser au milieu du plat toute sorte d'escalopes ou d'émincés de volaille et de gibier.

N° 325. Côtelettes d'Agneau en salpicon.

Sautez les côtelettes, ou bien cuisez-les dans une braise ; prenez du salpicon (*Voy.* n° 171) de volaille ou de gibier ; enveloppez le tout comme pour celles en crépine (*Voy.* n° 319), et saucez avec une espagnole (*Voy.* n° 79).

N° 326. Pascaline au naturel.

Emincez une fressure d'agneau ; mettez-la dans une petite poêle avec du lard râpé, ou du saindoux, ou bien du beurre, ou même du dégraissis de cuisson ; sautez-la un moment, et l'assaisonnez ; quand elle sera au point, vous y mêlerez une échalotte et du persil hachés, un jus de citron ou bien un filet de vinaigre, et servirez au sec.

N° 327. Pascaline en poulette.

Coupez la fressure et mettez-la à dégorger dans de l'eau fraîche ; ensuite vous la ferez blanchir ; après quoi vous la passerez sur le feu dans une casserolle, avec un morceau de jambon et un peu de beurre ou de lard râpé ; jetez-y une pincée de farine, et mouillez ensuite avec du bouillon ; ajoutez un bouquet (*Voy.* n° 175), un ognon piqué (*Voy.* n° 1) ; écumez et soignez la cuisson ; quand elle sera complète, vous lierez avec deux jaunes d'œufs, après avoir ajouté quelques tranches de truffes et un peu de persil haché ; avant de servir, mettez-y un petit morceau de beurre : vous ferez sauter le tout, et verserez dans le plat.

N° 328. Animelles.

On appelle animelles les rognons du bélier ; c'est un mets extrêmement friand qu'on apprête de diverses manières, de celle-ci, entre autres : après les avoir dépouillées de leur peau, coupez-les à tranches ; marinez-les avec le jus d'un citron ou bien du vinaigre ; passez-les dans la farine, et au moment de servir, faites-les frire jusqu'à ce qu'elles craquent bien.

N° 329. Chevreau.

La partie du derrière du chevreau s'apprête ordinairement rôtie ; on la plaque avec du lard, et on l'arrose de temps en temps, lors de la cuisson ; les personnes qui ne craignent pas le goût de l'ail peuvent en introduire quelques filets dans la chair des cuisses. Les quartiers de devant se servent aussi rôtis : pour cela, plaquez-les avec du lard, mettez à la broche et arrosez souvent ; au moment de servir détachez-en l'épaule aux trois quarts, et mettez une maître-d'hôtel entre (*Voy.* n° 122). On apprête aussi les quartiers de devant et la fressure en blanquette, appelée ordinairement *Gibelotte*.

N° 330. Chevreau rôti, partie du derrière.

La partie du derrière du chevreau s'apprête ordinairement rôtie ; les personnes qui aiment l'ail peuvent en introduire quelques filets dans la chair des cuisses ; on plaque avec du lard, et on arrose de temps en temps ; lorsque votre partie est cuite, répandez-y un peu de sel, sortez-la de la broche, et enveloppez le manche d'un papier.

N° 331. Quartier du devant du Chevreau.

Prenez la partie du devant ; après l'avoir plaquée avec du lard, vous la cuisez à la broche, en l'arrosant de temps en temps ; lorsqu'elle est suffisamment cuite, vous la saupoudrez avec un peu de sel et la retirez de la broche ; vous détachez l'épaule aux trois quarts, de manière à ce qu'elle reste encore adhérente au quartier, et vous versez entre les deux une sauce à la maître-d'hôtel (*Voy.* n° 122).

N° 332. Gibelotte de Chevreau.

D'ordinaire, on prend la partie du devant du chevreau, que l'on divise en morceaux ; on peut y joindre aussi la fressure ; après quoi, il faut faire cuire comme il est indiqué pour la poitrine d'agneau en blanquette.

CHAPITRE XI.

COCHON.

N° 333. Fromage de Cochon.

Après avoir bien nettoyé la tête d'un cochon, mettez-la à dégorger dans l'eau fraîche, afin d'en ôter toutes les parties sanguines ; vous la placez ensuite dans un grand vase avec de l'eau-sel ; vous pouvez y joindre deux jarrets, afin que le cervelas soit moins gras ; laissez le tout prendre sel pendant deux jours, après quoi vous mettrez à cuire dans une braise qui ait déjà servi pour le même objet ; à défaut de braise, on a recours à du bouillon préparé la veille avec les os de la tête ou tous autres ; vous mettez ainsi à cuire dans une marmite les viandes qui doivent servir à faire le cervelas ; assaisonnez convenablement avec un gros bouquet, un ognon piqué de deux ou trois girofles, et une feuille de laurier ; écumez, et lorsque la cuisson est faite, retirez la marmite du feu ; quand son contenu sera à moitié refroidi, vous rangerez les peaux, que vous aurez eu soin de tenir aussi entières que possible, dans dans un moule de ferblanc ou dans un plat de terre, attendu qu'il est très-dangereux d'employer des moules en cuivre ; vous mêlerez ensuite à la chair cuite des truffes coupées à tranches, et que vous aurez passées dans du dégraissis de la cuisson ; assaisonnez avec du sel-épice, mélangez bien le tout ensemble et remplissez entièrement le moule ; recouvrez d'une assiette qui soit en contact avec le cervelas pour qu'elle le comprime ; ajoutez-y un poids plus lourd ; quand vous voudrez sortir votre préparation, vous ferez chauffer le moule, vous passerez la lame d'un couteau sur tout son pourtour, puis vous renverserez votre fromage que vous décorerez si bon vous semble.

N° 334. Hure de Sanglier.

Prenez une hure de sanglier ; brûlez-en les soies ; désossez-la ; mettez la peau de la tête dans un plat profond, et vous verserez dessus une saumure faite avec de l'eau, du sel, quatre feuilles de laurier, de romarin, de sauge, de girofle, de basilic, qu'on fait bouillir ensemble une demi-heure, et que l'on passe ensuite au tamis; tournez la tête deux ou trois fois, afin qu'elle prenne partout le goût des aromates; laissez-la pendant deux jours; coupez, après ce temps, la viande de l'intérieur de la tête, que vous avez laissé mortifier, à filets; enlevez tout le gras que vous remplacerez par des sous-filets de cochon; lorsque vous aurez préparé tous les filets, vous les assaisonnerez en y mettant deux gros de sel-épice par livre de viande; étendez la tête sur une serviette, après l'avoir bien lavée, et vous rangerez les filets en dedans, en ayant soin de mettre du gras et du maigre, et intercalant dans tous les rangs des filets de truffes et quelques filets de langue de cochon à l'écarlate; déployez les peaux de la tête, afin de lui rendre sa forme primitive, et serrez ferme avec la serviette sur laquelle elle est déjà posée; après avoir rangé les oreilles par dessous, ficelez-la et placez-la avec son contenu dans une brasière où vous la ferez cuire; vous la mouillerez avec du bouillon et du consommé auxquels, si on veut lui donner plus de corps, on peut joindre des pieds ou un jarret de cochon; ajoutez à la cuisson principale un gros bouquet (*Voy.* n° 175); assurez-vous qu'elle est de bon sel, et lorsqu'elle sera au point, vous la mettrez sur un grand plat ou sur une tourtière; vous la couvrirez d'un couvert plat et chargé d'un gros poids, et le lendemain vous ôterez la serviette, vous placerez la tête sur un plat, vous en redresserez les oreilles au moyen de deux brochettes; vous en frotterez les yeux avec du beurre d'écrevisses (*Voy.* n° 109), si vous en avez; imitez les défenses avec de la tétine de veau, et vous la servirez entourée de gelée d'aspic (*Voy.* n° 101):

ce plat se sert ordinairement sur un socle décoré des attributs de la chasse.

N° 335. Andouillettes aux truffes.

Coupez à petits dés et de la grosseur d'un pois des joues de cochon; ôtez-en le gras, et n'employez que les gayettes; pesez votre viande; elle doit absorber deux gros de sel-épice par livre, et deux onces et demie de truffes coupées de la même manière; mêlez le tout ensemble en le remuant avec une cuiller de bois; ensuite introduisez-le dans de gros boyaux de cochon, qu'il ne faut pas trop remplir, afin qu'on puisse les ficeler de distance en distance sans les crever; quand les andouillettes sont faites, il faut les suspendre au crochet pendant vingt-quatre heures; lorsque vous voudrez les mettre à cuire, vous les couperez séparément, et les mettrez dans une casserolle avec un bon bouquet (*Voy.* n° 175), un ognon piqué de deux clous de girofle, et les recouvrirez de plaques de lard; vous les mouillerez avec du bouillon et de l'eau, mêlés par égale portion, et les ferez bouillir à petit feu pendant trois heures et demie, qui suffisent à leur préparation; pendant cet intervalle, la casserolle doit être couverte d'un rond de papier et d'un couvert de casserolle; après l'entière cuisson, retirez-les sur un plat, dans lequel vous mettrez une cuillerée de dégraissis, dont vous les frotterez quand elles seront refroidies, et vous les passerez dans de la mie de pain; cinq minutes avant de les servir, vous les mettrez à griller sur un feu doux; ce laps de temps suffit pour que la chaleur pénètre dans l'intérieur de l'andouillette.

N° 336. Andouilles à la provençale.

Mettez de la crépine de cochon à détremper dans de l'eau tiède ; coupez-la ensuite en carrés longs que vous étendrez sur un linge blanc, et posez sur chacun d'eux une couche bien mince de farce cuite (*Voy.* n° 161) ; laisse un vide au milieu, que vous remplirez de salpicon (*Voy.* n° 170), et que vous recouvrirez avec de la farce, de manière à ce que le tout forme une petite andouille où le salpicon soit enveloppé dans la farce de tous les côtés ; repliez la crépine par dessus le tout, liez-la par les deux bouts avec une ficelle, passez-la dans l'œuf battu, puis dans la mie de pain, et faites griller les andouillettes à petit feu ; vous les servirez avec une sauce espagnole (*Voy.* n° 79).

N° 337. Andouilles de volailles.

Faites comme il est dit au n° 336 ; finissez-les et cuisez-les de même ; servez-vous de farce à quenelles de volaille (*Voy.* n° 149) ; remplissez le vide des andouilles avec un salpicon de volaille déjà cuite à la broche (*Voy.* n° 171) ; lorsque vous les servirez, vous verserez dans le plat une sauce béchamelle (*Voy.* n° 81), et poserez les andouilles dessus.

N° 338. Andouilles de Gibier.

Faites comme au n° 336 ; finissez et cuisez de même ; employez de la farce à quenelles de gibier (*Voy.* n° 158) ; remplissez le vide du milieu avec un salpicon d'ailes de bécasses déjà cuites à la broche (*Voy* n° 171) ; lorsque vous les servirez, vous verserez dans le plat une sauce espagnole travaillée au fumet de gibier, et une demi-glace (*Voy.* n° 100), puis vous mettrez les andouilles dessus.

N° 339. Andouilles de Poissons.

Faites comme au n° 336 ; finissez et cuisez de même ; employez une farce à quenelles de poissons (*Voy.* n° 159) ; remplissez le vide du milieu avec un ragoût de queues d'écrevisses arrosé d'une sauce allemande (*Voy.* n° 82) ; lorsque vous les servirez, vous verserez dans le plat une allemande au beurre d'écrevisses (*Voy.* n° 109), et disposerez les andouilles dessus.

N° 340. Andouilles de Pommes de terre.

Faites comme au n° 336 ; finissez et cuisez de même ; employez une farce à quenelles de pommes de terre (*Voy.* n° 160) ; remplissez le vide avec un ragoût d'huîtres à sauce allemande (*Voy.* n° 82) ; au moment de servir, vous verserez dans le plat une sauce italienne (*Voy.* n° 126), et placerez les andouilles dessus.

N° 341. Andouilles aux Œufs.

Faites comme pour les précédentes ; employez de la farce aux œufs (*Voy.* n° 166) ; remplissez de salpicon fait avec du foie gras de canard ou de boudreuil coupé à petits dés ; ajoutez-y des truffes coupées de même, et mouillez d'une sauce allemande bien intense (*Voy.* n° 82) ; avant de servir, versez sur le plat une sauce aux truffes (*Voy.* n° 143), et mettez les andouilles dessus.

N° 242. Langue farcie aux Truffes.

Faites dégorger la langue à l'eau fraîche ; faites-la blanchir ensuite à l'eau bouillante ; nettoyez-la et ôtez-en la peau ; après cela, vous la larderez en long avec de gros lardons assaisonnés avec du sel-épice et des morceaux de truffes coupés aussi en forme de lardons ; fourrez-la dans un gros boyau que vous lierez des deux bouts ; alors assaisonnez la langue fourrée avec du sel-épice ; laissez-la deux ou trois jours dans cet assaisonnement, en la tournant tous les jours ; après cela, vous la mettrez à cuire dans une braise de cochon.

N° 343. Foie de Cochon au chasseur.

Fendez par le milieu du foie de cochon en le laissant tenir d'un côté ; faites dans l'intérieur des entailles régulières ; jetez un peu de sel et de poivre par dessus, et marinez avec de l'huile ou du beurre fondu : quand il a pris goût, mettez par dessus une farce faite avec du lard, du persil et une échalotte, hachés ensemble : on peut, quand on ne le craint pas, y joindre un peu d'ail ; reployez le foie et enveloppez dans de la crépine ; vous le poserez ensuite entre deux bardes de lard dans une lèchefrite, et le ferez cuire feu dessus et dessous ; lorsqu'il sera au point, vous le dresserez sur son plat ; vous dégraisserez sa cuisson, à laquelle vous ajouterez après un peu de jus, si vous en avez, un filet de vinaigre, et que vous passerez au tamis sur le foie.

N° 344. Pain de foie de Cochon.

Prenez une partie d'un foie de cochon ; joignez-y du mou, la joue, c'est-à-dire cette partie de chair qui tient à la tête, et qu'on désigne sous le nom de ris de cochon ; assaisonnez ce mélange avec un gros et demi de sel-épice par livre, et quatre onces de lard ; hachez bien le tout ensemble ; joignez-y un peu d'échalotte ou d'ognon, du persil et de l'orange, que vous hachez aussi et que vous mêlez à la viande ; placez ce hachis dans un plat creux ; mêlez-y de nouveau, du lard à la quantité de deux onces par livre, et du jambon à la quantité de deux onces, que vous aurez d'abord coupés à petits dés ; coupez des truffes de la même manière; mêlez-les au reste, après quoi vous verserez le tout dans une casserolle foncée avec de la crépine de cochon ; enveloppez bien votre farce dans cette crépine ; posez par dessus un rond de papier, et mettez la casserolle au four, une demi-heure après sa première chaleur ; vous l'y laisserez deux heures, au bout desquelles vous la retirerez et la laisserez refroidir; quand vous voudrez renverser votre préparation, qui, en refroidissant, a pris la forme du moule qui la contient, faites chauffer le cul de ce moule ou casserolle : le pain se détachera de lui-même ; vous le renverserez sur un plat, le dégraisserez et le décorerez avec toute sorte de fleurs.

N° 345. Gayettes de Cochon à la ménagère.

Prenez de la farce de pain de foie, que vous diviserez en quantités suffisantes pour simuler des pommes ordinaires; enveloppez vos subdivisions de crépine, et laissez-les jusqu'au lendemain ; vous les mettez alors à cuire à bien petit feu dans du saindoux frais; lorsque les gayettes seront au point, vous les verserez sur un plat avec leur graisse ; on peut les servir froides ou chaudes ; on peut aussi les conserver en les recouvrant de saindoux.

N° 346. Carré de Cochon à la Robert.

Il faut jeter du sel sur le carré et au-dessous, deux jours avant de le mettre à cuire ; ce préalable rempli, mettez-le à la broche; lorsqu'il est au point, on le sert sur une sauce Robert (*Voy.* n° 142).

N° 347. Cervelles de Cochon.

Même procédé que pour les cervelles de veau (*Voy.* n° 229).

N° 548. Côtelettes de Cochon aux truffes.

Coupez des côtelettes de cochon; parez-les, et ratissez-en le bout de la côte; battez-les et rangez-les dans un sautoir avec du beurre clarifié ou du lard râpé; assaisonnez avec du poivre et du sel; peu de temps avant de servir vous poserez le sautoir sur le feu; quand les côtelettes seront cuites d'un côté, vous les tournerez de l'autre, et vous les rangerez ensuite en cordon sur un plat; vous jetterez dans le fond de cuisson des tranches de truffes, auxquelles vous joindrez de fines herbes et un demi-verre de vin blanc sec; vous assaisonnerez le tout de bon goût, et quand il sera réduit des trois quarts, vous le mouillerez avec de l'espagnole (*Voy.* n° 79); laissez encore bouillir un moment, après quoi dégraissez et versez sur vos côtelettes.

N° 549. Côtelettes de Cochon aux ognons, à la ménagère.

Préparez-les comme les précédentes; lorsqu'après leur cuisson vous les retirerez de la poêle, remplacez-les par des ognons coupés à petits dés, que vous faites cuire dans le jus qu'elles y ont laissé; faites roussir ces ognons bien également, en les tournant et retournant de temps en temps avec la cuiller; quand ils seront de belle couleur, vous les saupoudrerez avec de la farine, vous les mouillerez avec du bouillon ou de l'eau bouillante, et les laisserez encore cuire à petit feu; assaisonnez-les de bon goût, après quoi vous y mêlerez un instant les côtelettes; vous les laisserez se réchauffer sur les cendres chaudes, et vous les servirez en y ajoutant un filet de vinaigre et un peu de moutarde.

N° 350. Sous-filet de Cochon piqué.

Parez le sous-filet, ôtez-en toutes les parties nerveuses et la peau du dessus, et piquez-le à petit lard; vous le marinerez ensuite à l'huile (*Voy.* n° 189); quand il aura séjourné 24 heures dans la marinade, vous le mettrez à la broche avec cette marinade que vous envelopperez, ainsi que le filet, dans un papier beurré ou graissé; un moment avant de servir ôtez le papier afin que la pièce se colore, et quand elle sera de belle couleur, ôtez-la de la broche, dressez-la sur son plat, et versez par dessus une sauce au chevreuil (*Voy.* n° 116).

N° 351. Sous-filet de Cochon à la Robert.

Vous le préparez absolument comme le précédent, mais vous le servez sur une sauce Robert (*Voy.* n° 142).

N° 352. Sous-filet de Cochon en escalope.

Ôtez toujours du sous-filet les parties filandreuses et la peau du dessus; coupez-les ensuite en tranches bien minces, un peu en biais; parez chaque morceau, et donnez-lui une forme arrondie; vous les mettrez tous dans un sautoir avec du beurre clarifié; vous les sauterez un moment, et les verserez dans une sauce allemande (*Voy.* n° 82).

N° 353. Escalope de sous-filet de Cochon à la Robert.

Préparez-la comme ci-dessus, et servez-la dans une sauce Robert (*Voy.* n° 142).

N° 354. Epaule de Cochon à la marinière, servie froide.

Laissez mortifier pendant quelques jours une épaule de cochon; vous la mettrez ensuite dans de l'eau-sel, où elle devra rester encore deux jours; vous l'en sortirez au bout de ce temps et la placerez dans un plat large et profond; vous l'humecterez avec deux bouteilles d'un bon vin vieux; vous l'aromatiserez avec du thym, du laurier, du basilic, de la sauge, des girofles, des tranches d'ognons, de carottes et un peu de gros poivre; après quoi vous la laisserez tremper pendant 24 heures; vous la sortirez ensuite, l'essuierez soigneusement avec un linge, et la piquerez avec des aulx et de l'orange de sauce; vous la cuirez à la broche après l'avoir préalablement recouverte avec de la crépine de cochon ou des plaques de lard en dessous de la couenne, le tout entouré d'un papier. Une fois la cuisson opérée, vous ôterez le papier et la couenne et vous la saupoudrerez avec de la râpure de pain passée au tamis; lorsque votre épaule aura belle couleur, vous la retirerez de la broche ; elle se mange ordinairement froide : M. le bailli de Suffren, amiral de France, me la faisait servir à ses déjeûners.

N° 585. Jambon glacé.

Parez parfaitement le jambon en coupant le grand os au milieu ; ôtez la palette et toute la surface du dessous; parez amplement le tour du gras ; mettez à dessaler dans de l'eau fraîche; s'il est gros et vieux, vous l'y laisserez deux jours, pendant lesquels vous renouvellerez l'eau deux fois par jour ; s'il est petit et de primeur, 24 heures suffisent; quand la pièce aura ainsi trempé, vous l'envelopperez dans une serviette et la mettrez à cuire dans une grande marmite, où elle devra bouillir pendant 5 heures; ayez soin que l'eau recouvre entièrement, et aromatisez-la avec un gros bouquet de toutes sortes de bonnes herbes; au bout du temps prescrit pour la cuisson, ôtez la marmite du feu, retirez-en le jambon un moment après, et placez-le avec son enveloppe dans un plat de forme creuse et ronde ; déliez la serviette, qu'il faut tendre un peu afin qu'elle ne fasse point de plis ; ôtez le gros os du milieu jusqu'à la jointure du manche ; égouttez bien le jambon et posez par dessus un couvert chargé d'un gros poids ; le lendemain, vous ôterez la serviette, et le placerez sur une tourtière ; vous le parerez avec soin, en enlevant la couenne du dessus jusqu'au manche ; découpez celle du manche avec goût ; glacez alors le jambon à deux reprises (*Voy.* n° 184), décorez-le avec de la gelée (*Voy.* n° 101), et servez-le, le manche proprement enveloppé d'un papier découpé.

N° 356. Jambon glacé aux Truffes.

Préparez et cuisez comme à l'article précédent, avec cette différence que celui-ci ne doit bouillir que 4 heures ; vous ôtez alors les trois quarts de son mouillement auxquels vous substituez trois bouteilles de vin blanc ; faites bouillir encore une heure et à petit feu, après quoi vous le retirez enveloppé de sa serviette et le posez dans un plat de terre rond et creux ; vous déliez alors la serviette et vous enlevez le grand os du milieu jusqu'à la jointure du jarret ; vous pratiquez, sur la longueur du jambon et de distance en distance, des incisions que vous remplirez avec de grosses tranches de truffes déjà cuites dans un peu de la cuisson du mouillement de jambon ; passez au tamis ; arrosez les truffes avec le fond de la cuisson qui doit être court ; cela fait, vous serrerez fortement la serviette, afin de bien comprimer les truffes et le jambon ; vous poserez dessus un couvert chargé d'un gros poids, et vous terminerez votre préparation comme pour le jambon glacé.

N° 557 Jambon à la Broche.

C'est de tous les rôtis, le meilleur qu'on puisse servir à un gastronome. Il faut à cet effet, choisir un jambon nouveau ; le moment opportun commence à partir du mois de mars jusqu'à la fin de mai ; les plus estimés sont ceux d'Orthez et de Bayonne. Voici comment se fait sa préparation : parez la surface du dessous ; faites-le tremper deux ou trois jours, plus ou moins, suivant que sa grosseur l'exige, dans une eau très-propre et qu'il faut renouveler trois fois chaque 24 heures ; après quoi, vous le mettrez à mariner, l'espace d'une journée, dans un grand plat, où vous verserez deux ou trois bouteilles de bon vin vieux ; vous le mettrez ensuite à cuire à la broche, à petit feu, et pendant 4 heures au moins, en couvrant d'abord le dessous de bardes de lard ou de crépine de porc ; pendant la cuisson, il faut l'arroser continuellement avec de l'eau chaude que vous aurez mise dans la lèchefrite ; lorsque votre jambon sera presque cuit, vous en enlèverez la couenne jusqu'au jarret et vous la découperez à dents de loups ; saupoudrez-en le gras avec de la chapelure de pain ; donnez-lui une belle couleur et servez-le en y versant une sauce au chevreuil.

N° 258. Noix de Jambon aux petits Pois.

Coupez la noix d'un jambon, c'est-à-dire cette partie ronde qui se trouve entre l'os et le gras ; mettez-la à dessaler dans l'eau fraîche pendant 24 heures, après quoi vous la nettoierez bien et la mettrez à cuire dans une marmite pleine d'eau ; quand vous aurez écumé, vous y jetterez un gros bouquet (*Voy*. n° 1) et un ognon piqué de deux ou trois girofles ; laissez alors bouillir votre noix pendant deux heures ; ensuite vous la placerez dans une casserolle ; après avoir ôté la couenne du dessus de la noix et laissez cuire encore une heure et demie dans une bonne braise (*Voy*. n° 174), vous la mouillerez avec une bouteille de vin blanc sec ou de Champagne ; lorsque vous la servirez, vous la glacerez et la poserez sur une garniture de petits pois ou d'épinards, ou toute autre que bon vous semblera.

N° 559. **Jambon à la Gingara.**

Coupez des tranches de jambon un peu épaisses, parez-en la peau, et battez-les avec le dos de la lame d'un gros couteau ; mettez-les ensuite à cuire dans une poêle ou casserolle, avec une goutte d'huile ou de saindoux ou de beurre ; faites-les roussir également des deux côtés ; après quoi vous les mettrez dans un plat creux avec deux verres d'eau fraîche et un filet de vinaigre ; mettez dans la poêle ou casserolle où vous avez préparé le jambon, une pincée de farine que vous ferez roussir à petit feu, en la tournant avec la cuiller ; vous mouillerez avec le mouillement où trempent vos tranches ; continuez de tourner avec la cuiller jusqu'à ce que vous ayez obtenu un beau roux ; vous pouvez vous arrêter quand le bouillonnement commence ; entretenez-le quelques instants à petit feu, et vous y jetterez vos tranches de jambon, qu'il ne faut y laisser bouillir qu'un instant : on peut mêler de la sauce aux pommes d'amour (*Voy*. n° 120) à cette préparation.

N° 560. **Jambon aux Ognons.**

Préparez le jambon comme ci-dessus ; quand vous l'avez

déposé dans le mouillement indiqué, mettez dans la casserolle ou la poêle où vous l'avez fait cuire, des ognons coupés à petits dés ; faites-les roussir à petit feu, en les remuant de temps en temps avec la cuiller ; enfin quand ils seront cuits, mettez-y la pincée de farine ; mouillez, un moment après, avec l'eau où trempe le jambon; mêlez enfin le tout ensemble et servez.

N° 361. **Jarret aux Truffes**.

Préparez et faites cuire les jarrets comme à l'article précédent; après cette première cuisson, ôtez-en tous les os, et mettez à leur place des truffes coupées que vous avez passées un instant sur le feu, dans un peu de fond de cuisson de jarret ; après quoi vous placerez le jarret dans un plat creux, et vous répandrez par dessus le fond de cuisson clarifié (*Voy.* n° 101).

N° 362. **Sanglier**.

La meilleure partie est la hure ; on la sert en galantine; on en prépare le jambon à la broche, d'abord mortifié et mariné; il se sert pour grosse pièce de relevé, avec une sauce au chevreuil (*Voy.* n° 116).

N° 363. **Pieds de Cochon à la Ste-Ménéhould**.

Nettoyez les pieds, ôtez-en les batillons, flambez-les et mettez-les à dégorger dans de l'eau fraîche ; ensuite vous les ferez prendre sel pendant deux jours, au bout desquels vous les ficellerez bien, deux à deux, et les ferez cuire dans une braise (*Voy.* n° 174); vous les en retirerez quand ils seront au point, et quand ils seront refroidis, vous les déficellerez; vous fendrez chacun d'eux par le milieu, vous en graisserez bien chaque partie que vous passerez dans de la mie de pain, et que vous ferez griller à feu ardent : servez ce plat pour hors-d'œuvre.

N° 364. **Pieds de Cochon farcis aux truffes.**

Faites les cuire comme les précédents ; lorsqu'ils seront cuits et retirés de la braise, fendez-les en dedans pendant qu'ils sont chauds ; ôtez-en tous les os, et remplissez-en le vide avec un salpicon bien truffé (*Voy.* n° 170) ; vous replierez les pieds dans de la crépine, ensuite vous les passerez dans l'œuf, puis dans de la mie de pain ; enfin, vous les ferez griller et les arroserez en les servant, avec un peu de jus.

N° 365. **Cochon de lait rôti.**

Après avoir saigné le cochon, frottez-le avec son sang, et saupoudrez-le avec de la résine en poudre ; vous l'ébouillanterez ensuite avec de l'eau, et le plus promptement possible, vous en raclerez la peau pour en enlever les soies, et vous le laverez dans de l'eau fraîche ; après l'avoir bien nettoyé, videz-le, ôtez-en les boyaux et le foie, troussez les pattes de devant, que vous fixerez sous le ventre au moyen d'une brochette ; troussez celles de derrière en fendant le milieu des bâtillons, et les dirigeant en dehors, de manière à ce que les deux bouts viennent se joindre sous la cuisse ; vous ferez, après tout cela, tremper le cochon environ sept à huit heures, pendant lesquelles vous le laverez souvent et le changerez d'eau, afin de lui faire perdre le goût de la résine, et enfin, vous l'égoutterez, le ferez sécher au crochet, le ferez ensuite cuire à la broche ; pendant que cette dernière tournera, flambez la pièce avec une feuille de papier que vous enflammerez et ferez brûler par dessus ; frottez souvent le cochon avec une plume trempée dans l'huile, pour éviter que la peau se brûle; quand la cuisson sera au complet, vous le retirerez, le dresserez sur un plat, fendrez la peau du cou, et le servirez pour relevé de potage.

N° 366. Cochon de lait marcassiné.

Choisissez un cochon de lait un peu fort, et dont la tête soit noire; suspendez-le au crochet par les pattes de derrière, et frappez-le à coup de verges jusqu'à ce qu'il expire; alors versez bouillant dans son museau, au moyen d'un entonnoir, un breuvage fait avec de l'eau, du thym, du laurier, du basilic, de la sauge et du romarin, que vous avez fait bouillir ensemble une demi-heure, et que vous avez ensuite passé au tamis; quand vous l'avez introduit dans le corps de l'animal, ficelez-lui bien le museau, afin qu'il s'empreigne bien des aromates indiqués, et laissez-le sur une planche jusqu'au lendemain; alors vous l'écorcherez comme un levreau, en observant de lui laisser des soies à la hauteur d'un pouce autour de la queue et celles de la tête; videz-le, blanchissez-le au fourneau, piquez-le à menu lard et marinez-le pendant vingt-quatre heures dans du vinaigre, du thym, du basilic, de la sauge, du laurier, des tranches d'ognons, de carotte et du persil en branches; retournez-le plusieurs fois durant cet intervalle, et mettez-le ensuite à la broche, enveloppé d'un papier que vous retirerez un moment avant de servir, afin de lui laisser prendre couleur; quand il sera roux, retirez-le sur un plat, et versez par dessus une sauce au chevreuil (*Voy.* n° 116): ce plat se sert pour grosse pièce de relevé.

N° 367. Galantine à la Suffren.

Le célèbre bailli de Suffren, amiral de France, me manda à sa Commanderie de Jalais (Ardèche), pour y faire le festin des nôces de son neveu avec Mⁱˡᵉ la vicomtesse d'Alais. Les maires des environs lui avaient envoyé force volailles, une grande quantité de gibier et jusqu'à des cochons de lait engraissés avec de la farine de châtaignes délayée dans du lait, ainsi que des agneaux pareillement engraissés avec du grain. Mon office se trouvait littéralement encombré ; cette abondance de provisions me suggéra l'idée de faire une galantine dans une peau de cochon ; voici comment j'opérai :

Dès la veille, je préparai un bon bouillon de bœuf dans lequel je mis à cuire une noix de jambon de Bayonne; au bout de deux heures de cuisson, je le retirai, afin qu'il pût me servir pour la galantine. Je fis ensuite un consommé extraordinaire; pour cela, je mis quelques bardes de lard au fond d'une grande marmite, sur ces bardes de lard, je plaçai une noix, une sous-noix, un jarret de veau et par dessus le tout, une vieille dinde, quatre vieilles poules et un gigot de mouton tué du jour et à moitié cuit à la broche ; j'y joignis les cuisses, les abatis, les carcasses des volailles et du gibier, ainsi que les os du cochon ; je garnis ensuite la marmite d'un gros bouquet, d'un ognon piqué, et je la fis suer sur le fourneau ; puis j'y versai une grande cuiller à pot de mon consommé que je fis réduire en glace, et immédiatement après, je la mouillai encore jusqu'à sa surface avec le bouillon que j'avais préparé la veille ; après avoir bien écumé, je fis bouillir doucement et jusqu'à ce que la viande fût pourrie de cuisson.

Ce résultat obtenu, et après avoir luté la marmite, je désossai le cochon en le fendant du ventre à la tête ; je le pesai et j'assaisonnai le tout dans la proportion de deux gros de sel-épice par livre de viande ; je coupai les filets de quatre perdreaux, de quatre bécasses, de quatre volailles et de quatre lapereaux, ainsi que des truffes enfilées sur leur longueur et en tranches épaisses comme le petit doigt ; j'assaisonnai tous ces filets avec le tiers du sel-épice déjà pesé ; j'étendis le cochon sur un linge et le saupoudrai avec le tiers du sel-épice restant ; je fis ensuite une farce comme au n° 163, si ce n'est que je remplaçai le veau par des blancs de volailles ; j'y ajoutai des truffes, une tétine de veau cuite, les boyaux de quatre bécasses et deux jaunes d'œufs; après avoir haché ces divers objets, je les pilai ensemble de manière à n'en faire qu'un seul corps.

J'étendis cette farce sur le cochon et j'en égalisai la couche avec la lame d'un couteau ; ensuite, j'ôtai la couenne de la noix du jambon que je coupai à filets en séparant le gras du maigre ; je plaçai sur le cochon, par rangs bien serrés, tous les filets de bécasses, de gras de jambon, de perdreaux, de volailles, de jambon, de truffes et de lapereaux ; je posai, en l'égalisant avec le couteau, une farce sur ces derniers ; je superposai un second rang sur le premier, en variant autant que possible et en le recouvrant aussi avec de la farce ; ensuite, à l'aide d'une aiguille à brider, je cousis la peau du cochon de manière à y tenir tous les filets renfermés ; je lui rendis sa forme primitive ; j'assaisonnai avec le tiers restant de l'entier assaisonnement ; j'enveloppai le cochon de bardes de lard et le plaçai dans une toile à canevas dont je ficelai les extrémités fortement ; je passai deux tours moins serrés au milieu de l'animal, que je fis cuire ensuite dans une braise (*Voy.* n° 174).

La cuisson s'effectua dans une grande poissonnière ; je mouillai avec une bouteille de vin de Champagne et du consommé. Lorsque la préparation fut complète, je retirai du feu et laissai refroidir dans le fond de la cuisson ; après quoi j'en retirai le cochon que je débarrassai de la ficelle, du lard et du canevas ; je le glaçai à deux reprises ; je recueillis le fond de la cuisson pour le passer au tamis ; j'y mêlai du consommé, et après avoir soigneusement dégraissé le tout, je clarifiai le consommé à l'ordinaire (*Voy.* n° 101). Une grande poissonnière en ferblanc me servit alors de moule ; j'enduisis d'huile d'amandes douces ses parois intérieures, afin que la gelée se desséchât plus aisément ; après avoir bien égoutté mon moule, j'y versai six lignes d'aspic, duquel, dès qu'il fut congelé, je fis une décoration avec des truffes cuites et des blancs de volailles rôties ; pour la soutenir, je répandis dessus environ trois lignes d'aspic, et lorsqu'elle fut suffisamment solidifiée, j'y posai le cochon, couché sur le dos. Enfin, je remplis la poissonnière d'aspic ; je mis de ce dernier haché dans un grand plat long, et je renversai le cochon dessus : on eût dit qu'il nageait entre deux eaux claires ; je disposai autour du plat une bordure de croûtons d'aspic, et ainsi préparé, je le fis servir.

M. de Suffren voulut m'en témoigner son extrême satisfaction ; m'ayant fait appeler par son maître-d'hôtel, il ordonna devant moi qu'on lui en servît chaque jour à son déjeûner : il fallait bien que le succès eût dépassé toutes mes espérances, pour qu'un homme qui s'était assis aux meilleures tables du monde voulût faire de ce plat un mets journalier.

N° 368. Cochon de lait aux macaronis.

Préparez-le absolument comme le cochon de lait rôti (*Voy.* n° 379), et, quand il sera au point, vous le retirerez de la broche, vous lui ferez une incision au ventre, et vous le remplirez d'un bon macaroni.

N° 369. Cochon de lait à la Périgueux.

Râpez du lard frais que vous mêlerez à des truffes entières ; assaisonnez le tout, et quand votre cochon sera prêt à être mis au crochet, remplissez-lui le ventre de ce mélange, et faites-le cuire à la broche (*Voy.* n° 355).

N° 370. Entrées froides pour soirées de bals.

On sert toutes sortes d'entrées, comme salmis, bécasses, perdreaux, civets de lièvre, chevreuils, fricassée et poulets, etc.

Dressez, pour lors, votre entrée à l'ordinaire dans son plat ; ayez soin de garder la moitié de la sauce, que vous mêlez avec pareille quantité d'aspic : mettez au frais ou à la glace, et lorsque le tout sera congelé, vous le répandrez sur votre entrée ; placez par dessus des truffes entières cuites dans le vin, et entourez-les de croûtons de gelée.

N° 371. Croûtons de gelée.

Faites réduire de l'aspic, que vous verserez dans des plats à l'épaisseur de trois lignes ; lorsqu'il sera bien congelé, vous le couperez avec un coupe-racine, comme les croûtons de pain ; et faites-en des bordures tout autour du plat de vos entrées.

N° 372. Bordures de pain pour les entrées.

Coupez à tranches la mie d'un pain blanc rassis, de l'épaisseur de deux lignes environ et auxquelles vous donnerez des formes variées à l'aide d'un coupe-racine ; vous pouvez figurer ainsi des losanges, des cœurs, des crêtes de coqs, des croissants, des dents de loups, des X, etc, suivant votre fantaisie ; vous ferez frire ces tranches dans une casserolle contenant de l'huile bouillante et de belle couleur ; vous les poserez ensuite sur un papier avec une écumoire; lorsque vous voudrez vous en servir, vous fouetterez un blanc d'œuf auquel vous mêlerez une pincée de farine ; vous ferez chauffer le plat, puis vous tremperez un côté de vos croûtons dans le blanc d'œuf préparé ; enfin vous les disposerez sur les bords dudit plat, de manière à ce que sa circonférence en soit tout-à-fait garnie ; gardez-vous de trop le chauffer ; cette circonstance pourrait empêcher votre bordure de tenir.

N° 373. **Préparation du Daim et du Chamois.**

Les parties de derrière du daim et du chamois sont des plus estimées; on les apprête comme celles du chevreuil.

CHAPITRE XII.

VOLAILLES.

N° 374. **Poulets à la Marengo.**

Dépecez de jeunes poulets comme pour la fricassée (*Voy.* n° 421); mettez-les dans une poêle avec du lard râpé ou du dégraissis de bon fond de braise, et une tranche de jambon ; mêlez-y des tranches d'ognons coupés à filets ; assaisonnez-les avec du sel et une pincée de poivre ; sautez le tout sur le feu, et lorsque les poulets et les ognons seront cuits et de belle couleur, dégraissez, ajoutez un jus de citron, et versez dans un plat.

N° 375. Jeune poularde en entrée de broche, cuite à la broche ou sur le gril.

Les poulardes les plus estimées sont celles de sept à huit mois, que l'on a engraissées. Il faut les saigner, les plumer et les flamber légèrement ; après quoi on les vide par la poche, en fendant la fourchette avec la lame d'un couteau, qu'il faut pour cela passer sous la peau qui tient au cou ; vous retirerez les boyaux avec le crochet d'une écumoire ou d'une cuiller à dégraisser ; enlevez le gésier et le foie avec précaution, afin de ne pas crever le fiel ; après cela, pelez les pattes, coupez les ongles, et bridez la poularde en entrée de broche en faisant une incision sous le bout de la cuisse et relevant les pattes, que vous trousserez sur les côtés tout le long des cuisses, et que vous fixerez au moyen d'une aiguille à brider ; vous passerez une ficelle aux deux extrémités, et vous la nouerez par derrière ; faites alors cuire la volaille en entrée de broche (*Voy.* n° 178). Je recommanderai de choisir généralement la volaille à pattes noires ; elle est préférable à l'autre.

N° 376. Volaille aux Truffes.

Marinez les truffes avec du beurre frais ou du lard râpé ; assaisonnez-les avec du sel et du poivre, et remplissez-en le vide qu'occupait la poche, ainsi que tout l'intérieur du corps que vous avez enlevé ; posez du citron sur la volaille, et faites-la cuire en entrée de broche (*Voy.* n° 178); vous y mettrez pour sauce un petit-deuil (*Voy.* n° 128).

N° 377. Poularde aux Céleris.

Posez une poularde cuite en entrée de broche (*Voy.* n° 178), dans un plat bordé de pieds de céleris cuits dans une bonne braise (*Voy.* n° 155); glacez (*Voy.* n° 184), et versez sur le tout une sauce espagnole (*Voy.* n° 79).

N° 378. Poularde aux culs d'Artichauts.

Posez la poularde cuite en entrée de broche (*Voy.* n° 178) sur un plat entouré de culs d'artichauts (*Voy.* n° 154), que vous avez glacés (*Voy.* n° 184), et versez pour sauce une espagnole (*Voy.* n° 79), dans laquelle vous aurez mêlé un peu de demi-glace (*Voy.* n° 106).

N° 379. Jeune Poularde en petit-deuil.

Préparez la poularde en entrée de broche (*Voy.* n° 178); quand elle sera au point, vous la déficellerez et la servirez avec une sauce en petit-deuil (*Voy.* n° 128).

N° 380. Poularde à l'estragon.

Faites-la cuire en entrée de broche (*Voy.* n° 178), après quoi vous la dresserez sur son plat, et la servirez sur une sauce à l'estragon (*Voy.* n° 130).

N° 381. Poularde à la Dangis.

Faites cuire la volaille comme dans tous les articles ci-dessus, et dressez-la sur un plat, dans lequel vous avez d'abord mis une garniture d'huîtres.

N° 382. Poularde à la Remoulade.

Mettez une remoulade (*Voy.* n° 134) dans un plat, et

posez par dessus une volaille cuite en entrée de broche (*Voy*. n° 178), et bien égouttée.

N° 383. Poularde à la Pâte en ouille.

Faites bouillir pendant quinze minutes, et dans du bouillon (*Voy*. n° 1), de la pâte en ouille (*Voy*. n° 144) bien émincée ; vous l'égoutterez ensuite, et la mettrez un instant dans une sauce espagnole (*Voy*. n° 79) en ébullition, à laquelle vous avez mêlé gros comme la moitié d'une noix, de demi-glace (*Voy*. n° 106); vous verserez cette sauce dans un plat, et placerez par dessus la poularde cuite en entrée de broche (*Voy*. n° 178).

N° 384. Poularde à la Ravigote.

Versez une sauce ravigote bourgeoise, chaude, dans un plat (*Voy*. n° 135), et placez par dessus la poularde cuite en entrée de broche (*Voy*. n° 178).

N° 385. Manière de désosser les Volailles.

Coupez d'abord les ailerons et les pattes un peu au dessus de la jointure des cuisses.

Fendez la peau sur le derrière du cou, depuis sa naissance jusqu'à la tête, et introduisez les doigts dans l'estomac pour en extraire la poche.

Tournez votre volaille sur l'estomac, la tête vers vous, et fendez la peau depuis le cou jusqu'au croupion, en faisant glisser le couteau sur les os ; écartez cette peau des deux côtés pour découvrir les jointures des ailes, que vous couperez comme dans une volaille rôtie ; repliez alors le tout vers l'estomac, et détachez la peau du cou à sa jonction avec la tête, afin qu'elle en soit entièrement séparée; dépouillez, en tirant toujours vers le bas de la pièce;

arrivé aux cuisses, forcez-en les jointures en repliant vers le dos ; quand elle est brisée, tirez la totalité des viandes vers le croupion, et coupez la couronne du fondement ; la carcasse vous restera d'un côté, de l'autre la dépouille entière.

Prenez alors les os des cuisses intérieurement, détachez-en la chair du dedans au dehors, en ratissant avec le couteau l'os que vous tirerez à vous ; enlevez également tous les nerfs.

Vous viendrez ensuite aux os des ailes, pour lesquels vous ferez la même opération.

N° 386. Poularde au Riz.

Faites cuire une poularde dans une braise (*Voy.* n° 174) un peu allongée ; lorsqu'elle sera cuite, passez le fond de cuisson au tamis, en y ajoutant un peu de bon bouillon (*Voy.* n° 1) ; prenez ensuite une demi-livre de riz, et faites-le cuire dans le réduit que vous avez obtenu, ayant soin que la proportion soit celle-ci : deux volumes et demi de réduit pour un de riz ; dressez le riz sur un plat, posez la volaille au milieu, et saucez avec une sauce espagnole (*Voy.* n° 79).

N° 387. Poularde en galantine.

Videz et flambez une poularde ; désossez-la comme il est dit à l'article 385 ; pesez la chair afin de proportionner l'assaisonnement, qui doit être deux gros de sel-épice par livre de viande ; étendez la volaille désossée sur un linge ; détachez les blancs du sous-filet ; coupez-les dans toute leur longueur aussi carrément que possible, et de la grosseur du petit doigt ; assaisonnez la chair de la poularde avec la moitié de l'entier assaisonnement de la pièce, et placez par dessus une couche de farce à galantine (*Voy.* n° 163), que vous égaliserez avec la lame d'un couteau ; posez ensuite les filets que vous avez déjà obtenus ; vous pouvez varier les filets avec de la langue à l'écarlate, des truffes, du maigre de jambon cuit, du gras de jambon cuit également, et que vous remplacerez au besoin, par du gras de porc frais ou du lard. Vous rangerez ces divers objets sur la farce, ayant soin de les mélanger avec goût ; recouvrez-les avec la même farce bien égalisée avec le couteau ; roulez la volaille en lui donnant la forme d'un saucisson, et répandez dessus le reste de l'assaisonnement déjà pesé ; plaquez la poularde avec des bardes de lard bien minces ; enveloppez-la dans une toile de canevas, après quoi vous la mettrez à cuire dans une braise (*Voy.* n° 174), que vous mouillerez avec du consommé économique fait avec la carcasse de la poularde (*Voy.* n° 95) ; quand elle sera au point, vous laisserez refroidir l'objet dans sa cuisson ; vous retirerez ensuite la galantine, que vous mettrez entre deux plats, chargeant d'un poids celui de dessus ; vous passerez au tamis le fond de la cuisson ; vous le dégraisserez, le colorerez avec du blond de veau (*Voy.* n° 6) ou du jus (*Voy.* n° 77), et vous y joindrez le reste du consommé obtenu avec la carcasse et les abatis ; ayez soin que celui-ci soit doux de sel, attendu que le fond de cuisson de la galantine sera nécessairement un peu fort ; clarifiez-le (*Voy.* n° 101), et après congélation placez-le sur et tout autour de la galantine, que vous aurez débarrassée du canevas, et que vous aurez bien glacée ; vous pouvez, si vous le désirez, décorer ce mets avec de la gelée.

N° 388. **Poularde glacée.**

Comme la poularde en galantine, avec cette seule différence que celle-ci est roulée, tandis que la poularde glacée doit conserver sa forme naturelle.

N° 389. **Poularde en fricandeau.**

Après avoir vidé et flambé une poularde ou toute autre volaille, coupez-en les pattes et faites rentrer le bout de l'os dans le corps, au travers duquel vous passerez une brochette pour le blanchir au fourneau; bridez ensuite la pièce en passant une ficelle dans les deux cuisses, au moyen d'une aiguille à brider, et en nouant les deux bouts de cette ficelle par derrière; vous piquerez ensuite la poularde à menu lard, et vous la mettrez à cuire comme il est détaillé à l'article des entrées piquées (*Voy.* n° 183); vous la glacerez (*Voy.* n° 184) quand elle sera au point, et vous la servirez avec toutes sortes de garnitures (*Voy.* n° 140).

N° 390. **Galantine de volaille à l'aspic.**

Passez un peu d'huile d'amandes dans un moule; après l'avoir bien égoutté vous y mettrez un demi-pouce d'aspic bien clarifié; lorsque l'aspic sera bien congelé, vous poserez dessus des tranches de galantine de volaille (*Voy.* n° 387), et vous mettrez par dessus de l'aspic, que vous laisserez congeler; vous mettrez encore de la galantine, et finirez par remplir le moule d'aspic, que vous placerez au frais; lorsque le tout sera bien congelé, vous renverserez la galantine dans son plat.

N° 391. **Poularde en capilotade.**

Dépecez une poularde rôtie; mettez-la dans une casserolle, et versez par dessus une sauce italienne (*Voy.*

n° 126) : cette entrée ne doit pas bouillir ; servez-la avec des croûtons glacés (*Voy.* n° 371), que vous placez entre chaque morceau de volaille.

N° 392. Filets de Poularde piqués.

Otez la peau des filets et piquez-les en plein à petit lard ; vous les ferez cuire comme il est indiqué aux cuissons d'entrées (*Voy.* n° 185), vous les glacerez (*Voy.* n° 184), et les servirez sur toutes sortes de garnitures (*Voy.* n° 141).

N° 393. Sauté de filets de jeune Poularde.

Parez les filets, enlevez-en la peau et les nerfs, posez-les ensuite, tournés dessus dessous, sur un coin de table où vous aurez d'abord fait tomber un peu d'eau, appuyez fortement la main gauche dessus, tandis que de la droite vous passerez entre la table et le filet la lame d'un couteau qui emportera la seconde peau du filet, qui s'était collée à la table par l'effet de l'humidité ; tous les filets ayant subi la même opération, rangez-les dans un sautoir ; assaisonnez-les et versez par dessus du beurre fondu ; au moment de servir, posez le sautoir sur le fourneau ; quand l'action du feu aura roidi les filets des deux côtés, et qu'ils seront au point, penchez le sautoir pour en égoutter le beurre, et dressez vos filets en couronne sur un plat, en posant en dessous le bout le plus mince ; placez entre chacun d'eux des croûtons de pain coupés dans la même forme, frits au beurre et glacés (*Voy.* n° 184) ; on peut, si l'on veut diversifier, y joindre des sautés de tranches de truffes, de langues à l'écarlate et des cornichons, des sous-filets de volailles piqués aux truffes, et cuits dans la forme d'un fer à cheval, et même ajouter des queues d'écrevisses.

N° 394. Sauté de filets de volaille à la purée de Bécasses.

Vous parez et préparez les filets comme à l'article qui précède; vous les rangez en couronne sur le plat, de la même manière, en plaçant un croûton glacé entre chacun d'eux, et vous versez au milieu une purée de bécasses (*Voy.* n° 182).

Nota. On peut employer toutes sortes de purées.

N° 395. Sauté de filets de Volaille à la suprême.

Servez vos filets préparés comme ci-dessus ; saucez avec une allemande (*Voy.* n° 82), et placez, dans l'intervalle de l'un à l'autre, une grosse tranche de truffe.

N° 396. Filets de Volaille à la Conti.

Servez les filets sautés dans une béchamelle (*Voy.* n° 81), et rangez par dessus des sous-filets, coupés en forme de fer à cheval, et piqués avec des truffes ; la béchamelle doit occuper le milieu du plat.

N° 397. Sauté de filets de Volaille à l'Italienne.

Sautez les filets; rangez-les en couronne : séparez-les par des tranches de cornichons, et versez par dessus une italienne blanche (*Voy.* n° 127).

N° 398. Sauté de filets de Volaille à l'Espagnole.

Après les avoir sautés, placez-les en couronne sur le plat; mettez de la langue à l'écarlate (*Voy.* n° 122) dans l'intervalle des uns aux autres, et saucez-les avec une espagnole (*Voy.* n° 79), dans laquelle vous avez mis, gros comme la moitié d'une noix de demi-glace (*Voy.* n° 106).

N° 399. Sauté de filets à la Cardinale.

Rangez vos filets sautés en couronne ; placez sur chacun d'eux deux queues d'écrevisses, et séparez-les avec une petite truffe cuite, coupée comme une noisette; versez au milieu du plat une sauce allemande (*Voy.* n° 82) au beurre d'écrevisses (*Voy.* n° 109).

Observation.

On saute de la même manière les filets de toute sorte de volailles et de gibier, et l'on varie à volonté les sauces et garnitures.

N° 400. Émincée de filets de volaille à la Chicorée.

Faites blanchir le blanc des chicorées à l'eau bouillante; vous les jetterez ensuite dans l'eau fraîche, et vous les égoutterez bien en les pressant entre les mains pour en extraire toute l'eau ; après quoi vous les hacherez parfaitement et les passerez dans une casserolle sur le feu, dans du beurre frais, environ quinze minutes, et vous y ferez réduire deux cuillerées à dégraisser de consommé (*Voy.* n° 5) ou de bouillon (*Voy.* n° 1) ; après leur réduction, mouillez avec une quantité égale de velouté (*Voy.* n° 80) et de crème de lait, que vous pouvez remplacer par du lait, qu'il faut avoir, pour cela, fait réduire à moitié ; tournez les chicorées dans ce mouillement, jusqu'à ce qu'elles soient assez rapprochées ; alors vous y mêlerez une émincée de volaille, et vous verserez le tout sur un plat, autour duquel vous aurez disposé une bordure de croûtons de pain roussis au beurre, et coupés en bouchons.

N° 401. Émincée de Volaille à la Béchamelle.

Servez une émincée de filets de volaille rôtie à la broche dans une béchamelle (*Voy.* n° 81).

N° 402. Émincée de filets de Volaille à l'Allemande.

Servez l'émincée de filets dans une sauce allemande (*Voy.* n° 82).

Observation.

On prépare en émincée tous les restants de rôtis, tant de volaille que de boucherie, et l'on en varie les sauces à volonté.

N° 403. Émincée aux Ognons de la desserte de toute viande rôtie.

Faites une sauce Robert (*Voy.* n° 142); jetez-y votre émincée, et liez-la avec deux jaunes d'œufs, un filet de vinaigre et un peu de moutarde; faites-la chauffer sans la faire bouillir.

N° 404. Escalope de Volaille.

L'escalope n'est autre chose qu'une émincée; la seule différence est qu'on emploie dans cette dernière des viandes rôties, tandis que pour l'escalope, elles doivent être crues; coupez en biais des filets de volaille, parez-les en leur donnant une forme arrondie; je ne conseille pas d'en battre les morceaux, parce qu'ils se rétrécissent ensuite quand ils sont exposés au feu; cependant on peut les aplatir légèrement avec la lame d'un couteau; vous les rangerez ensuite dans un sautoir; vous verserez par dessus du beurre clarifié; vous l'assaisonnerez avec du poivre, et selon la sauce où vous voulez le servir, de fines herbes ; vous sautez le tout ensemble un moment, et le versez avec une sauce béchamelle (*Voy.* n° 81), ou une sauce allemande (*Voy.* n° 82), ou toute autre.

N° 405. Vieille Poule en braise.

Troussez la poularde en entrée de broche (*Voy.* n° 375), piquez-la à gros lardons, mais à l'intérieur, en passant la lardoire dans la peau du cou ; assaisonnez-la avec du sel-épice, et mettez-la à cuire dans une braise (*Voy.* n° 174) ; quand elle sera au point, vous la poserez sur un plat, l'égoutterez, et poserez par dessus une des garnitures ci-après indiquées :

N° 406. Garnitures d'huîtres.

N° 407. Garniture de truffes.

N° 408. Garniture de petits pois.

N° 409. Garniture de pieds de céleris glacés et saucés dans une espagnole (*Voy.* n° 79), à demi-glace (*Voy.* n° 106).

N° 410. Garniture de culs d'artichauts glacés (*Voy.* n° 184), saucés d'une italienne (*Voy.* n° 126).

N° 411. Garniture de champignons frais passés au beurre, et une tranche de jambon, et mouillez avec une espagnole (*Voy.* n° 79).

N° 412. Garniture de morilles passées aux fines herbes et mouillées d'une italienne (*Voy.* n° 126).

N° 413. Garniture de racines (*Voy.* n° 155).

N° 414. Garniture de navets (*Voy.* n° 150), à l'espagnole (*Voy.* n° 79).

N° 415. Garniture de champignons secs (*Voy.* n° 156).

N° 416. Garniture d'olives (*Voy.* n° 146).

N° 417. Garniture de cardes.

N° 418. Chapon.

Videz, flambez et préparez le chapon absolument comme les poulardes, soit pour rôti, soit pour entrée de broche ; il faut seulement, lorsqu'on veut le servir pour rôti, le vider par le dessous de la cuisse.

N° 419. Poulet.

Poulet rôti (*Voy*. Poularde, n° 375).

N° 420. Poulets en tortue.

Après avoir désossé des poulets (*Voy*. n° 385), ayez quatre pattes, dont vous ôterez la peau en les exposant un moment sur la braise, et dont vous couperez les ongles, vous en insinuerez deux dans la peau des cuisses, et les deux autres dans la peau du bréchet ou os qui termine l'aileron ; enveloppez la moitié de la tête du poulet avec la peau du cou, après en avoir coupé la crête à moitié, et farcissez votre volaille avec une farce cuite (*Voy*. n° 161), au milieu de laquelle vous placerez un peu de salpicon (*Voy*. n° 170) ; cousez-la par le dos jusqu'à la tête ; vous la mettrez ensuite à cuire dans une poêle (*Voy*. n° 181) ; lorsqu'elle sera au point, vous en ôterez le fil, vous la placerez par le dos dans un plat, et vous lui couvrirez l'estomac d'écailles faites avec des truffes ; ces truffes, coupées d'abord en bouchons, et taillées ensuite en petites tranches, doivent être placées, les unes au-dessus des autres, dans la chair même de la volaille, à laquelle on fait des incisions régulières à cet effet ; employez une queue d'écrevisse pour simuler celle de la tortue, et posez le tout sur une sauce hollandaise (*Voy*. n° 119).

N° 421. Poulets en entrée de broche.

(*Voy.* Poularde en entrée de broche, n° 375); servez avec les mêmes sauces et garnitures (*Voy.* n° 120).

N° 422. Fricassée de Poulets au naturel.

Videz des jeunes poulets, flambez-les légèrement, et dépecez-les en commençant par les cuisses ; vous ôterez ensuite les filets, après quoi vous couperez les ailerons, l'estomac, le croupion, et enfin, le cou, que vous couperez en deux ; vous mettrez tous ces morceaux à dégorger dans l'eau fraîche pendant une bonne heure, en ayant soin de les changer d'eau ; lavez-les et mettez-les dans une casserolle bien étamée, avec de l'eau, sur un feu modéré ; avant que l'ébullition commence, retirez-la et passez l'eau au tamis ; lavez les poulets à l'eau fraîche ; égouttez-les sur un linge ; parez légèrement les membres en coupant les peaux qui dépassent le tour de la cuisse ; ratissez-en le bout de l'os ; ainsi que celui des filets.

Placez alors dans une casserolle une tranche de jambon de Bayonne, un peu de lard râpé ou un morceau de beurre ; posez sur un feu modéré, et sautez quelques instants vos poulets : faites sauter souvent, afin que tous les morceaux se roidissent légèrement ; jetez-y alors une cuillerée à bouche de farine ; tenez toujours sur le feu en faisant sauter ; retirez ensuite du fourneau, mouillez avec l'eau où vous aviez fait blanchir, ajoutez moitié bouillon ; le tout étant bien mêlé remettez sur le feu, assaisonnez, ajoutez un bouquet, un ognon piqué ; écumez, faites bouillir, et recouvrez d'un couvert de casserolle : trois quarts-d'heure suffisent à la cuisson. Retirez alors le bouquet et l'ognon et avant de faire la liaison, qui doit se composer de deux ou trois jaunes d'œufs, vous pouvez jeter dans votre fricassée quelques tranches de truffes; mais, lorsque vous y amalgamerez la liaison, ayez soin que votre casserolle soit en ébullition, et que le mouillement soit réduit au point convenable; retirez du fourneau, faites sauter et remettez au feu afin de laisser revenir un bouillonnement ; faites sauter encore; enlevez du fourneau, et ajoutez un jus de citron ; vous dresserez alors sur un plat l'entrée, en commençant par les abatis, les croupions, puis les cuisses et les filets ; répandez enfin la sauce sur le tout.

Nota. On met aux fricassées de poulets toutes sortes de garnitures, champignons, truffes, petits ognons, carottes tournées, pieds de céleris, culs d'artichauts, ris d'agneaux, petits pois, pointes d'asperges, écrevisses, huîtres, etc.

N° 423. Fricassée de poulets à la Hollandaise.

Préparez de même que ci-dessus, mais, avant de faire votre liaison, ayez du persil blanchi à l'eau bouillante ; pilez-le, passez-le au tamis, et jetez-le dans la liaison ; vous dresserez ensuite comme la précédente.

N° 424. Fricassée de poulets à la Dauphine.

Faites celle-ci comme la fricassée à la hollandaise ; mais ne vous servez pour cela que des abatis, des croupions, des cuisses et de l'estomac; conservez les filets, que vous piquerez et ferez cuire comme les entrées piquées (*Voy.* n° 185).

Quand vous dresserez sur le plat, mettez dans le milieu les abatis, les croupions et l'estomac ; rangez les cuisses autour en posant entre chaque cuisse un filet piqué et glacé

(*Voy.* n° 184); et pour donner un bel aspect à votre fricassée, posez sur le milieu un ris de veau glacé, bien roux (*Voy.* n° 249).

N° 425. Fricassée de Poulets au riz.

Cuisez du riz dans de l'excellent bouillon, auquel vous ajouterez quelques cuillerées à bouche de dégraissis de volaille ; ayez soin que ce mouillement ait un volume qui égale deux fois et demie celui du riz.

Faites partir sur le fourneau, et faites mijoter ensuite sur des cendres rouges ; lorsqu'il est cuit, il faut qu'il soit bien épais, bien entier, et sans plus de mouillement ; mais pour qu'il ne se trouve pas décoloré, vous devrez prendre la précaution de mêler au bouillon, avant la cuisson, un peu de blond de veau (*Voy.* n° 6), de jus (*Voy.* n° 77) ou de safran.

Placez ce riz dans un moule, de manière à en garnir le fond et le pourtour ; versez dans le milieu une fricassée de poulets bien liée, et recouvrez-la de riz également ; posez ce moule sur des cendres chaudes ou entre deux fourneaux et au bout d'une demi-heure renversez-le sur le plat ; essuyez la graisse, et faites couler dessus une sauce allemande (*Voy.* n° 82).

N° 426. Filets de Poulets en Chérubins.

Laissez tenir les filets à l'estomac, en enlevant toutefois la fourchette ; piquez alors un des filets avec des truffes, l'autre avec du petit lard, et faites cuire comme une entrée piquée (*Voy.* n° 185), et servez-les sur une sauce au beurre d'écrevisses (*Voy.* n° 109) ou sur une hollandaise (*Voy.* n° 119).

N° 427. Poulets piqués en friandeau.

De même que la poularde (*Voy.* n° 389), avec de pareilles sauces et garnitures

N° 428. Poulets en entrée de broche.

(*Voy.* les poulardes n° 375, leurs sauces et garnitures.)

N° 429. Filets de Poulets sautés.

Comme aux filets de poularde (*Voy.* n° 393).

N° 430. Filets de Poulets piqués.

Pareillement à ceux de la poularde (*Voy.* n° 392).

N° 431. Côtelettes de filets de Poulets.

Parez des filets de poulets comme pour les sauter; assaisonnez-les; passez-les dans le beurre fondu, puis dans de la mie de pain, et faites-les griller; dressez-les ensuite en couronne sur le plat, et versez dessus un peu de consommé chaud (*Voy.* n° 125) et le jus d'un citron.

N° 432. Côtelettes de filets de Poulets à la financière.

Faites comme pour les précédents, et lorsqu'ils seront en couronne, versez au milieu une financière (*Voy.* n° 173), ou toute autre sorte de ragoût mêlé, émincée, escalope de volaille et de gibier, etc.

N° 433. Cuisses de Poulets en Caneton.

Comme la cuisse de dinde (*Voy.* n° 456).

N° 434. Cuisses de Poulets en musette.

Le même apprêt qu'à celles de dinde (*Voy.* n° 457).

N° 435. Cuisses de Poulets en ballotine.

(*Voy.* également la cuisse de dinde, n° 458.)

N° 436. Cuisses de Poulets frites.

Faites une fricassée (*Voy.* n° 422) avec les cuisses de poulets; laissez-les refroidir; passez-les dans une pâte à frire (*Voy.* n° 192), bien enveloppées de leur sauce, et jetez-les dans la friture : ce mets orné d'un peu de persil frit, se sert pour hors-d'œuvre.

N° 437. Salade de Volaille.

Faites cuire trois ou quatre poulets dans une poêle (*Voy.* n° 181); quand ils seront cuits et refroidis, dépecez-les; parez-les en ôtant les peaux; nettoyez le bout de l'os des cuisses et des ailes, et marinez-les au vinaigre (*Voy.* n° 188).

Quant à moi, j'emploie pour cela le procédé ci-après :

J'ai des cornichons, une échalotte, un anchois, du persil, des truffes, de l'estragon et du cerfeuil, le tout bien haché. Je mets cela dans un saladier; je l'assaisonne avec du sel, une pincée de poivre, de la moutarde, un jus de citron, deux cuillerées à bouche de bon vinaigre et quatre d'huile; je remue le tout avec une cuiller; j'ajoute deux ou trois cuillerées d'aspic (*Voy.* n° 101), et je jette enfin dans cette marinade, les poulets, et je les y laisse pendant quelques heures.

Quand on veut faire la salade, on met dans un plat des feuilles de laitues et un peu de cerfeuil; on range par dessus les cuisses de poulets en couronne, les estomacs au milieu, et les ailes également en couronne, mais plus serrées au-dessus des cuisses, versez-y la marinade, et décorez alors avec des tranches de truffes cuites, des cornichons, des olives farcies, et même quelques tranches de pommes de terre, et des champignons confits ; vous pouvez ajouter aussi des haricots verts, des pointes d'asperges, des choux-fleurs, le tout cuit d'abord ; ensuite vous hacherez un peu d'aspic (*Voy.* n° 101) ; au-dessus de tout cela, vous ferez une bordure autour du plat avec des œufs durs, entre lesquels vous placerez un petit filet de cœur de laitue, et enfin, vous entourerez par un cordon de croûtons de gelée.

N° 438. **Filets de Volaille à la mayonnaise.**

Versez dans un moule à cylindre huit onces environ d'aspic chaud (*Voy.* n° 101) et bien clarifié ; laissez-le congeler ; vous y ferez ensuite une petite décoration avec des truffes et des blancs de volailles ; vous ferez tomber par dessus un peu plus d'aspic, mais légèrement, pour contenir cette décoration ; lorsque le tout aura fait corps entièrement, achevez de remplir le moule avec de l'aspic.

Mettez-en dans le plat où vous devez servir votre mayonnaise ; attendez qu'il soit congelé ; trempez votre moule à l'eau chaude ; essuyez-le bien, et renversez-le dans le plat.

Ayez alors des filets de poulets déjà sautés et marinés (*Voy.* n° 387), mettez-les au milieu du cylindre et versez dessus votre mayonnaise (*Voy.* n° 137).

N° 439. **Autres filets de Volaille à la Mayonnaise.**

Après avoir paré les filets, vous les marinez avec du citron et les assaisonnez ; vous les sautez ensuite sur le feu avec du beurre clarifié ; aussitôt qu'ils sont roidis d'un côté, vous les retournez de l'autre, et après les avoir égouttés, vous les mettez à refroidir entre deux couverts de casserolle, coupez alors de la même longueur et de la même forme, mais un peu plus épais, des filets de langue à l'écarlate (*Voy.* n° 220) ; masquez le fond d'un plat d'entrée avec de l'aspic congelé, hachez et rangez par dessus en couronne, les filets la pointe en bas ; alternez par un filet de langue à l'écarlate, et garnissez le tour du plat avec des croûtons de gelée ; au moment de servir, vous verserez une mayonnaise (*Voy.* n° 137) dans le milieu. Vous pouvez offrir ainsi les filets de perdreaux, faisans, etc.

N° 440. **Dinde en galantine.**

Comme la poularde, n° 387.

N° 441. **Dinde glacée.**

(*Voy.* poularde glacée, n° 388).

N° 442. **Dinde truffée.**

Passez un moment sur le feu, dans du lard râpé et un peu d'huile, cinq à six livres de belles truffes ; vous les laisserez ensuite refroidir, après quoi vous les humecterez avec un hachis de lard frais que vous aurez pilé avec quelques truffes, et vous les assaisonnerez ; cette préparation terminée, vous tuerez une dinde, vous la plumerez de suite, la flamberez, la viderez et la remplirez avec vos truffes ; il faut après cela, l'envelopper dans un papier, puis dans une serviette dont vous nouez les deux bouts, et la laisser ainsi suspendue au crochet dix à douze jours, au bout desquels vous la mettez à cuire après l'avoir bardée d'une tranche de lard, et avoir posé un papier beurré par dessus.

N° 443. **Dinde en entrée de broche, aux truffes.**

Troussez une dinde en entrée de broche (*Voy.* n° 375); joignez et mêlez ensemble dans un plat creux, des truffes entières, des morceaux de saucisses d'un pouce de longueur, et une once de beurre ou de lard râpé; assaisonnez avec du sel; amalgamez le tout, et introduisez-le dans le corps de la dinde, que vous emballerez dans du papier, et que vous ferez cuire en entrée de broche (*Voy.* n° 177); lorsqu'elle sera au point, vous la débarrasserez de son enveloppe, vous l'égoutterez, la dresserez sur son plat, et verserez par dessus une sauce claire (*Voy.* n° 125).

N° 444. Dinde en côtes de melon.

Désossez la dinde (*Voy.* n° 385); ôtez-en toutes les parties nerveuses et les ailerons; vous placez ensuite au milieu un peu de farce fine (*Voy.* n° 162) et un gros salpicon (*Voy.* n° 170) bien truffé; vous la refermerez en la cousant avec du fil, et vous tâcherez de lui donner une forme arrondie; vous formerez les côtes de melon en la serrant avec une ficelle que vous croisez à l'un des bouts, et qui, revenant se nouer à l'autre, forme quatre compartiments; une seconde ficelle, que vous dirigez dans l'intervalle des premières, complète la ressemblance en formant huit tranches distinctes; cette pièce doit être mise à cuire, à l'ordinaire, dans une braise (*Voy.* n° 174), entre des bardes de lard; quand elle est au point, on la débarrasse de sa graisse et de la ficelle; on la dresse sur un plat; on place au milieu un cornichon pour simuler la queue de melon, et enfin, on la sert avec une sauce à l'italienne (*Voy.* n° 126).

N° 445. Dinde en fricandeau.

(*Voy.* poularde en fricandeau n° 389.)

N° 446. Vieux Dindon dépecé à la ménagère.

Après avoir flambé et vidé une dinde, dépecez-la et

pesez-en la chair, dont chaque livre doit absorber un gros et demi de sel-épice et trois onces de lard ; vous couperez dans cette dernière quantité quelques lardons que vous assaisonnerez et dont vous piquerez vos morceaux de dinde; coupez le reste à petits dés; assaisonnez-la, ainsi que toute la viande, avec le sel-épice déjà pesé, et placez-la dans un pot ou casserolle avec le lard et un peu de couenne de porc frais coupée à morceaux ; mouillez alors avec un verre de vin blanc sec, et joignez à tout cela un bouquet (*Voy.* n° 175) et un ognon; cette cuisson doit se faire à un feu doux.

N° 447. **Filets de Dinde piqués.**

Piquez en plein des filets de dinde à petit lard, après en avoir ôté la peau, et faites-les cuire comme il est dit à l'article des entrées piquées (*Voy.* n° 183) ; après cela vous les glacerez (*Voy.* n° 184), et les poserez indistinctement sur une des garnitures ci-après désignées :

N° 448. Sauce à la chicorée (*Voy.* n° 141).
N° 449. Sauce à l'oseille (*Voy.* n° 140).
N° 450. Sauce aux petits pois (*Voy.* n° 145).
N° 451. Sauce aux racines (*Voy.* n° 155).
N° 452. Sauce émincée de concombres (*Voy.* n° 147).
N° 453. Sauce à la remoulade (*Voy.* n° 134).
N° 454. Sauce aux tomates (*Voy.* n° 120).
N° 455. Sauce au restaurant (*Voy.* n° 124).

N° 456. **Cuisses de Dinde en canéton.**

Désossez des cuisses de dindes ; marquez huit lignes au-dessous de la jointure de la patte; et ratissez bien la partie de l'os destinée à figurer le bec du canard; vous le couperez ensuite à six lignes ; farcissez les cuisses avec un peu de farce fine (*Voy.* n° 162), au milieu de laquelle vous mettrez un peu de salpicon (*Voy.* n° 170); cousez-les avec une aiguille ordinaire et du fil, en tâchant de leur donner une forme longue, celle du corps d'un petit canard; reployez par dessus la partie d'os destinée à figurer le bec, et retenez-le au moyen d'une ficelle; vous les ferez cuire dans une poêle (*Voy.* n° 181), et lorsque vous les servirez, vous mettrez, de chaque côté, des ailes faites avec des tranches de truffes ou de carottes, ou même de cornichons, et vous placerez au-dessous deux pattes d'écrevisses; saucez-les avec une hollandaise (*Voy.* n° 119).

N° 457. Cuisse de Dinde en musette.

Désossez-la entièrement; coupez la patte au nœud; coupez de même les ongles; faites rentrer la patte dans le bout de la cuisse, et farcissez cette dernière avec un peu de farce (*Voy.* n° 162) et de salpicon (*Voy.* n° 170); vous la coudrez, après cela, en lui donnant une forme arrondie, et vous assujétirez, à côté, la patte, qui, placée de cette manière, donnera à l'objet la forme d'une musette; vous pouvez la piquer à petit lard, la faire blanchir dans le beurre clarifié pour la faire ensuite cuire comme les entrées piquées (*Voy.* n° 185), après quoi vous la glacerez et la poserez sur toutes sortes de sauces.

N° 458. Cuisse de Dinde en ballotine.

Vous la préparez comme ci-dessus; mais, au lieu de retourner la patte vers la cuisse, vous la laisserez dans toute sa longueur, et la ferez cuire dans une poêle (*Voy.* n° 181); quand elle est au point, il faut la déficeler et la abattez les côtés pour aplatir les pigeons, et assaisonnez-les dans un plat, où vous les arroserez avec un peu d'huile ou de beurre.

Mettez dans l'intérieur du ventre une farce faite comme à l'article ci-après ; passez-les dans de la mie de pain, et faites-les griller.

Vous pouvez aussi, si vous le préférez, ne point les paner et les faire cuire entre des bardes de lard dans une lèchefrite, feu dessus et dessous ; en ce cas, vous verserez dessus, en les servant, une sauce claire (*Voy.* n° 125), avec un jus de citron.

N° 474. Pigeons à la toulousaine.

On fait une farce avec le foie, du lard et des fines herbes, un petit morceau de veau, un jaune d'œuf et des truffes, le tout bien haché ; on farcit les pigeons, que l'on met à la broche, et sur lesquels, on verse ensuite, une sauce à l'estragon (*Voy.* n° 130). *Voy.* les poulets en entrée de broche ; faites de même, n° 421.

N° 475. Compote de Pigeons.

Troussez-les après en avoir pelé les pattes, c'est-à-dire donnez un coup du dos de votre couteau sur le bout des cuisses pour en casser l'os, et faites rentrer les pattes dans le fondement ; bridez-les bien ; coupez le cou et les ailerons ; faites blanchir après avoir mis à dégorger dans de l'eau, et cuisez comme la fricassée de poulets (*Voy.* n° 422) ; ajoutez également une liaison de deux ou trois œufs.

N° 476. Pigeons au sang.

Mettez dans un petit plat un peu de jus de citron ou un filet de vinaigre, et quand vous tuerez vos pigeons, faites-y tomber le sang; disposez-les comme pour l'apprêt ci-dessus, et servez-vous, pour liaison, du sang auquel vous aurez ajouté deux ou trois jaunes d'œufs, et deux ou trois cuillerées à bouche de lait, le tout passé au tamis.

N° 477. **Pigeons au soleil.**

Troussez deux pigeons comme pour rôti, sans les brider; faites-les cuire tout entiers en fricassée (*Voy.* n° 439), et que la sauce soit un peu épaisse; après la liaison mettez-les à refroidir sur un plat; faites-leur prendre toute leur sauce; passez-les dans une pâte à frire (*Voy.* n° 192), et faites-les frire de belle couleur; jetez au milieu du plat où vous les servirez un peu de persil également frit.

N° 478. **Pigeons en poire.**

Comme le perdreau en poire (*Voy.* n° 494).

N° 479. **Pigeons à la cuiller dite à la Gauthier.**

Après avoir préparé trois ou quatre pigeons à la cuiller en entrée de broche, cuisez-les comme il est dit au n° 182; lorsqu'ils seront cuits, vous verserez dans le plat une sauce hollandaise (*Voy.* n° 119) et vous placerez les pigeons dessus.

N° 480. **Pigeons à la cuiller dite à la Gauthier.**

Après les avoir préparés et cuits comme à l'article précédent, vous verserez dans leur plat une rémoulade (*Voy.* n° 135).

CHAPITRE XIV.

GIBIER.

Nº 481. **Perdrix aux Choux.**

Cuisez des choux comme il est dit à la pièce de bœuf (*Voy*. nº 197); beurrez ou graissez avec du dégraissis de sa braise, une casserolle bien faite; placez autour du fond un cordon de tranches de saucisson ou d'andouilles de Nimes déjà cuites; mettez au milieu des perdreaux cuits, le blanc en dessous, et achevez de garnir tout l'intérieur avec des choux; vous la mettrez à chauffer au four ou bien au bain-marie; au moment de servir vous renverserez la casserolle sur un couvert pour l'égoutter, et la ferez ensuite glisser sur son plat; vous glacerez les choux, et les saucerez avec de l'espagnole.

Nº 482. **Perdrix aux Lentilles.**

Préparez la perdrix et faites-la cuire dans une bonne braise; faites cuire les lentilles (*Voy*. nº 27); vous les égoutterez à la passoire, et les mettrez dans une casserolle; lorsque la perdrix sera cuite, vous passerez le fond de cuisson au tamis sur les lentilles, et vous placerez les perdrix au-dessus; faites bouillir à petit feu et ensuite servez.

Nº 483. **Jeunes Perdreaux rôtis.**

C'est au commencement d'octobre que les jeunes perdreaux rouges doivent se manger rôtis.

Après les avoir plumés, flambés et vidés, pelez-en les pattes, coupez-leur les ongles, et blanchissez-les ; vous les briderez ensuite et les piquerez à menu lard.

Vous opèrerez leur cuisson à la broche, après les avoir enveloppés d'une feuille de papier beurré que vous enlèverez un moment avant de servir, afin de leur faire prendre une bonne couleur.

N° 484. Perdreaux en entrée de broche.

Vous faites la même préparation préliminaire que pour les volailles (*Voy.* n° 375), et les faites cuire comme elles à la broche, au four, sur le gril ou dans une poêle ; après la cuisson, vous les débridez, les égouttez et les posez dans un plat d'entrée avec les sauces ou garnitures qui sont détaillées aux poulardes en entrée de broche (*Voy.* n° 376.)

N° 485. Perdreaux en galantine.

Comme la poularde (*Voy.* n° 387).

N° 486. Filets de Perdreaux sautés.

Comme ceux de volaille (*Voy.* n° 393.)

N° 487. Escalope de Perdreaux.

Consultez l'article 404 sur celle de volailles.

N° 488. Emincées de filets de Perdreaux.

Allez à l'article 400, pour celles de volailles.

N° 489. Côtelettes de filets de Perdreaux.

Conformez-vous pour cela à ce que je dis pour celles des poulets à l'article supplémentaire 431.

N° 490. **Perdreaux à la Périgueux.**

Coupez des truffes à gros dés, assaisonnez-les, et joignez-y des fines herbes hachées et du lard râpé.

Garnissez de ces truffes tout l'intérieur des perdreaux, ainsi que la peau du devant par où vous avez tiré la poche; troussez-les comme pour entrée de broche (*Voy.* n° 375); mettez-les à cuire dans une casserolle, entre des bardes de lard et de veau coupées en lames, et qui les entoureront de tous côtés; joignez à cela un bouquet (*Voy.* n° 175), un ognon piqué (*Voy.* n° 1); faites suer, et versez-y un demi-verre de Madère ou de vin blanc sec, que vous ferez tomber en glace.

Mouillez alors à moitié cuisse avec du bouillon excellent (*Voy.* n° 1) ou du consommé (*Voy.* n° 5), et faites cuire à petit feu, en recouvrant d'un rond de papier et d'un couvert avec du feu dessus.

Quand vous voudrez servir, passez au tamis le fond de cuisson déjà bien dégraissé, que vous verserez dans une casserolle, et auquel vous joindrez deux cuillerées à dégraisser de fumet de gibier (*Voy.* n° 99), et quatre d'espagnole (*Voy.* n° 79); posez sur le feu, écumez, et à moitié réduction, versez sur vos perdreaux déjà bien égouttés.

N° 491. **Perdreaux en salmi.**

Faites-en cuire trois ou quatre à la broche; dépecez-les, ratissez le bout des os des cuisses et des ailes, parez-les parfaitement et mettez les débris, les peaux et les carcasses dans une casserolle, avec un verre de vin de Madère ou de vin blanc sec; joignez-y deux échalottes entières et la moitié d'une feuille de laurier; faites bouillir sur le fourneau, et lorsque le vin sera réduit des trois quarts, mêlez-y le fond de cuisson de quelque volaille, bien dégraissé; à défaut, jetez-y un peu de consommé (*Voy.* n° 5), auquel vous ajouterez de l'espagnole (*Voy.* n° 79) ou du coulis (*Voy.* n° 78); faites bouillir et réduire de moitié; écumez, dégraissez et passez au tamis; tenez cette sauce un peu plus liée que les sauces ordinaires, et versez-la dans la casserolle où vous aurez mis les perdreaux; faites chauffer le tout au bain-marie, et lorsque vous servirez, placez les estomacs au milieu du plat, dressez les cuisses en couronne, en intercalant entre chacune un croûton glacé.

Posez au-dessus, et toujours en couronne, les filets, plaçant entre chaque filet une tranche de truffe cuite au vin; vous répandrez alors la sauce sur le tout.

N° 492. Hachis de Perdreaux rôtis.

Prenez la chair de perdreau rôti, dépouillez-la des peaux, des nerfs et des os, que vous mettrez dans une casserolle sur le feu, et auxquels vous joindrez une échalotte, une demi-feuille de laurier, un demi-verre de vin blanc sec, et tout autant de fumet de gibier (*Voy.* n° 99) ou de fond de cuisson; à défaut, vous mettrez du consommé (*Voy.* n° 5), ou du bouillon (*Voy.* n° 1), avec un peu d'espagnole (*Voy.* n° 79) ou de coulis (*Voy.* n° 78); faites réduire le tout à moitié, et passez au tamis.

Hachez alors la chair de vos perdreaux, et mêlez-y la sauce bien bouillante; faites chauffer le hachis sans laisser bouillir, et servez-le dans un plat d'entrée, en l'entourant de petits croûtons de pain frits; on peut à la place de ces croûtons, mettre des œufs pochés.

N° 493. Purée de perdreaux.

Comme celle des bécasses (*Voy.* n° 102); rappelez-vous seulement que le perdreau ne fait pas rôtie.

N° 494. Perdreaux en poire.

Désossez-les comme au n° 385, avec cette différence que vous ne leur fendez pas le derrière ; après avoir extrait tous les os et les nerfs par l'ouverture de la poche, vous coupez l'une des pattes un peu au-dessus de la jointure, et vous la faites entrer dans le corps en la tirant par l'ouverture de la poche ; coupez les ongles de l'autre patte, et avec un couteau, fendez-en la cuisse à trois lignes au-dessus de la jointure : c'est par cette incision que vous introduirez la patte dans le perdreau, laquelle devra sortir par le couronnement du fondement pour simuler la queue d'une poire ; cela fait, farcissez vos perdreaux avec un ragoût mêlé (*Voy.* n° 169); cousez-en la poche jusqu'au bout, et mettez-les à cuire comme aux entrées poêlées (*Voy.* n° 182).

Vous pouvez aussi les piquer en les faisant blanchir dans une casserolle avec du beurre et du jus de citron ; après avoir laissé refroidir, piquez-les à menu lard et les cuisez comme aux entrées piquées (*Voy.* n° 183); avant de les servir, enlevez le fil de la peau qui tient à la poche et glacez-les (*Voy.* n° 184); vous pouvez verser dans le plat toutes sortes de sauces et de garnitures, et vous poserez vos perdreaux dessus.

N°. 495. Faisan rôti.

Prenez de préférence le faisan-coq et jeune, pour rôti ; vous le connaîtrez à un petit bouton que vous trouverez à la place de l'ergot ; plumez, flambez et videz ; laissez tenir les plumes de la moitié du cou et de la tête, que vous empapilloterez.

Blanchissez-le sur le feu, brûlez les pattes pour en ôter la peau ; coupez les ongles ; piquez-le à menu lard, et mettez-le à la broche après l'avoir bridé et avoir mis sur le derrière une barde de lard.

Enveloppez la pièce d'un papier beurré que vous enlèverez un instant avant de servir, pour lui faire prendre bonne couleur.

Après l'entière cuisson, et en servant, découvrez la tête pour en laisser voir le plumage ; vous pouvez présenter à part, dans un saucier, une sauce poivrade (*Voy.* n° 118) ou toute autre sauce piquante.

Nota. On tire du faisan le même parti que du perdreau ; on le présente avec les mêmes sauces, les mêmes garnitures ; on en fait des purées, des entrées de broche, etc.

N° 496. Canepetière.

La chair de la canepetière est moins délicate que celle du faisan ; néanmoins elle est prisée ; on la sert pour rôti, et quelquefois sur une farce faite avec son foie. Ce gibier doit être vidé, piqué à menu lard, et cuit à la broche ; il faut lui mettre sur le dos une plaque de lard, et l'envelopper dans un papier beurré.

N° 497. Pintade.

On tire de la pintade le même parti que de toute autre volaille ; on la prépare en rôti, en entrée de broche, en galantine, etc. (*Voy.* les diverses préparations de la jeune poularde, n° 375 et suivantes, auxquelles il faut se conformer) ; quand vous la servirez pour rôti, ayez soin de préserver les plumes de la tête de l'action du feu, en enveloppant cette dernière d'un papier dont on ne la débarrasse qu'après l'entière cuisson.

N° 498. Jeune Paon.

Le jeune paon qu'on sert pour rôti doit être vidé, flambé et piqué; on doit lui laisser, autour du cou et sur toute la tête, des plumes qu'on préserve du feu en les enveloppant de papier; on doit aussi, pendant qu'il est à la broche, l'entourer d'un papier enduit de graisse ou de beurre, dont on le débarrasse un instant avant de servir, afin de lui faire prendre bonne couleur; enfin, quand il est au point, ôtez le papier dont sa tête est empapillotée, et servez-le : c'est un rôti de luxe.

N° 499. Jeune Paon en entrée de broche.

(*Voyez* jeune poularde, n° 375.)

N° 500. Paon en galantine.

(*Voyez* poularde en galantine, n° 387.)

N° 501. Paon aux truffes.

(*Voyez* dinde aux truffes, n° 442.)

N° 502. Outarde.

La jeune outarde est un mets délicat et fort prisé; on la sert ordinairement pour rôti, il faut la vider, la piquer avec de moyens lardons, lui appliquer sur le dos une barde de lard, et lui empapilloter la tête à laquelle on a laissé tenir les plumes, avant de la mettre à la broche; vous l'envelopperez ensuite d'un papier beurré ou graissé, et vous la ferez cuire à l'ordinaire; on présente communément une sauce poivrade (*Voy.* n° 118), dans un saucier, à côté de l'outarde.

N° 503. Outarde en galantine.

Cette préparation est, sans contredit, la meilleure ; on y fait entrer toutes sortes de filets de volaille et de gibier; conformez-vous pour cet apprêt à l'article poularde en galantine, n° 387.

N° 504. Canards.

Ceux auxquels on donne la préférence pour rôti, sont les jeunes canards dits *albrans*, qu'on prend dans les marais, avant qu'ils soient assez forts pour voler, et que, par conséquent, les chiens prennent avec facilité. Il faut les plumer, les flamber, les vider et les cuire à la broche.

N° 505. Canards à la broche.

Préférez pour rôti les albrans ;
Les cols verts ;
Ceux dits *Piolaires* ;
Et les queues d'hirondelle.

N° 506. Canards en entrée de broche.

Faites comme pour la volaille.

N° 507. Canard braisé.

Faites-le cuire dans une braise (*Voy*. n° 174) ; vous passerez ensuite au tamis le fond de cuisson ; vous le dégraisserez bien, et quand vous l'aurez fait réduire en glace, vous y joindrez une garniture de navets (*Voy*. n° 150), ou de racines (*Voy*. n° 155), ou même d'olives (*Voy* n° 146), que vous ferez bouillir un moment, que vous écumerez, et que vous verserez sur le canard bien égoutté.

N° 508. Canard en hochepot.

Préparez-le comme le précédent, et servez-le avec une garniture de petites carottes tournées en olives, et cuites dans leur glace, comme il est indiqué (*Voy*. n° 151); il faut d'abord dresser le canard sur son plat, verser la garniture par dessus, et saucer le tout avec une espagnole (*Voy*. n° 79) à demi-glace (*Voy*. n° 106).

N° 509. Canard aux Haricots vierges.

Le canard doit être préparé comme ci-dessus, et servi avec une garniture de navets tournés en olives (*Voy*. n° 150); saucez le tout avec une béchamelle (*Voy*. n° 81).

N° 510. Canard en poire.

Voyez pour cette préparation le perdreau en poire, n° 494 ; cuisez-le en entrée piquée (*Voy*. n° 183); glacez-le et servez-le avec toutes sortes de garnitures (*Voy*. les jeunes poulardes).

N° 511. Canard à la ménagère.

On le prépare ordinairement à la broche, et on le sert avec toutes sortes de sauces et garnitures (*Voy*. n°s 408 et suivants).

N° 512. Canard farci.

Hachez en quantité égale le foie du canard, et du lard ; mêlez à cette farce des fines herbes, des truffes, et deux jaunes d'œufs ; assaisonnez de bon goût avec du sel-épice, et remplissez le corps du canard ; vous le ferez cuire à la broche, et le servirez avec une sauce italienne (*Voy*. n° 126) ou toute autre sauce piquante.

N° 513. Canard farci en melon.

(*Voy.* dinde farcie en côtes de melon, n° 444.)

N° 514. Foies de Canards aux Truffes.

On ne prépare ainsi que les foies de canards de Toulouse. Faites-les dégorger dans l'eau fraîche durant quelques heures ; posez-les ensuite dans une casserolle pleine d'eau, que vous placez à côté du fourneau, et que vous en retirez quand elle est presque bouillante ; mettez tout de suite les foies à rafraîchir ; vous les poserez ensuite sur un linge blanc ; vous les parerez soigneusement de toutes les fibres et du fiel, et vous les placerez dans une casserolle, entre deux bardes de lard, après les avoir assaisonnés ; vous ajouterez à cette cuisson une carotte, un ognon piqué (*Voy.* n° 1), et vous verserez par dessus de la poêle (*Voy.* n° 181) ; posez sur la casserolle un rond de papier beurré, un couvert chargé de cendres rouges, et faites cuire à bien petit feu ; une demi-heure doit suffire à cette préparation.

Préparez en même temps au vin blanc des truffes coupées dans la dimension d'une pièce de dix sous ; quand le foie sera au point, vous le piquerez avec la pointe d'un couteau, et vous introduirez dans les piqûres les petites tranches de truffes, qui, se rangeant régulièrement les unes au-dessus des autres, sembleront être des écailles ; après cette opération, glacez (*Voy.* n° 184), et servez avec une sauce au beurre d'écrevisses (*Voy.* n° 99).

N° 515. Terrine de foies de Canards.

Faites dégorger, parez et blanchissez les foies de canards comme à l'article 514 ; coupez-les à grosses lames que vous assaisonnez avec un gros et demi de sel-épice par livre ; hachez et pilez ensuite les débris, qu'il convient de peser pour y mêler du lard et du gras de jambon cuit, le double de sa quantité ; piquez le tout ; assaisonnez également de sel-épice et de fines herbes bien hachées et passées sur le feu dans une petite casserolle, avec un peu de beurre ; ajoutez-y deux jaunes d'œufs, et lorsque cette farce est bien pilée, ôtez-la du mortier.

Coupez des truffes à tranches un peu épaisses ; foncez et entourez de bardes de lard une terrine qui supporte le feu, et placez-y une couche de vos truffes, que vous assaisonnez légèrement ; posez sur ces truffes une couche de farce que vous égalisez bien, puis une couche de foie, encore une nouvelle couche de truffes, de farce, de foie, toujours alternativement et jusqu'à un demi-pouce du bord de la terrine.

Recouvrez de bardes de lard, d'un rond de papier, et soumettez au four une heure après sa chaleur première ; puis en retirant du four votre casserolle, égouttez la graisse et remplissez le vide qu'elle laisse d'un bon consommé de volaille (Voy. n° 5) bien clarifié (Voy n° 101) ; servez lorsque ce consommé sera bien congelé.

Je conseille de remplacer ainsi la graisse par du consommé, lorsque l'objet doit être mangé de suite ; car, lorsqu'on veut la conserver, il faut la mettre à refroidir à sa sortie du four, et l'enduire de graisse. Mais il est facile à ceux qui reçoivent cette pièce de loin, de faire chez eux l'opération que j'ai indiquée, et de substituer ainsi à la graisse qui enveloppe la terrine un bon consommé bien congelé, au lieu d'avoir à dépouiller la terrine d'un corps qui répugne ; ils pourront hardiment servir ainsi, gelée, foie et farce, car la pièce gagnera à la fois pour l'aspect et pour le goût.

N° 516. Jeune Oie sauvage.

Elle est de bien meilleur goût que l'oie domestique ; elle n'arrive qu'à l'époque des froids piquants. Du foie des oies domestiques on fait d'excellents pâtés, et les quartiers confits à la graisse, servent pour de bonnes garbures : on le sert aussi avec une sauce Robert (*Voy.* n° 142), sur de la purée de pois (*Voy.* n° 31), ou aux petits pois (*Voy.* n° 145).

N° 517. Oie rôtie à la peau de Goret.

Il la faut également jeune. Après l'avoir flambée et vidée, enlevez la peau des pattes (on appelle cela les refaire); coupez-les au milieu ; tranchez le cou et les ailerons à la jointure ; bridez et plaquez d'une barde de lard ; enveloppez d'un papier, comme pour les autres rôtis, et servez une sauce piquante dans un saucier (*Voy.* n° 118).

N° 518. Foie d'Oie aux Truffes.

Comme celui du canard aux truffes (*Voy.* n° 514).

N° 519. Oie glacée.

(*Voy.* la poularde glacée, n° 388.)

N° 520. Sarcelle.

La sarcelle se prépare comme le canard, avec les mêmes sauces et garnitures : on doit, avant de la mettre à cuire, la vider, lui peler les pattes, lui couper les ongles.

N° 521. Salmi de Macreuses.

Faites cuire des macreuses à la broche ; retirez-les avant qu'elles soient au point ; vous avez en même temps passé, dans de l'huile ou du beurre, quelques tranches de truffes que vous avez mouillées avec un verre de vin blanc sec, et auxquelles vous avez joint des fines herbes, une demi-feuille de laurier piquée d'un girofle et un ail ou un ognon; quand l'action du feu aura suffisamment rapproché ces objets, vous mouillerez avec du coulis, et vous ajouterez à cette sauce des pieds de céleris cuits, des olives dont vous aurez ôté les noyaux; alors réunissez les macreuses à cette garniture, faites-les mijoter ensemble sur des cendres chaudes, après quoi vous servirez.

On peut dépecer la macreuse ou la servir entière; quand elle est dépecée, on doit la placer sur le plat dans l'ordre prescrit à l'article fricassée de poulets (*Voy.* n° 422).

N° 522. **Cailles rôties.**

La caille du mois de septembre est la meilleure; elle est alors grasse; il faut la plumer, la flamber, la vider, lui passer une petite brochette au travers des cuisses pour la blanchir au feu, et l'envelopper d'une feuille de vigne, sur laquelle on place et fixe avec du gros fil une barde de lard; quand elle est ainsi arrangée, vous l'enfilez dans une brochette que vous attachez par les deux bouts à la broche, et vous la faites rôtir.

N° 523. **Cailles poêlées.**

Plumez, flambez, videz vos cailles et coupez-leur les ongles; passez-leur au travers des cuisses une petite brochette de bruyère, et mettez-les à cuire entre des bardes de lard; après les avoir assaisonnées et avoir répandu sur elles un peu de jus de citron, mouillez-les bien court; deux cuillerées de bouillon de consommé de volaille (*Voy.*

n° 5) doivent suffire ; on peut y suppléer par deux cuillerées de bouillon (*Voy*. n° 1) ; soignez la cuisson, qui ne doit pas être au complet pour en retirer les cailles ; passez, après les avoir retirées, le fond de cuisson au tamis ; dégraissez-le et versez-le sur vos cailles en guise de sauce ; si elle était trop courte, on pourrait y ajouter une cuillerée de sauce claire.

N° 524. **Cailles à l'Italienne.**

Préparez-les comme les précédentes ; passez le fond de cuisson au tamis ; faites-le réduire ; dégraissez-le bien, et mêlez-y une sauce italienne blanche (*Voy*. n° 127) ; réunissez, comme à l'ordinaire, les cailles à leur sauce ; faites-les mijoter un moment ensemble, et servez-les.

N° 525. **Cailles à la Ravigote.**

Préparez toujours les cailles comme ci-dessus, et servez-les avec une sauce ravigote (*Voy*. n° 135).

Nota. La caille peut être cuite dans une poêle (*Voy*. n° 181), et être servie avec toutes sortes de garnitures (*Voy*. n° 156).

N° 526. **Cailles à la crapaudine.**

Après les avoir vidées, coupez-les comme les pigeons à la crapaudine, et préparez-les de même (*Voy*. n° 473).

N° 527. **Cailles à la crapaudine ménagère.**

(*Voy*. pigeons, n° 475).

N° 528. **Cailles à la Gascogne.**

Préparez des cailles dans une poêle (*Voy*. n° 181), et saucez-les d'une gascogne (*Voy*. n° 172).

N° 519. Cailles à la Gasrogue.

Coupez en forme de gobelets de la mie d'un pain blanc à potage, cuit de la veille; donnez-leur une proportion de deux pouces de hauteur sur quatre pouces de diamètre; découpez une canelure tout autour, et tracez-en le couvert, à trois lignes du bord, avec la pointe d'un couteau; ensuite vous les ferez frire avec du beurre neuf; quand ils auront pris belle couleur, vous les ferez égoutter sur un linge, après quoi vous les viderez avec précaution; vous en garnirez le fond et les parois avec une épaisseur de deux lignes de farce à quenelles (*Voy.* n° 158), et vous poserez au milieu des cailles désossées (*Voy.* n° 385), et assaisonnées, garnies d'un peu de farce cuite (*Voy.* n° 161) et d'un petit salpicon (*Voy.* n° 170), qui doit occuper le centre de la caille; lorsqu'elle est placée en rond sur la caisse, posez par dessus une barde de lard, puis un papier, et enfin, faites cuire au four; vous retirerez votre plat après cuisson, et quand les cailles seront roidies, vous en ôterez le papier et le lard; vous les égoutterez, les glacerez et les saucerez d'une espagnole (*Voy.* n° 79).

Il est d'usage de piquer au milieu, au moyen d'une lardoire, une des pattes des cailles en les servant.

N° 380. Grives rôties.

Après les avoir plumées, flambées, faites-les blanchir à la braise, afin de pouvoir les piquer; placez, si vous le préférez, une feuille de vigne sur l'estomac, ou une feuille blanche de céleri; bardez par dessus, et passez une longue brochette au travers des cuisses; toutes vos grives étant appliquées les unes contre les autres, assujétissez la brochette à la broche, et posez au-dessous une lèchefrite, dans laquelle vous placerez des tartines de pain avec un petit morceau de beurre sur chacune.

Après la cuisson, posez les tartines dans le plat, et les grives par dessus.

N° 531. Grives en croûte.

(*Voy*. cailles, n° 529).

N° 532. Tourdes rôtis.

Le tourde se prépare comme la grive (*Voy*. n° 530).

N° 533. Tourdes en salmi à la ménagère.

Comme le salmi de macreuses (*Voy*. n° 521).

N° 534. Salmi de Tourdes ordinaire.

Après les avoir flambés, troussés, et en avoir extrait les gésiers, piquez-les à menus lardons; six pour chaque tourde suffisent; placez-les alors dans une casserolle avec une échalotte hachée, un ail et une feuille de laurier piqués ensemble d'un clou de girofle; passez-les sur un feu doux avec deux cuillerées à bouche d'huile ou un morceau de beurre; laissez-les roidir seulement en les faisant sauter de temps en temps; ensuite vous mouillerez avec un verre de vin, dans lequel vous jetterez des pieds de céleris cuits, des olives sans noyaux, blanchies à l'eau pendant quelques minutes, et des tranches de truffes; lorsque le vin sera réduit de moitié, mouillez avec une espagnole (*Voy*. n° 79); à défaut, jetez-y une pincée de farine; mouillez avec du bouillon, et faites mijoter sur des cendres rouges.

Si vous ne craignez point le goût du genièvre, vous pouvez en hacher quelques graines dans votre sauce, ou bien y laisser tomber quelques gouttes d'eau-de-vie au genièvre; ayez quelques croûtons frits au beurre ou à l'huile; glacez-les et placez-les entre les tourdes sur votre plat; vous verserez ensuite votre garniture par dessus.

Nota. On met les tourdes au gratin comme les grives.

N° 535. Alouettes.

Comme les grives et les tourdes.

N° 536. Alouettes en cage.

Bardez des gobelets de cuivre avec des plaques de lard bien minces et unies; posez dans le milieu du fond un anneau fait avec des truffes cuites; formez un damier ou une mosaïque au fond et tout autour avec ces truffes et des blancs de volaille cuite; enduisez cette décoration de farce à quenelles, et posez intérieurement une alouette désossée et farcie elle-même d'un salpicon (*Voy.* n° 170); remplissez les vides qui restent avec la même composition; et recouvrez avec un peu de farce; posez au-dessus de chaque gobelet un petit rond de lard ou de papier beurré, et soumettez au four une heure avant de servir.

Vous renverserez alors les gobelets sur un couvert; vous enlèverez le lard, et après avoir dressé le contenu, vous mettrez sur le milieu de chaque anneau la tête de l'alouette; vous glacerez le tout, et saucerez d'une espagnole (*Voy.* n° 79) travaillée avec les carcasses des alouettes et un peu de demi-glace.

On peut éviter de barder les gobelets avec le lard, en ayant soin de les beurrer seulement; mais alors il faut cuire au bain-marie.

N° 537. Alouettes en nid.

Ayez un pain blanc rond dont vous ôterez toute la mie;

enduisez l'intérieur de farce et d'un bon salpicon (*Voy.* n° 170); désossez une douzaine d'alouettes, farcissez-les de salpicon, rangez-les dans le pain, les recouvrant de bardes de lard et laissant sortir les têtes par l'ouverture du milieu; soumettez un instant au four; saucez d'une espagnole (*Voy.* n° 79), et servez.

On peut présenter de la même manière les cailles, les tourdes, les bécassines, etc.

N° 538. **Pluvier rôti.**

Préférez le pluvier doré; ne le videz pas; laissez les plumes de la tête que vous entourerez de papier en le faisant rôtir; piquez-le à menu lard et placez au-dessous une tartine de pain beurré; servez le pluvier sur sa rôtie, et lorsque vous en aurez plusieurs, bardez l'un et piquez l'autre alternativement.

N° 539. **Salmi de Pluviers.**

Faites comme pour le salmi des bécasses, n° 544.

N° 540. **Salmi de Pluviers garnis.**

De même que les bécasses (*Voy.* n° 545).

N° 541. **Vanneau.**

Le vanneau ne se vide pas; on le présente rôti, en salmi, etc., comme le pluvier; il est moins délicat. Quand vous le donnerez pour rôti, enveloppez la tête et la moitié du cou, comme le pluvier doré (*Voy.* n° 538).

N° 542. **Bécasse rôtie.**

Laissez-la bien mortifier; flambez-la, troussez les pattes en dedans des cuisses, et passez le bec au travers; bridezla, faites-la blanchir sur la braise, et vous la piquerez ensuite à menus lardons, où vous la larderez selon votre gré.

Fixez-la à la broche au moyen d'une brochette ; arrosez la bécasse pendant sa cuisson avec un peu de bon dégraissis ou un peu d'huile.

Beurrez des tartines un peu épaisses, et posez-les sous la bécasse dans la lèchefrite.

N° 543. Tartines de Bécasses gastronomiques.

Préparez des bécasses pour rôtir ; ouvrez-les par le dos ; enlevez les boyaux que vous hacherez avec un peu de lard râpé ou du beurre frais et des truffes ; remettez le tout dans la bécasse, ayant soin de coudre l'ouverture, et enveloppez-la de deux bardes de lard. Lorsque vous ferez cuire, placez dans la lèchefrite des tartines de pain enduites de beurre frais, et faites en sorte que les bécasses, en cuisant, y laissent découler leur suc ; servez les tartines dans un plat, après les avoir arrosées d'un jus de citron, et posez les bécasses par dessus.

N° 544. Salmi de Bécasses.

Cuisez-les à la broche ; dépecez-les en commençant par les cuisses, et les ailes ensuite ; pilez la chair de l'estomac ainsi que les boyaux ; mêlez-y une truffe.

Mettez sur le feu, dans une casserolle, les os et les débris des bécasses ; mouillez-les avec un demi-verre de Madère ou de vin blanc sec ; ajoutez une échalotte, une demi-feuille de laurier et un girofle ; faites réduire aux trois quarts, après avoir mêlé un demi-verre de fumet de gibier (*Voy.* n° 99) ; mouillez alors avec une espagnole (*Voy.* n° 79) ou un coulis (*Voy.* n° 78), et faites bouillir un instant.

Délayez avec cette sauce la chair que vous avez pilée ; passez au tamis, et versez dans la casserolle avec les bécasses ; faites chauffer au bain-marie, et servez en mettant les croûtons glacés faits avec les rôties mêmes, entre chaque filet, ou bien des tranches de truffes déjà cuites.

Versez la sauce par dessus.

N° 545. Salmi de Bécasses ordinaire.

Faites-les cuire à la broche ; posez des tartines beurrées dans la lèchefrite ; passez dans une casserolle, avec deux cuillerées d'huile ou du beurre, quelques truffes, des fines herbes bien hachées, et une demi-feuille de laurier piquée d'un clou de girofle ; vous pouvez y joindre quelques pieds de céleris cuits et fendus par le milieu, et des olives déjà blanchies ; faites réduire dans le tout un verre de vin blanc sec, et mouillez ensuite avec une espagnole (*Voy.* n° 79) ou un coulis (*Voy.* n° 78) ; si vous n'avez ni de l'un, ni de l'autre, jetez dans ce mélange une pincée de farine ; mouillez avec du bouillon (*Voy.* n° 1) ; faites bouillir un instant.

Pilez les boyaux que vous délaierez avec un peu de cette sauce ; passez au tamis, et mêlez le résidu à la garniture ci-dessus détaillée.

Joignez alors les bécasses à la sauce, mais sans laisser bouillir ; quand vous voudrez servir, posez les tartines dans le plat, puis les bécasses, et enfin la garniture que vous versez par dessus.

N° 546. Bécassines rôties.

On les rôtit comme la bécasse (*Voy.* n° 542), et on les présente comme il est dit aux pluviers (*Voy.* n° 538).

N° 547. Salmi de Bécassines.

Faites comme pour les bécasses (*Voy.* n° 544), avec cette seule différence que vous partagez en deux la bécassine sur toute sa longueur.

N° 548. Bécassines à la ménagère.

Comme le salmi de tourdes à la ménagère (*Voy.* n° 533).

N° 549. Bécassines au gratin en croûtons.

Comme les grives au gratin (*Voy.* n° 531).

N° 550. Bécasseau.

On peut le préparer comme la bécassine rôtie (*Voy.* n° 546), et en salmi (*Voy.* n° 547).

N° 551. Ortolans.

Plumez-les, mais laissez tenir les queues que vous envelopperez de papier beurré ; bardez-les ; faites-les cuire à la broche, où vous les fixerez au moyen d'une brochette ; mettez des tartines de pain dans la lèchefrite.

Ne laissez pas trop cuire les ortolans ; dix minutes de cuisson suffisent; avant de les ôter de la broche, saupoudrez le lard avec de la chapelure de pain tamisée, et lorsqu'ils seront colorés, enlevez le papier de leurs queues, et servez-les sur les rôties.

N° 552. Ortolans à la Nimoise.

Plumez-les ; faites-les cuire dans une casserolle entre des bardes de lard et au bain-marie ; humectez-les avec le jus d'un citron et deux cuillerées à bouche de consommé de volaille (*Voy.* n° 5).

Ayez ensuite pour chaque ortolan une grosse truffe d'une belle épaisseur ; cannelez le pourtour avec un couteau ;

marquez le couvert avec un coupe-pâte ; faites-les cuire dans le vin de Champagne ; videz ensuite l'intérieur ; versez dans le trou une purée de bécasses (*Voy.* n° 102) ou de faisans, et posez les ortolans par dessus.

N° 553. Levraut rôti.

Choisissez un jeune levraut ; vous pouvez le connaître facilement à l'oreille ; pour cela, il faut la prendre à deux mains et tâcher de la déchirer, comme on ferait d'une feuille de papier ; si elle résiste, le lièvre est vieux ; si elle cède, il est jeune et tendre: une vieille femelle, lorsqu'elle allaite ou qu'elle est pleine, est toujours tendre.

Servez en même temps une sauce poivrade (*Voy.* n° 118), où vous aurez haché le foie bien menu.

N° 554. Entrée et rôti de Levraut.

Dans le même instant que vous mettez votre levraut à la broche, jetez dans une casserolle, sur le fourneau, du lard et une tranche de jambon, le tout coupé à petits dés. Lorsque le mélange est à moitié fondu, ajoutez-y un peu d'échalotte et un anchois hachés ensemble, et mouillez de suite avec un bon verre de vin, tout autant de coulis ou de bouillon, et à défaut, de l'eau bouillante ; assaisonnez avec du sel, du poivre, une demi-feuille de laurier, du persil haché et un petit morceau de beurre ou un peu d'excellente huile ; hachez et jetez-y encore le foie du levraut ; faites bouillir à petit feu, et goûtez pour voir si la sauce est de bon goût.

Lorsque le levraut est cuit, tirez-le de la broche, et coupez-le par le milieu : gardez la partie que vous destinez au rôti, et dépecez l'autre, que vous jetterez dans la sauce ; mêlez le jus qui est tombé du levraut avec le sang que vous avez conservé, et lorsque votre entrée est en ébullition, versez-y ce nouveau mélange, comme vous feriez d'une liaison, après y avoir exprimé le suc d'un citron ; servez de suite le rôti sur un plat et l'entrée dans l'autre.

N° 555. Filets de Levraut piqués.

Enlevez les filets du lièvre, parez-les de leur peau, et piquez-les à petits lards, pour les mariner ensuite à l'huile ou au vinaigre (*Voy.* n° 189) ; faites-les cuire dans un peu de demi-glace (*Voy.* n° 106) ; quinze minutes avant de servir, faites-les cuire, le lard en dessous et presque sans mouillement; couvrez-les d'un papier, d'un couvert et de cendres rouges; après qu'ils ont cuit dans leur glace, versez dans un plat une sauce au chevreuil (*Voy.* n° 116), et placez-y les filets.

N° 556. Sauté de filets de Lièvre.

Otez la peau, et coupez-les à filets de la longueur du doigt et de quatre lignes d'épaisseur; assaisonnez-les dans un plat avec du sel, des fines herbes et des truffes, le tout haché, et le jus d'un citron ; placez-les dans un sautoir avec du beurre fondu, pour les sauter au moment de servir; écoulez le beurre du sautoir, et posez les filets dans leur plat, avec des croûtons glacés (*Voy.* n° 410), et coupés dans la forme des premiers.

Jetez dans le sautoir un demi-verre de vin blanc sec ; faites-le bouillir en y mêlant un peu de fumet de gibier (*Voy.* n° 99) et un peu de demi-glace (*Voy.* n° 106) ; quand le tout sera réduit aux trois quarts, joignez de l'espagnole (*Voy.* n° 79), écumez et versez cette sauce sur les filets.

N° 557. Sauté de filets de Levraut au sang.

Préparez-les comme les précédents, et lorsque la sauce sera parfaitement réduite, c'est-à-dire un peu moins épaisse que la précédente, versez-y le sang, en le remuant comme liaison ; vous y joindrez le jus d'un citron, et répandrez cette sauce sur les filets.

Les filets de lièvre peuvent se servir sautés avec toutes sortes de sauces.

N° 558. Civet de Lièvre à la ménagère.

Coupez votre lièvre à morceaux ; pesez la viande, et ajoutez, par livre, un gros et demi de sel-épice et trois onces de lard ; de ce même lard, déjà pesé, coupez quelques gros lardons et assaisonnez-les avec un peu de ce même sel; lardez bien vos morceaux de lièvre, et coupez le reste du lard à petits dés; placez le tout dans un plat profond, et saupoudrez avec le reste du sel dont j'ai donné le poids entier; jettez-y un verre de vin, quelques couennes de cochons frais coupées en morceaux, si vous en avez, un peu de carotte; mélangez bien le tout, et faites-le cuire dans un pot de terre où vous avez mis une cuillerée de saindoux, et que vous entourez de cendres rouges; la cuisson doit s'opérer à petit feu ; fermez le pot d'un double papier, pour que la fumée ne s'en échappe pas, et posez un couvert par dessus; lorsque votre lièvre commencera à se cuire, faites-le sauter, et après cuisson, versez-y le sang comme si vous y jetiez une liaison.

N° 559. Cuisses de Lièvre en entrée.

Piquez à moyens lardons des cuisses de lièvre, que vous assaisonnerez avec du sel-épice; faites cuire dans une braise

(*Voy.* n° 174), en mouillant avec un demi-verre de vin blanc sec; faites cuire à petit feu, et après cuisson, passez le fond au tamis; dégraissez; faites réduire en demi-glace sur le feu, et mêlez-y la sauce ou garniture que vous voudrez y joindre (*Voy.* n° 406); on peut aussi servir cette entrée avec son seul fond de cuisson passé au tamis et dégraissé.

N° 560. Lapereau en civet.

Comme celui du lièvre (*Voy.* n° 558).

N° 561. Lapereau en poulette.

Faites-en des morceaux comme pour le précédent, et lardez-les à petit lard; mettez à fondre, dans une casserolle, une plaque de lard ou un morceau de beurre; ajoutez une tranche de jambon, et passez-y votre lapereau, que vous assaisonnerez avec du sel et du poivre; après l'avoir un peu passé, jetez-y une pincée de farine; mouillez avec du bouillon, joignez-y un bouquet (*Voy.* n° 175), un ognon piqué (*Voy.* n° 1); quand il sera cuit aux trois quarts, vous ajouterez quelques champignons, et après la cuisson entière, vous dégraisserez et lierez avec deux jaunes d'œufs et un jus de citron; vous pouvez y mettre aussi quelques tranches de truffes.

Nota. Servez-vous pour cet apprêt de lapereaux bien jeunes.

N° 562. Gibelotte de Lapereau.

Faites d'abord un roux avec du beurre et une pincée de farine dans une casserolle (*Voy.* n° 85); coupez votre lapin et faites-le revenir dans ce roux, en le tournant avec la cuiller; assaisonnez avec du sel, du poivre, du basilic et du laurier; faites fondre à moitié, dans une autre casserolle, un peu de lard coupé à petits dés, que vous verserez ensuite dans votre lapin; mouillez avec moitié bouillon et moitié vin blanc sec, et lorsque le lapin sera au milieu de sa cuisson, vous y joindrez des petits ognons déjà passés au beurre.

N° 563. Lapereau roulé.

Fendez-le sur la longueur du ventre, et désossez-le en entier, en laissant tenir la tête à la peau du cou; assaisonnez quelques petits lardons avec du sel-épice, et piquezen bien les cuisses et les filets; couchez sur la viande une farce fine (*Voy.* n° 172) que vous allongerez à votre gré avec la lame d'un couteau, et sur laquelle vous couperez à petits dés une légère tranche de jambon et des truffes; roulez votre lapereau en commençant par les cuisses et allant jusqu'à la tête; ficelez-le, mettez à cuire dans une bonne braise (*Voy.* n° 174), et après sa cuisson, vous l'égoutterez, le déficellerez, et verserez dessus une sauce hachée (*Voy.* n° 117).

N° 564. Filets de Lapereaux piqués.

Otez la peau des filets de plusieurs lapereaux, ce qui se fait en posant la main gauche dessus et passant le couteau dans le filet, presque immédiatement au-dessous de la main; piquez à petit lard; marinez avec une goutte d'huile et un jus de citron; faites cuire à la minute (*Voy.* n° 185), dans une demi-glace (*Voy.* n° 184), et, lorsqu'ils sont cuits et bien glacés, rangez-les sur une sauce à la Soubise (*Voy.* n° 139).

N° 565. Coquilles de filets de Lapin.

Parez et piquez comme les précédents, les filets de quatre lapins.

Placez au fond du plat d'entrée de la farce à quenelles (*Voy.* n° 158), un ragoût mêlé (*Voy.* n° 169) dans le milieu, et recouvrez ce ragoût avec la même farce; donnez à cet ensemble une forme bombée, celle d'une coquille.

Posez alors un de vos filets de manière à ce que la partie la plus mince fasse le commencement des rayons de la coquille, et que la partie la plus grosse en figure, au contraire, l'extrémité; le milieu de vos compartiments une fois indiqué par celui-ci, posez-en trois autres de chaque côté, tendant du centre à la circonférence, et s'éloignant, par conséquent, les uns des autres à mesure qu'ils se rapprochent des bords du plat; que l'espace qui les séparera soit dans sa partie la plus large, à peu près comme le diamètre d'une noisette.

Vous poserez ensuite le huitième filet en travers de ceux-ci, sur le petit côté, et vous en replierez les deux bouts par dessous.

Vous placerez dans les intervalles de chaque rayon un cordon de petits ognons rangés suivant leur grosseur, puis un cordon de truffes tournées en noisettes, enfin un cordon de queues d'écrevisses également disposées, et vous composerez de même le côté opposé à celui par lequel vous aurez commencé.

Couvrez votre coquille par des plaques de lard et une abaisse de pâte (*Voy.* 619); soumettez au four, et lorsque vous servirez, enlevez la pâte et le lard, égouttez, glacez (*Voy.* n° 184), et versez sur votre entrée une sauce espagnole (*Voy.* n° 79).

N° 566. Jeunes Lapereaux piqués en faisandeau.

Désossez deux jeunes lapereaux jusqu'à un pouce des cuisses, en commençant ras de la tête, que vous coupez ; écorchez les pattes et coupez les ongles comme à une volaille ; assujétissez les cuisses au moyen d'une aiguille à brider et d'une ficelle que vous passez en travers, et que vous nouez derrière.

Piquez le dedans des cuisses avec quelques menus lardons assaisonnés ; piquez aussi les filets ; mettez sur les cuisses un bon salpicon (*Voy.* n° 170) bien truffé, et sur celui-ci un peu de farce bien égalisée ; pliez l'enveloppe du lapereau par dessus les cuisses, et cousez tout le tour jusqu'à la jointure des pattes : le tout ainsi rangé doit avoir la forme d'une volaille.

Blanchissez le faisandeau dans une casserolle avec du beurre fondu et le jus d'un citron ; mettez-le à refroidir ; piquez-le à menus lardons et marinez-le à l'huile et au vinaigre ; faites-le cuire à la broche, au moyen d'une brochette passée au travers ; enveloppez-le d'un papier qui contienne la marinade ; ôtez ce papier un moment avant de servir, afin que la pièce prenne une bonne couleur ; enlevez la ficelle, glacez (*Voy.* n° 184), et arrosez d'une sauce chevreuil (*Voy.* n° 116).

N° 567. Cuisses de Lapin aux petits pois.

Après avoir paré des cuisses de lapin, blanchissez-les sur la braise ou bien dans une casserolle avec du beurre ; mettez à refroidir ; piquez à menus lardons, et faites cuire en entrée piquée (*Voy.* n° 183) ; lorsque vous voudrez servir, glacez (*Voy.* n° 184), et versez dans le plat une garniture de petits pois (*Voy.* n° 145) ou toute autre ; placez les cuisses par dessus.

CHAPITRE XV.

PATISSERIE.

N° 568. **Pâte en ouille.**

Mettez sur le tour à pâte quatre onces de farine ; faites un trou au milieu pour recevoir le liquide ; jetez-y un demi-gros de sel et sept jaunes d'œufs ; mêlez le tout pour en faire une pâte très-ferme ; après l'avoir fraisée deux fois, vous l'abaisserez aussi mince que possible avec le rouleau, et vous la couperez en petites bandes, que vous poserez les unes sur les autres, après les avoir saupoudrées d'un peu de farine ; alors vous les émincerez bien fin avec le couteau, pour obtenir des subdivisions extrêmement légères ; vous les poserez sur un tamis, et les souléverez de temps en temps, pour qu'elles ne s'attachent pas. Cette pâte ressemble aux pâtes de Gênes, et sert, comme elles, pour les garnitures et les potages.

N° 569. **Visites.**

On appelle visites la réunion de plusieurs petits pâtés que l'on sert ensemble sur le même plat. Ces pâtés doivent avoir un pouce et demi de hauteur sur trois de diamètre. Vous les préparez chauds ; pincez après le bout de leur crête et enduisez leur intérieur de farce fine (*Voy.* n° 162) ; remplissez-les ensuite de mie de pain blanc à potage que vous aurez d'abord fait tremper dans de l'eau fraîche et à laquelle, après l'avoir préalablement bien épongée pour en extraire l'eau, vous mêlerez un peu de graisse de rognon de bœuf bien hachée; dorez ensuite vos pâtés et cuisez-les au four l'espace de quinze minutes après la chaleur première; sitôt la cuisson opérée, ôtez-en le pain, versez-y toutes sortes de garnitures et glacez-en la croûte.

On ne fait point de couvert aux visites.

N° 570. Visites servies froides.

Faites comme à l'article précédent; servez-vous de farce aux truffes pour enduire l'intérieur du pâté (*Voy.* n° 165), ou bien employez de la farce à pâte (*Voy.* n° 163); cuisez de même; ensuite laissez refroidir et remplissez à moitié d'un bon salpicon fait avec des ailes de volaille rôtie, du jambon glacé, des truffes cuites, le tout coupé à filets et mêlé à de l'aspic congelé; posez sur le tout un caneton de cuisses de volaille cuit à l'ordinaire; simulez-en les ailes et la queue avec des truffes également cuites, puis les deux pattes avec celles d'une écrevisse; posez encore dessus des cailles, des bécassines, des grives, des tourdes, des alouettes, un pigeon à la cuiller dite à la Gauthier, le tout désossé et farci d'un bon salpicon cuit et bien truffé; dressez ensuite vos pâtés sur un plat et superposés les uns sur les autres, de manière à former une pyramide qu'on sert comme grosse pièce.

N° 571. Pâte-Durand, pour monter toutes sortes de pâtés froids ou chauds.

Mettez sur le tour à pâte une livre de farine tamisée, comme à l'article 568; faites-y la fontaine; ajoutez deux gros et demi de sel fin, trois jaunes d'œufs, trois quarts d'un verre d'eau, quatre onces de saindoux, et mêlez bien le tout avec le liquide, comme pour le feuilletage (*Voy.* n° 582); seulement tenez-la un peu plus ferme, mais d'une solidité toujours en rapport avec l'intensité du beurre que vous allez y joindre.

Laissez reposer la pâte pendant huit minutes, en la couvrant d'un linge ; après ce temps, abaissez-la à un pouce d'épaisseur, et posez dessus huit onces de beurre que vous étendrez pour la masquer entièrement ; repliez-la par dessus le beurre, et manipulez comme pour le feuilletage ; abaissez toujours, comme pour ce dernier, avec le rouleau pendant cinq fois, et servez-vous-en.

N° 572. Point du four.

Le pâtissier et le boulanger connaissent à la seule inspection du four, le degré de sa chaleur; il n'en est pas de même des cuisiniers, qui ne s'en servent que très-rarement, et voici ce que je puis leur préciser pour leur éviter de longs tâtonnements.

Le four est chaud quand il paraît blanc à son intérieur; il faut alors le fermer pendant dix minutes, et le nettoyer ensuite en retirant toute la braise.

Lorsqu'il est ainsi, froissez dans la main un morceau de papier blanc ordinaire, jetez-le au milieu du four, et fermez ; trois minutes après, regardez, et si le papier brûle, le four est trop chaud ; renouvelez l'opération trois ou quatre minutes plus tard, une, deux ou trois fois successivement, à intervalles égaux, jusqu'à ce que le papier contracte une couleur rougeâtre, sans brûler ; c'est là le premier point du four ; nous l'appellerons *chaleur primitive*, et nous partirons de là pour tous les degrés à établir.

Remarquez maintenant que cette règle peut être modifiée jusqu'à un certain point ; si l'on fait du four un usage journalier, il conservera plus longtemps sa chaleur ; si l'on ne s'en sert que rarement, il tendra à se refroidir plus vite ; abrégez ou prolongez les intervalles que je prescrirai, d'après cette remarque ; servez-vous également d'un bois plus ou moins fort, selon que vous avez besoin d'une chaleur plus ou moins intense, pour bien chauffer votre four.

N° 573. Pâté de Jambon.

Mettez à tremper dans l'eau fraîche et pendant vingt-quatre heures une noix de jambon ; faites-la cuire ensuite, pendant trois heures, dans une marmite pleine d'eau et que vous garnissez avec des bonnes herbes, des carottes, un ognon piqué de deux ou trois girofles ; ce temps écoulé, retirez la noix, ôtez la couenne de dessus et laissez refroidir ; levez encore une partie du gras qui couvre la noix ; hachez-le avec une livre de lard, demi-livre de veau, quatre onces de truffes et quelques fines herbes ; après quoi vous pilerez le tout dans un mortier en y joignant deux jaunes d'œufs ; lorsque votre farce sera bien pilée, vous la sortirez du mortier, en l'assaisonnant préalablement à l'ordinaire, qui consiste en un gros et demi par livre de viande.

Prenez ensuite une noix de veau ; après l'avoir parée de ses peaux, pesez-la, afin de savoir au juste l'assaisonnement qu'elle comporte, prenant pour quantité, eu égard au jambon, un gros de sel-épice par livre ; cela fait, foncez un moule à pâté avec de la Pâte-Durand (*Voy.* n° 571), puis posez, en dedans et tout autour, de la farce, en ayant soin de ménager entre cette dernière et le bord un vide d'un pouce environ ; lardez avec de moyens lardons l'intérieur de la noix de veau, après les avoir assaisonnés avec le sel-épice déjà pesé; répandez-y ensuite ce qui reste de l'entier assaisonnement. La noix de jambon doit être placée au centre du pâté, où vous l'entourerez de celle du veau dont vous aurez fait quatre compartiments et dans l'intervalle desquels vous mettrez des belles truffes; étendez sur le tout ce qui reste de la farce ; ajoutez-y une feuille de laurier et recouvrez la surface du pâté avec des bardes de lard ; vous dorerez alors l'intérieur du bord, et vous poserez le couvert en l'abaissant de deux lignes; soudez-le bien avec le doigt ; coupez le tour de la crête du pâté et pratiquez au centre du couvert une petite ouverture sur laquelle vous passerez un peu de dorure; décorez le pâté selon votre goût et dorez-le enfin pendant deux fois avec des œufs battus.

C'est le premier degré de chaleur du four qui convient à la cuisson de ce pâté (*Voy.* n° 572); lorsque le dessus commence à prendre couleur, vous le couvrez d'un papier et vous ne le retirez du four qu'au bout de trois heures; introduisez alors par le trou de dessus deux verres de consommé de volaille clarifié (*Voy.* n° 101); puis bouchez-le avec de la pâte.

N° 574. Pâté de Jambon à la Durand.

Faites cuire une noix de jambon comme il est dit ci-dessus, et lorsqu'elle sera au point et refroidie, ôtez-en la peau de dessus, et coupez-la à tranches de quatre lignes d'épaisseur, en observant de ne pas confondre dans la même le gras et le maigre, qu'il faut au contraire, couper séparément ; coupez de la même manière une noix de veau bien mortifiée ; battez-en les tranches, après quoi vous les piquerez en chaînette avec de moyens lardons, de manière que les deux extrémités du lard introduit dans l'intérieur paraissent seulement aux ouvertures que forme la lardoire ; le veau ainsi marié au jambon, ne comporte que la moitié de son assaisonnement ordinaire, c'est-à-dire les trois quarts d'un gros de sel-épice par livre ; foncez votre pâté, et posez tout autour de la farce à pâté froid (*Voy.* nº 163), en observant de laisser toujours aux parois une distance d'à peu près un pouce, de la farce à l'extrémité ; posez ensuite alternativement des couches de toutes les tranches que nous venons d'indiquer, en commençant par celles de veau, sur lesquelles il faut étendre de la farce bien également ; sur cette farce, posez une couche de grosses tranches de truffes, sur celle-ci des lames bien minces de gras de jambon ; établissez enfin par dessus ce gras des tranches de jambon, et recouvrez ces dernières de hachis ; vous remplirez ainsi votre moule en intercalant les couches ; tâchez de terminer par les truffes, que vous couvrirez avec le restant de la farce et des bardes de lard ; achevez la confection du pâté à l'ordinaire, et laissez-le trois heures dans le four ; lorsqu'il est retiré et refroidi, vous le remplissez d'un bon aspic de volaille (*Voy.* nº 101), et lorsqu'il s'agit de le manger, il faut enlever le couvert et le lard, et couper le pâté à tranches.

Nº 575. Pâté de perdreaux.

Désossez les perdreaux (*Voy.* nº 585), pesez-en la chair et assaisonnez-la avec du sel-épice, à la quantité d'un gros et demi par livre de viande ; étendez-les alors sur un linge propre, et placez dans leur intérieur des filets de jambon cuits, coupés bien carrément, puis des filets de truffes et de gras de jambon cuits aussi, que l'on peut remplacer par du lard ; étendez de la farce par dessus le tout, après quoi vous tâcherez de rendre à vos perdreaux leur forme primitive ; cela fait, vous foncerez un moule à pâté avec de la Pâte-Durand (*Voy.* n° 571) ; vous étendrez au fond et tout autour des parois, à l'intérieur, une moitié de la farce destinée à l'entière confection de la pièce, en laissant toujours à vide un pouce de l'extrémité du bord à l'endroit où vous arrêterez votre farce ; placez alors les perdreaux au centre ; mettez par dessus des truffes, du jambon coupé à dés, et le restant du sel-épice ; mettez aussi des truffes entre chaque perdreau, et recouvrez le tout avec le restant de la farce, qui doit à son tour être recouverte de bardes de lard ; terminez le pâté comme il est dit (*Voy.* n° 573) ; faites-le cuire de même, et quand vous le retirerez du four, vous y introduirez quelques cuillerées de bon consommé fait avec des carcasses de gibier (*Voy.* n° 5) ; vous pouvez placer les têtes de perdreaux sur le trou de la cheminée.

N° 576. **Pâté froid de Dinde ou de Chapon.**

Les pâtés froids de dinde ou de chapon se font absolument comme ceux de perdreaux ; la proportion pour l'assaisonnement est la même, ils ne diffèrent que pour la cuisson, qui dure quatre heures pour ceux dont il s'agit maintenant.

N° 577. **Pâté froid de Veau.**

Donnez la préférence à la noix de veau ; parez-la de

ses peaux; assaisonnez-la toujours dans la proportion d'un gros et demi de sel-épice par livre de viande; vous couperez des lardons sur lesquels vous répandrez une partie du sel-épice pesé, et dont ensuite vous larderez votre noix; achevez-en l'assaisonnement, après quoi vous la placerez dans un moule à pâté, foncé avec de la Pâte-Durand (*Voy.* n° 871), enduit à l'intérieur, jusqu'à un pouce du bord de farce à pâté; ajoutez-y quelques truffes entières, un peu de jambon coupé à gros dés; couvrez le tout avec de la farce, et cette farce avec des bardes de lard; terminez le pâté à l'ordinaire.

N° 578. **Pâté froid de foies de canard.**

Faites dégorger cinq à six foies de canard, environ trois heures dans de l'eau fraîche; vous les mettrez ensuite dans une casserolle pour les faire blanchir; dès que l'eau sera au moment de prendre le bouillonnement, retirez les foies, jetez-les dans l'eau fraîche, et laissez-les-y refroidir; vous les étalerez ensuite sur un linge propre pour les essuyer; vous en ôterez toutes les fibres et la partie qui touche au fiel; vous les diviserez en deux, et les piquerez, à l'exception d'un seul, avec des truffes coupées en triangle allongé, que vous introduirez en perçant d'abord les foies avec une petite cheville de bois; enfin vous les assaisonnerez toujours dans la proportion d'un gros et demi de sel-épice par livre de viande.

Le foie réservé doit être haché avec deux livres de lard et une échalotte; ce hachis doit encore être pilé dans un mortier, avec huit onces de truffes; enfin il faut le lier en y mettant trois jaunes d'œufs, et le sortir du mortier pour le mêler encore à une livre de truffes et une demi-

livre de jambon cuit ; il faut que ces deux derniers obj[ets]
soient coupés à petits dés ; tout cela fait, foncez un mou[le]
à pâté avec de la Pâte-Durand (*Voy.* n° 571); garn[issez]
en le fond et le pourtour avec la moitié de la farce ci-d[es-]
sus indiquée ; rangez par dessus les moitiés de foies, e[n]
plaçant des truffes un peu assaisonnées entre chaque [par-]
tie ; couvrez le tout avec le restant de la farce, puis av[ec]
des bardes de lard, et terminez le pâté à l'ordinaire ; il do[it]
être mis au four chaud (*Voy.* n° 572), et demande tro[is]
heures de cuisson.

N° 579. Pâté de Lièvre haché à la Durand.

Pesez une livre de viande de lièvre et une livre de vian[de]
de porc ou de sous-filet de bœuf ; pesez aussi une liv[re]
quatre onces de lard ; hachez le tout ensemble et pilez-[le]
parfaitement ; vous y joindrez trois gros de sel-épice, [à]
raison d'un gros et demi par livre de viande, pour l'enti[er]
assaisonnement ; lorsque tous ces objets seront bien pil[és,]
coupez à dés dix onces de lard, six onces de jambon [et]
une livre huit onces de truffes ; amalgamez le tout av[ec]
la viande.

Foncez une casserolle, après avoir passé un peu de beu[rre]
à l'intérieur avec de la pâte demi-feuilletage (*Voy.* n° 584[);]
remplissez-la avec la farce de lièvre et couvrez avec u[ne]
abaisse ; vous souderez les bords de la pâte en la repliant e[n]
forme d'ourlet ; vous pratiquerez un trou au milieu d[u]
couvert, et exposerez la pièce au four ; quinze minute[s]
après la chaleur primitive (*Voy.* n° 572), le temps voul[u]
pour la cuisson est de trois heures pour un gros pâté, e[t]
de deux heures pour un petit ; ce temps écoulé vous l[e]
laisserez refroidir dans la casserolle ou le moule ; quan[d]

vous voudrez l'ôter, vous exposerez l'usine qui le contient sur des cendres rouges pour pouvoir le détacher, et vous le renverserez sur le plat.

N° 580. Pâté chaud de Bécassines.

Plumez et flambez les bécassines; séparez-en le cou et les pattes; fendez-les ensuite par la poitrine pour en enlever l'os, et rangez-les sur un plat; vous les marinerez en répandant par dessus un peu de sel-épice, des échalottes, du persil et des truffes, le tout bien haché et une cuillerée à bouche de bonne huile, à laquelle on peut suppléer par du lard râpé ou du beurre fondu; sautez vos bécassines sans les exposer au feu; et laissez-les prendre goût; pendant ce temps vous pilerez et broierez dans un mortier les boyaux de votre gibier, mêlés à de la farce fine (*Voy.* n° 162), après quoi vous dresserez votre pâté, vous l'enduirez au fond et tout autour, dans l'intérieur, avec la moitié de la farce que vous devez employer; vous en placerez une autre partie sur chaque moitié de bécassine, et vous rangerez ces dernières en couronne, dans le pâté, en mettant une tranche de truffe entre chaque moitié de bécassine, et répandrez ensuite sur le tout ce qui est resté dans le plat où vous les avez marinées; vous pouvez ajouter quelques boulettes de farce et une demi-feuille de laurier, après quoi vous couvrirez toute la surface du pâté avec des bardes de lard, et vous finirez à l'ordinaire; une heure et demie suffisent à cette cuisson; quand vous la retirerez du four, vous en soulèverez le couvert, vous en ôterez le lard et le laurier, et vous y jetterez une sauce faite avec des tranches de truffes passées sur le feu avec une cuillerée de bonne huile ou du beurre, des fines herbes bien hachées, dans lesquelles vous aurez fait réduire un demi-verre de vin blanc sec, et que vous aurez enfin mouillées avec un peu de coulis (*Voy.* n° 78) ou d'espagnole (*Voy.* n° 79).

Observation.

Les pâtés de pluviers, vanneaux, grives, tourdes, alouettes, se font de la même manière, à la différence qu'il faut laisser le gibier entier et le piquer avec quelques lardons assaisonnés.

N° 581. Pâté chaud de palais de Bœuf.

Les palais de bœuf destinés à la confection du pâté doivent être blanchis, nettoyés et cuits ensuite dans une bonne braise (*Voy.* n° 174); ils doivent être coupés en filets dans toute leur longueur, et légèrement enduits de farce fine (*Voy.* n° 162); après quoi vous placerez par dessus des truffes, du jambon cuit coupé à filets, et vous les roulerez pour les déposer dans un moule foncé avec de la Pâte-Durand (*Voy.* n° 571), et enduit, au fond et à l'intérieur du tour, de farce fine (*Voy.* n° 162); ajoutez-y des truffes, quelques boulettes de hachis, une feuille de laurier; couvrez le tout avec des bardes de lard, et terminez le pâté à l'ordinaire; une heure et demie suffiront à sa cuisson; durant cet intervalle, passez dans une petite casserolle quelques tranches de truffes, comme à l'article précédent; vous pouvez ajouter à la sauce déjà indiquée quelques pieds de céleris, des culs d'artichauts et toute autre garniture; vous ferez bouillir le tout sur l'angle du fourneau, et après l'avoir dégraissé, vous le répandrez dans le pâté, dont vous aurez enlevé le couvert et le lard; on peut aussi ôter la pâte du tour qui ne serait pas bien cuite.

N° 582. Feuilletage.

Mettez sur le tour à pâte une livre de farine bien tamisée; ramassez-la en tas bien arrondi, et pratiquez au milieu un vide pour contenir le liquide qu'elle doit absorber; vous y mettrez d'abord deux gros et demi de sel, deux jaunes d'œufs, une once de beurre et un verre et demi d'eau fraîche; vous remuerez bien ce mélange avec le bout des doigts que vous tiendrez écartés; vous mêlerez d'abord le beurre à l'œuf, et vous prendrez ensuite la farine qui, peu à peu, doit faire corps avec tous les objets désignés; lorsqu'elle sera transformée en pâte, vous la ramasserez et la manipulerez convenablement, en appuyant la main sur le tour; observez bien qu'après trois minutes de travail, elle doit être moelleuse et bien lisse; que, surtout, il faut éviter également de la rendre trop ferme ou trop molle, les deux excès nuiraient au mélange que vous avez encore à faire pour la feuilleter; laissez-la reposer un moment sous une cloche ou sous un linge double, et maniez, durant cet intervalle, une livre de beurre; si par cas, il était trop ferme et que la chaleur des mains ne pût l'attendrir, vous le pileriez dans un mortier; abattez avec le rouleau la pâte d'un demi-pouce d'épaisseur; vous masquerez bien également toute sa surface avec du beurre, de façon à en réserver gros comme un œuf; relevez alors les bords de la pâte, à l'effet d'en bien envelopper tout le beurre, et vous l'abaisserez de nouveau aussi mince que possible; vous la plierez ensuite comme une serviette, et la laisserez reposer cinq minutes; ce temps écoulé, il faut, sur nouveau frais, l'abaisser avec le rouleau, manier le beurre que vous avez réservé, et le diviser en petits morceaux que vous allongez avec le pouce sur toute la surface de la pâte ; enfin, vous la pliez encore, et vous lui donnez un troisième et dernier tour, en ayant soin de jeter légèrement dessus et dessous une pincée de farine, qui la préservera de s'attacher au tour; la pâte, ainsi confectionnée, s'emploie pour toutes sortes de pâtisseries, vole-au-vent, tourtes, etc.

Observations.

Dans l'été, où le beurre n'est pas bien ferme, il faut, ou le descendre dans un puits, la veille du jour où l'on doit s'en servir, ou bien, après avoir lavé de la glace, la mettre dans un plat plein d'eau, et y couper le beurre à morceaux; dans ce dernier cas, il faudra surveiller le moment où la glace l'aura frappé, parce que c'est alors qu'il faut le manier dans l'eau pendant quelques minutes; vous l'épongerez ensuite avec un linge, et vous l'emploierez sur-le-champ ; quand vous aurez donné un tour à votre feuilletage, vous le plierez et le poserez entre deux papiers, sur un plat sous lequel vous aurez mis de la glace, et vous poserez par dessus un couvert également chargé de glace; il s'agit alors de ne pas donner au feuilletage le temps de se trop raffermir, parce que, dans ce cas, il est plus difficile à travailler.

N° 583. Feuilletage à la graisse de bœuf.

On peut faire du feuilletage avec la graisse du rognon de bœuf; il faut, pour la faire servir à cet usage, en extraire la peau, hacher la moelle, la piler, et y mêler un peu d'huile et de saindoux, à l'effet de la rendre aussi maniable que le beurre : le rognon de veau, qui a subi la même préparation, peut s'employer de même ; enfin, la tétine de veau cuite et refroidie peut, avec les modifications ci-dessus mentionnées, s'utiliser également.

N° 584. Demi-feuilletage.

Le procédé est le même, à la seule différence qu'on n'emploie que douze onces de beurre par livre de farine, et qu'on l'emploie tout-à-coup sans en réserver, comme il est dit au feuilletage ordinaire ; de plus, il faut abaisser la pâte cinq fois au lieu de trois.

N° 585. Croustade de Pigeons.

Après avoir plumé, flambé et vidé deux ou trois pigeons, coupez-leur les pattes et troussez-les, le bout des cuisses en dedans; vous les piquerez avec quelques lardons assaisonnés ; vous les assaisonnerez avec du sel-épice, et vous les mettrez dans une casserolle où vous aurez fait fondre une plaque de lard ou un morceau de beurre ; ajoutez à cela une plaque de jambon coupée à filets, et passez ensuite vos pigeons sur le feu pour les faire roidir; ajoutez-y un peu d'échalotte et de persil, le tout bien haché, puis quelques tranches de truffes, et vous les laisserez refroidir dans un plat creux ; faites alors une abaisse avec du feuilletage (Voy. n° 584); coupez-la bien en rond de huit pouces de diamètre; placez ce rond sur une tourtière, légèrement saupoudrée de farine; mettez de la farce au milieu de l'abaisse; posez par dessus les pigeons et leur garniture, même des boulettes, s'il vous reste du hachis pour en faire, et, disposant le tout en forme de dôme, vous le couvrirez de bardes de lard ; posez alors la deuxième abaisse qui doit servir de couvert à la croustade, après avoir passé un peu d'eau autour de la première, au moyen d'une plume; ce couvert, abaissé à deux lignes d'épaisseur, doit être plus grand que le rond du dessous, et il faut le placer de manière à enfermer de l'air entre les deux ; soudez-en les bords en appuyant les pouces tout autour ; cela fait, humectez légèrement le dessus du bord, et posez par dessus une bande de feuilletage de dix lignes de large sur trois d'épaisseur : soudez le tout ensemble, et cannelez la bande avec la pointe d'un couteau ; vous pouvez poser sur la tourte une rosace ou toute autre décoration, et pratiquer un petit trou ; après quoi il faut la dorer légèrement, et la mettre au four chaud (*Voy.* n° 572); dès que la pièce aura pris couleur, vous la couvrirez d'un papier, et laisserez terminer la cuisson, à laquelle une heure et demie doivent suffire.

Au sortir du four, dressez la tourte sur un plat; faites avec la pointe d'un couteau, une incision tout autour du couvert, que vous enlèverez, ainsi que le lard qui recouvre les pigeons; vous ôterez aussi du tour de la tourte la pâte qui n'est pas bien cuite (cette dernière opération se fait avec une cuiller), et vous verserez dedans une garniture faite avec des ris d'agneau, quelques filets de jambon, des tranches de truffes, des pieds de céleris et des culs d'artichauts cuits.

N° 586. Croustade de Filets de Sole.

Prenez les filets de deux soles, que vous couperez en long, puis en travers, de manière à ce que chacune d'elles vous donne huit filets; marinez-les avec du sel, une pincée de poivre, une échalotte, du persil et des truffes, le tout bien haché, et exprimez par dessus un jus de citron; après cela, vous égaliserez bien sur chaque filet un peu de farce à quenelles de poisson (*Voy.* n° 159) ; vous les roulerez ensuite les uns après les autres, et les placerez sur une farce semblable, établie elle-même sur une abaisse de pâte à feuilletage (*Voy.* n° 582), jusqu'à la distance d'un pouce et demi du bord ; vous placerez sur les filets des boulettes faites avec le restant de la farce, et recouvrirez le tout avec des bardes de lard; terminez la tourte, et faites-la cuire à l'ordinaire, et servez-la avec une garniture faite avec des truffes, des huîtres et des queues d'écrevisses.

N° 587. Croustade à la Financière.

Après avoir légèrement saupoudré une tourtière avec de la farine, placez par dessus une abaisse de feuilletage de deux lignes d'épaisseur (*Voy.* n° 617); garnissez cette pâte jusqu'à un pouce du bord, avec de la farce à quenelles (*Voy.* n° 158), et couvrez cette farce avec un papier que vous aurez arrondi et bombé en forme de calotte, à l'effet de soutenir le couvert de la tourte ; vous mouillerez ensuite les bords de la première abaisse, et après avoir enduit le papier de beurre, vous poserez par dessus la deuxième, avec la précaution mentionnée à l'article ci-dessus ; cette dernière devant envelopper le tout, doit être d'une dimension plus étendue et de la même épaisseur que la première; finissez à l'ordinaire, et après trois quarts-d'heure de cuisson, enlevez-en le couvert, le papier et la pâte qui, dans l'intérieur, ne serait pas assez cuite ; versez-y une financière (*Voy.* n° 173) ; remettez le couvert, et servez.

N° 588. Croustade de Pain.

Coupez un pain à potage rassis, en forme de croustade ; tracez un couvert sur le dessus, et mettez la pièce dans une casserolle, où vous la ferez roussir de belle couleur dans du beurre clarifié ; quand ce résultat sera obtenu, vous l'égoutterez sur un linge propre, vous enlèverez le couvert déjà tracé, vous viderez toute la mie qui en occupe l'intérieur, et vous établirez sur le fond et les parois une couche de farce à quenelles (*Voy.* n° 158) ; alors exposez-la au four pour raffermir la farce, et enfin vous la retirerez et la remplirez d'un ragoût quelconque (*Voy.* n° 173).

N° 589. Vole-au-Vent.

Faites une abaisse de quatre lignes d'épaisseur avec du feuilletage (*Voy.* n° 582) ; posez-la sur une tourtière ; mouillez-en les bords bien légèrement, et posez par dessus une deuxième abaisse, que vous dorerez légèrement, et sur laquelle vous décrirez avec la pointe d'un couteau, une ligne circulaire de trois lignes de profondeur et distante du bord à peu près d'un pouce ; enfin ces diverses opérations terminées, mettez vite au four chaud ; quand la pièce commencera à se colorer, vous la couvrirez d'un papier, et quand la cuisson sera au complet vous enlèverez le couvert et la pâte qui n'est pas bien cuite, et vous verserez dedans le ragoût que vous avez préparé à cet effet.

On peut servir dans un vole-au-vent toutes sortes de ragoûts et de garnitures ; on y sert aussi des fruits cuits au sirop, mais alors il faut, après en avoir enlevé le couvert, au sortir du four, en glacer les bords avec de la glace royale (*Voy.* n° 631), et semer par dessus des pistaches hachées ou du gros sucre.

N° 590. Vole-au-Vent aux quenelles.

Garnissez le vole-au-vent avec des quenelles de filets de volaille (*Voy.* n° 158), que vous avez pochées dans des cuillerées à café, et cuites dans du consommé (*Voy.* n° 5); placez entre chacune d'elles, une tranche de truffe et une queue d'écrevisse, et répandez par dessus une sauce allemande (*Voy.* n° 82).

N° 591. Vole-au-Vent aux filets de Volaille.

Les filets de volaille, parés et sautés à l'ordinaire (*Voy.* n° 593), doivent être rangés dans le vole-au-vent, et être ensuite saucés avec une béchamelle (*Voy.* n° 81).

N° 592. Vole-au-Vent à la Financière.

Versez dans le vole-au-vent une financière (*Voy.* n° 173); on peut aussi le garnir avec une morue à la brandade.

N° 593. Casserolle de Riz.

Nettoyez bien et lavez à l'eau tiède une livre de riz (Caroline); mettez-le ensuite dans une casserolle haute, où vous le mouillerez deux fois son volume, d'un bouillon un peu gras, auquel il est bon de joindre quelques cuillerées à bouche de dégraissis d'un fond de cuisson de volaille; alors vous poserez la casserolle sur le feu jusqu'à ce que le riz commence à bouillir, et la mettrez ensuite sur des cendres rouges; observez qu'il ne faut pas mettre du feu sur le couvert; entretenez néanmoins la chaleur douce mais continue, qui doit opérer la cuisson du riz; qu'il faut écumer et laisser mijoter un bon quart-d'heure avant de le remuer; vous le laisserez cuire longtemps, et quand enfin il sera bien épais, vous en égoutterez la graisse et le laisserez refroidir; quand il sera tiède seulement, vous le travaillerez avec force au moyen d'une cuiller, afin de bien écraser le grain et d'obtenir une pâte lisse ; arrivé à ce point, vous en renverserez la casserolle sur une tourtière, et au moyen d'une carotte cannelée, vous relèverez ce riz et lui donnerez la forme et la dimension d'un pâté chaud d'entrée, qu'on peut décolorer en colorant une partie du riz avec du safran, ou du rouge végétal, ou du vert d'épinards, cela du dépend du goût de l'ouvrier ; quand la casserolle est confectionnée, on en trace le couvert (*Voy.* nº 529), on enduit sa surface de beurre clarifié, on place la tourtière qui la soutient sur une casserolle de cuivre, et on la met au four chaud ; après une heure de cuisson, on la retire, on enlève le couvert, on en nettoie le centre en enlevant tout le riz que l'action du feu n'a pas durci ; on délaie deux cuillerées de ce riz avec un peu de béchamelle (*Voy.* nº 81) ou d'espagnole (*Voy.* nº 79), selon le ragoût dont on compte remplir la casserolle ; enfin, on enduit le fond et tout le tour de la pièce de ce même riz délayé, et l'on y dépose la garniture.

On garnit ces casserolles avec toutes sortes de purées de volaille ou de gibier ; on pose sur les purées des œufs pochés, et sur ceux-ci des truffes ; on peut aussi y mettre toutes sortes d'émincées et de ragoûts.

Nº 594. **Timbale de garniture.**

Mettez à blanchir des ris de veau ou d'agneau ; dès qu'ils commenceront à bouillir, mettez-les dans l'eau froide ; après quoi vous les laisserez égoutter, vous les parerez et les couperez d'égale grosseur.

Mettez dans une casserolle une plaque de lard ou un morceau de beurre ; coupez à filets un peu gros une tranche de jambon ; posez la casserolle sur le feu, et quand le lard ou le beurre sera fondu, jetez-y vos ris et passez-les un moment ; vous y ajouterez alors des tranches de truffes et des culs d'artichauts ; vous mouillerez avec du coulis (*Voy*. n° 78), et vous lierez enfin le tout avec trois jaunes d'œufs ; exprimez alors sur le ragoût un jus de citron, et laissez-le se refroidir.

Durant le temps nécessaire pour arriver à ce dernier résultat, beurrez l'intérieur d'une casserolle, foncez-la avec de la pâte à feuilletage (*Voy.* n° 582), versez-y le ragoût et recouvrez avec une abaisse de la même pâte ; il faut souder les deux bords avec la pointe d'un couteau, faire son trou au milieu du couvert, et mettre la timbale au four chaud (*Voy.* n° 572) ; une heure de cuisson suffit ; renversez-la ensuite sur un plat, détachez le couvert avec la pointe du couteau, répandez dans la timbale une sauce espagnole (*Voy.* n° 79), et remettez le couvert dessus.

N° 595. Timbale de Macaronis.

Cuisez-les à l'ordinaire dans de l'eau bouillante que vous assaisonnez avec du sel, un ognon piqué, un morceau de beurre et un peu de carotte ; après cuisson, égouttez à la passoire ; mettez ensuite dans une casserolle un bon morceau de beurre frais et faites-y sauter les macaronis avec du fromage de Parmesan ou de Gruyère, ou bien encore moitié de l'un et moitié de l'autre, râpés ; joignez-y soit du bon jus, soit un peu de sauce espagnole ou de coulis ; tenez-les un peu épais et pas trop cuits ; mêlez-y une émincée allemande de filets de volaille, et à défaut, un ragoût de ris d'agneau ou de veau en poulette, ou bien encore une fricassée de poulets ; beurrez une casserolle, foncez-la de pâte à feuilletage, versez-y les macaronis et finissez la timbale à l'ordinaire.

N° 596. Timbale de Macaronis à l'Indienne.

Cuisez des macaronis dans l'eau avec du sel et un morceau de beurre; égouttez-les sur une serviette; beurrez une casserolle à poupeton, et après y avoir passé un peu de safran, rangez-y les macaronis en forme de colimaçons, en commençant par le milieu du fond; couvrez de six lignes d'épaisseur tous les macaronis avec de la farce à quenelles de volaille ou de gibier, suivant le ragoût que vous y mettez; on peut y mettre toutes sortes de ragoûts mêlés, des émincées de volaille, ainsi que des escalopes de gibier; couvrez alors le dessus de la même épaisseur avec la farce; vous les cuirez au bain-marie comme précédemment, et les saucerez suivant la garniture que vous aurez mise.

Nota. On fait, en suivant le même procédé, des timbales, auxquelles on donne plusieurs couleurs à certaines parties de macaronis, soit avec du carmin, soit avec du vert d'épinards, et même en beurrant la casserolle avec du beurre d'écrevisses.

N° 597. Timbale de Bécassines.

Abaissez bien mince un morceau de Pâte-Durand (*Voy.* n° 571), et coupez-la ensuite à deniers avec le vide-pomme; établissez ces deniers dans une casserolle enduite de beurre, en commençant par le centre, et les rapprochant les uns des autres, de manière à ce qu'en suivant toujours une ligne circulaire, ils arrivent enfin jusqu'au bord de la casserolle; vous les recouvrirez d'une bonne abaisse de feuilletage bien mince (*Voy.* n° 582); vous garnirez le fond et les parois de celle-ci de farce fine (*Voy.* n° 162), et vous y rangerez les bécassines préparées comme à l'article pâté (*Voy.* n° 580), en intercalant de la farce entre chaque morceau; terminez la timbale en la couvrant d'une abaisse légère de feuilletage ; soudez-en bien les bords, faites toujours le trou au centre du couvert, et mettez au four chaud ; au bout d'une heure, la timbale doit être au point ; quand vous la servirez, vous en ôterez le dessus et vous verserez dedans une sauce faite avec les carcasses du gibier, que vous aurez fait cuire avec un verre de vin blanc sec, une échalotte, et que vous avez mouillées avec de l'espagnole (*Voy.* n° 79) ; quand le premier mélange a été réduit aux trois quarts, cette sauce doit être passée au tamis.

Observation.

On peut faire des grosses timbales avec des dindes et des chapons désossés; on peut en faire aussi de noix de bœuf; mais, pour ces dernières, il faut, à l'avance, avoir fait cuire le bœuf quatre ou cinq heures dans une bonne braise (*Voy.* n° 174), et laisser au four la timbale dans laquelle on l'a déposé environ trois heures et demie.

N° 598. **Rissoles pour hors-d'œuvre.**

Abaissez avec le rouleau de la pâte, des parures de demi-feuilletage (*Voy.* n° 584), dans la forme d'un carré-long bien mince ; placez sur cette abaisse des petites parties de farce à quenelles (*Voy.* n° 158) de la grosseur d'une noix, en laissant entre chacune d'elles une distance de quinze lignes; vous en mouillerez le tour avec un plumet, et vous replierez par dessus la pâte, que vous souderez sur les bords en appuyant un peu avec la main ; coupez ensuite avec la videlle le côté soudé, et renouvelez l'opération pour chaque rissole ; vous les poserez toutes sur un couvert de casserolle saupoudré avec de la farine; au moment de servir, vous les placerez dans une friture qui ne soit pas bien chaude ; vous les tournerez et retournerez de temps à autre avec une brochette, et, lorsqu'elles seront de belle couleur, vous les mettrez à égoutter sur une passoire, et les dresserez sur un plat.

Observation.

On peut faire des rissoles avec toutes sortes de farces et salpicons ; on en fait aussi aux huîtres, aux queues d'écrevisses, aux anchois ; mais il faut mêler à ces trois dernières de la farce de poisson (*Voy.* n° 159).

N° 599. Raviolis.

Hachez quatre onces de veau, quatre onces de tétine de veau cuite, ainsi que deux onces de viande de saucisses ; mêlez-y trois onces de moelle de bœuf ou de graisse de rognons de veau et des fines herbes bien hachées ; assaisonnez et pilez dans un mortier ; faites blanchir de la bourrache ou des épinards ; puis vous les pressez dans vos mains pour en extraire l'eau; après les avoir hachés et mis dans une casserolle, avec du beurre frais, sur le feu, assaisonnez-les; au bout d'un instant, et lorsqu'ils se sont un peu refroidis, mêlez-les à la farce en y joignant un fromage gras ou de la Brousse, que vous aurez tordu, pour en extraire le lait, au coin d'une serviette ; pilez bien le tout ensemble en y ajoutant deux jaunes d'œufs; puis mêlez-y les deux blancs fouettés; remuez bien le tout et sortez la farce du mortier.

Faites alors une pâte brisée comme pour les rissoles et finissez de même ; dans les derniers moments de cette préparation, versez du bouillon dans une casserolle et placez-le sur le feu ; lorsqu'il sera en ébullition, immergez-y les raviolis ; cinq minutes après, ôtez-les avec l'écumoire et posez-les dans un plat profond qui puisse supporter le feu ; saupoudrez-les avec de la râpure de fromage de Parmesan ou de Gruyère ; mouillez avec un bon jus de veau ; faites-les bouillir un instant, feu dessous et un peu dessus, et servez-les dans le même plat.

N° 600. Croquettes au Riz.

Cuisez du riz de la Caroline dans de l'excellent bouillon un peu graisseux ; mêlez-y du fond de cuisson de volaille ; le mouillement doit être dans la proportion de deux fois et demi le volume du riz ; lorsque celui-ci est cuit et bien épais, égouttez la graisse ; joignez-y une ou deux cuillerées à bouche de velouté réduit, et une cuiller de Parmesan ou de Gruyère râpé ; travaillez-le ensuite fortement avec une cuiller en forme de patte, et divisez-le en petites boules de la grosseur d'une noix dont vous creuserez le milieu ; après quoi vous les remplirez d'un salpicon (*Voy.* n° 170) : le riz doit envelopper ce dernier. Vous passerez ensuite les croquettes dans de l'œuf bien battu, puis dans de la mie de pain à laquelle vous mêlerez une cuillerée de fromage râpé ; au moment de servir, vous ferez frire de belle couleur et poserez dessus du persil pareillement frit.

N° 601. Croquettes.

Prenez gros comme une noix de farce de merlan (*Voy.* n° 159) ou de quenelles de volaille (*Voy.* n° 158) ; aplatissez-la avec le dos de la cuiller trempée dans de l'œuf battu ; placez dans le milieu un salpicon (*Voy.* n° 170), et relevez bien les bords de la farce, pour que le salpicon en soit parfaitement enveloppé ; passez le tout à l'œuf battu, à la mie de pain ; faites frire, et servez avec du persil frit.

N° 602. Paupillettes.

Coupez bien mince, dans le sens de la longueur, de la tétine de veau cuite ; posez dessus un peu de farce à quenelles (*Voy.* n° 158), égalisée avec le couteau, et sur celle-ci, du salpicon (*Voy.* n° 170) coupé à petits dés ; roulez les paupillettes, passez-les dans de l'œuf battu et de la mie de pain, ayant soin d'observer que les deux bouts soient garnis de farce, et faites frire au moment de servir ; présentez-les également pour hors-d'œuvre, avec un peu de persil frit.

N° 603. Paupillettes de sous-filets de Porc.

Coupez bien minces, dans le sens de la longueur, des sous-filets que vous aplatirez avec le manche du couteau ; marinez-les (*Voy.* n° 190) ; étendez sur chacun d'eux, en l'égalisant, de la farce cuite (*Voy.* n° 161) ; posez sur cette farce un salpicon bien truffé (*Voy.* n° 170) : roulez chaque filet et couvrez-les d'une petite barde de lard ; cela fait, passez-les dans une brochette que vous attacherez à la broche ; enveloppez d'un papier beurré ; un moment avant l'entière cuisson, enlevez celui-ci et saupoudrez le lard avec de la chapelure de pain passée au tamis ; lorsque vos filets ont pris belle couleur, dressez-les sur leur plat ; saucez-les d'un jus où vous aurez mis une échalotte hachée ; vous y joindrez les jus d'un citron en les servant.

Nota. On peut, en opérant comme ci-dessus, faire des paupillettes avec toutes sortes de sous-filets, tels que chevreuil, chamois, oie, dinde, veau, mouton, outarde, etc.

N° 604. **Truffes en savonnette.**

Mettez sur le tour à pâte de la farce de merlan (*Voy.* n° 159) ou de quenelles de volaille (*Voy.* n° 158), que vous aplatirez avec une cuiller trempée dans du blanc d'œuf battu ; posez au milieu une truffe arrondie, passée d'abord avec un peu de beurre, et que vous envelopperez bien avec la farce ; passez le tout à l'œuf battu, à la mie de pain, et faite frire à l'ordinaire.

N° 605. **Petits pâtés au jus.**

Foncez des petits moules de fer avec de la pâte à feuilletage (*Voy.* n° 582); mettez au fond de la farce à gratin (*Voy.* n° 164), et couvrez avec un rond de la même pâte dont vous aurez marqué le milieu avec un vide-pomme ; dorez les pâtés et mettez-les au four ; quand ils seront cuits, vous enlèverez la partie marquée, et vous mettrez dans chacun d'eux une cuillerée de bon jus (*Voy.* n° 77).

N° 606. **Petits pâtés au salpicon.**

Foncez des moules comme ci-dessus ; remplissez-les de de pain à potage que vous avez fait d'abord tremper dans l'eau, que vous avez ensuite pressé dans un linge, et que vous avez enfin mêlé à de la graisse de bœuf bien hachée; cela fait, passez avec une plume un peu de beurre fondu sur la pâte, et couvrez les petits pâtés à l'ordinaire ; il faut les dorer et les mettre au four chaud ; dès qu'ils seront au point, vous en ôterez le couvert, vous enlèverez ce qu'ils contiennent, et vous le remplacerez par une farce faite avec un peu de quenelle coupée à petits dés (*Voy.* n° 158), des truffes, des rognons de coqs, et des champignons que vous avez fait bouillir ensemble, et que vous avez mouillés avec du velouté (*Voy.* n° 80) ou de l'espagnole (*Voy.* n° 79); les pâtés étant remplis, posez les couverts et servez-les bien chauds.

N° 607. Petits Pâtés à la Béchamelle.

Procédez absolument comme ci-dessus, et quand après la cuisson vous ôterez ce que contiennent vos petits pâtés, remplissez-les d'un salpicon fait avec du blanc de volaille rôtie et des truffes cuites, le tout coupé à petits dés, et que vous avez mouillé avec une béchamelle (*Voy.* n° 81).

On peut faire ces pâtés avec toutes sortes de volailles ou gibiers coupés et préparés comme j'ai dit, ou même avec leur purée (*Voy.* n° 102).

N° 608. Petits Pâtés feuilletés.

Le feuilletage (*Voy.* n° 582) destiné à la confection de ces pâtés, doit être abaissé à deux lignes d'épaisseur; il faut le couper avec un coupe-pâte de sept pouces de circonférence; posez chaque rond sur une feuille légèrement saupoudrée de farine, et mettez sur chacun d'eux, gros comme une noisette, de farce à quenelles (*Voy.* n° 158); épongez-les bien doucement avec de l'eau, couvrez-les d'une abaisse de même dimension, et après l'avoir fixée en imprimant les doigts par dessus, mettez-les au four.

Nota. On peut employer toutes sortes de farces à la confection des petits pâtés dont je donne la recette.

N° 609. Croûte à la purée de Volaille ou de Gibier.

Faites des caisses avec des tranches de la mie d'un pain

rassis, d'un pouce et demi de hauteur sur deux pouces de diamètre; formez le couvert à trois lignes du bord avec la pointe du couteau; après avoir cannelé le tour, vous donnerez à ces caisses la forme d'un cœur ou bien d'un losange, et faites-les frire au beurre, mais de belle couleur; vous ôterez ensuite les couverts, et viderez l'intérieur, où vous égaliserez au fond et tout autour une ligne de farce à quenelles que vous mettrez un instant au four, et lorsque vous voudrez les servir, vous les glacerez et les remplirez d'une purée de bécasses ou bien de volaille.

CHAPITRE XVI.

DOUCEURS.

N° 610. Tourte d'Abricots.

Faites une abaisse ronde de pâte à feuilletage (*Voy.* n° 582) de deux lignes d'épaisseur; vous placerez sur cette pâte, et jusqu'à un pouce du bord, de la marmelade d'abricots, que vous égaliserez bien, ayant soin d'humecter avec une barbe de plume trempée dans l'eau, la partie qui restera à découvert tout autour; vous recouvrirez cette marmelade avec une seconde abaisse, ou bien avec des petites bandes bien minces et bien étroites, croisées et disposées comme le fond d'un panier; vous poserez ensuite tout autour, et sur la largeur que vous avez laissée sans marmelade, une bande de la même pâte, large de dix lignes et épaisse de trois environ ; les deux extrémités de cette bande se superposeront de dix à douze lignes, et vous les souderez par la pression du pouce ; alors vous découperez en festons avec un couteau, le pourtour de la tourte, vous la dorerez, la ferez cuire au four chaud, la glacerez avec du sucre fin, avant la cuisson si vous voulez, ou à la flamme après la cuisson.

Faites de la même manière toutes les tourtes au fruit ou à la crème pâtissière.

N° 611. Tourte pralinée.

Opérez comme pour la précédente, et lorsque vous aurez posez votre seconde abaisse, qui doit couvrir le fruit ou la crème, masquez le dessus avec deux onces d'amandes hachées, auxquelles vous aurez mêlé deux onces de sucre fin et le huitième d'un blanc d'œuf ; placez la bande du pourtour comme ci-dessus, et finissez comme pour la tourte d'abricots, en faisant cuire au four, moins chaud.

N° 612. Tourte aux Amandes.

Pilez huit onces d'amandes que vous humecterez avec deux blancs d'œufs ; mêlez-y quatre onces de sucre fin et un peu de citron râpé ; ajoutez de la crème à la Chantilly ou de la crème pâtissière, et finissez comme pour la tourte aux abricots (*Voy.* n° 610).

N° 613. Tourte anglaise.

Mêlez à de la crème pâtissière (*Voy.* n° 680) de la moelle de bœuf hachée, du raison de Corinthe ou du raisin muscat, dont vous aurez enlevé les pepins ; ajoutez à ce mélange un demi-verre de Malaga ou de rhum, un peu de muscade râpée, quelques macarons amers, du cédrat confit coupé à petit dés, et faites votre tourte comme celle aux abricots (*Voy.* n° 610).

N° 614. Tourte aux Anchois.

Nettoyez et lavez sept ou huit anchois, ouvrez-les par le milieu pour enlever l'arête, et faites-les tremper à l'eau fraîche, que vous renouvellerez deux ou trois fois pour les bien dessaler ; coupez-les ensuite à filets, assaisonnez-les avec de l'huile excellente, du persil haché ; faites une abaisse de pâte à feuilletage, comme pour une tourte ordinaire ; rangez-y les filets d'anchois avec tout leur assaisonnement, et finissez de même que pour les précédentes, avec cette différence que vous ne la glacerez point.

N° 615. Pâte royale.

Mettez dans une casserolle un grand verre d'eau (un bon quart de litre), un grain de sel, une once de beurre, autant de sucre et de la râpure de peau de citron ; lorsque l'eau sera en ébullition, ôtez la casserolle du feu et jetez-y cinq onces de farine tamisée, que vous remuerez bien avec une cuiller de bois ; quand le mélange de l'eau et de la farine sera bien opéré, remettez la casserolle sur le feu, et laissez bien dessécher la pâte en la remuant constamment avec la cuiller pendant trois ou quatre minutes ; retirez du feu et mettez la pâte dans un mortier, où vous jetterez ensuite deux œufs entiers ; pilez parfaitement et faites-y tomber successivement trois autres œufs par intervalles, en pilant toujours ; continuez ainsi jusqu'au cinquième, mais ne mettez d'abord que la moitié de ce dernier, parce qu'il est possible qu'il y en ait assez :

cela dépend de la grosseur des œufs ; quand à moi, j'emploie ordinairement cinq œufs par quart de litre, mais lorsqu'ils sont petits, il m'arrive d'en employer cinq et demi ; quatre et demi me suffisent, s'ils sont gros ; lorsque le tout est bien pilé, jetez-y un peu d'eau de fleurs d'orange, ôtez la pâte du mortier, et servez-vous-en pour toutes sortes de choux. On peut travailler la pâte en la changeant de casserolle, en y mettant néanmoins les œufs comme il est dit ci-dessus ; vous pouvez la travailler avec une cuiller de bois, au lieu de la piler dans un mortier.

Lorsque vous voudrez vous servir de cette pâte pour beignets soufflés, tenez-la un peu moins intense ; craignez toutefois de la faire trop molle, vos beignets ne seraient pas ronds, et ils auraient mauvaise mine ; on peut remplacer l'eau par du lait, ou même faire un mélange des deux par moitié.

N° 646. Choux au Caramel.

Saupoudrez d'un peu de farine le tour à pâte ; mettez-y une cuillerée de pâte royale, sur laquelle vous jetterez aussi quelque peu de farine ; allongez cette pâte avec les mains et coupez-la avec un couteau par morceaux de deux pouces et demi de long sur 8 ou 9 lignes de diamètre ; à mesure que vous confectionnez les divers morceaux, posez-les sur une feuille saupoudrée de farine, et laissez entre eux une distance convenable; mettez au four vingt minutes après sa chaleur primitive, c'est-à-dire lorsqu'on en retire ordinairement le feuilletage (*Voy.* n° 582) ; après cuisson, sortez-les, faites une fente sur la longueur avec la pointe du couteau, et introduisez-y de la crème, de la groseille ou de la marmelade d'abricots.

Mettez dans une casserolle un peu de sucre et d'eau, faites-les tomber en caramel bien blond, et trempez-y vos choux ; avant que le caramel soit refroidi, jetez-y des nonpareilles ou du sucre en couleur.

N° 617. Choux pralinés.

Faites comme pour les précédents ; lorsqu'ils seront placés sur la feuille, dorez-les avec un œuf battu ; ayez alors dans un petit plat quatre onces d'amandes déjà émondées et hachées ; mêlez-y deux onces de sucre passé au tamis, et le huitième d'un blanc d'œuf ; amalgamez bien le tout, garnissez-en le dessus de vos choux ; et faites cuire comme pour les précédents.

N° 618. Choux à la Mecque.

Faites tomber dans une casserolle deux verres de lait (le demi-litre), deux onces de sucre, deux onces de beurre, la râpure d'un citron, et un grain de sel ; posez sur le feu, et après les premiers bouillons, retirez la casserolle et jetez-y neuf onces de farine tamisée, que vous remuerez bien avec une cuiller de bois ; quand le mélange sera opéré, remettez au feu et laissez dessécher pendant trois ou quatre minutes, en remuant toujours avec la cuiller ; enlevez votre casserolle ; joignez à la pâte deux onces de beurre, deux de sucre fin et un demi-verre de lait ; mêlez le tout ensemble ; mettez-le au mortier avec deux œufs entiers, et pilez ; ajoutez par intervalle et successivement six autres œufs, en pilant constamment ; allez jusqu'au huitième s'il est nécessaire, ou à la moitié de ce dernier, selon la grosseur ; parfumez avec un peu d'eau de fleurs d'oranger, et placez vos choux sur une feuille, au moyen d'une cuiller à bouche, en forme de navette ; dorez-les ; semez-y du gros sucre, et faites cuire au four, trente minutes après sa chaleur primitive (*Voy.* n° 572).

N° 619. Beignets soufflés.

Ayez du lait ou bien moitié lait et moitié eau, et faites comme pour la pâte royale, n° 615.

Mettez de l'huile dans une grande poêle, et quand elle commencera à s'échauffer, faites-y tomber à peu près gros comme une noix de votre pâte ; faites de même pour tous vos beignets ; faites attention de ne pas trop les rapprocher, car devant tripler de volume à la cuisson, ils se prendraient l'un à l'autre ; imprimez à deux mains, constamment, un mouvement de rotation à votre poêle ; prenez-la ensuite de la main gauche ; quand vos beignets commencent de cuire, tournez-les sur eux-mêmes avec une écumoire, et tâchez, en passant cet instrument sur chacun d'eux, de les bien arrondir.

Lorsque les beignets augmentent de volume, faites-les chauffer à un feu plus vif, et après cuisson, ôtez la poêle du feu ; transposez au moyen de l'écumoire, les beignets dans une passoire à égoutter ; placez-les ensuite dans un plat, et saupoudrez-les avec du sucre fin.

N° 620. Beignets sans pareils.

Faites comme pour les précédents ; garnissez-les avec de la crème ou de la gelée de groseille ; saupoudrez avec du sucre, et glacez-les avec la pelle rougie.

N° 621. Buisson de beignets sans pareils.

Passez avec une plume un peu d'huile dans un moule

ou une casserolle ; faites des beignets garnis comme ceux ci-dessus ; ayez aussi un peu de caramel bien blond (*Voy.* n° 616), trempez-y vos beignets et rangez-les les uns après les autres dans votre moule, de manière à l'en tapisser entièrement ; versez à l'intérieur le reste de votre caramel, et quand le tout est refroidi, renversez sur le plat ; si par cas, les beignets ne se détachaient pas bien de la casserolle, frappez-en la queue avec le manche d'un couteau et renversez de nouveau.

N° 622. Sultane de petits Choux.

Disposez votre pâte comme au n° 616 ; coupez-en des morceaux de la grosseur d'une noix, et arrondissez-les avec la main ; posez-les au fur et à mesure, sur des feuilles saupoudrées légèrement avec de la farine ; gardez une distance entre eux, et soumettez au four, vingt minutes après la chaleur primitive (*Voy.* n° 572) ; après cuisson garnissez-les avec de la crème pâtissière (*Voy.* n° 680) ou toutes sortes de marmelades ; montez-les ensuite dans un moule ou une casserolle, comme à l'article précédent, et versez sur un plat.

N° 623. Pâte à la Magdelaine.

Mettez dans un plat profond dix onces de sucre, neuf onces de farine, un citron râpé, deux cuillerées à bouche d'eau-de-vie d'Andaye, dix œufs entiers ; remuez pendant cinq minutes ce mélange, et joignez-y dix onces de beurre clarifié ; remuez bien le tout avec une cuiller de bois pendant douze minutes, et faites cuire dans des petits moules beurrés ou dans des carrés, pour les découper plus tard ; soumettez au four, deux heures après sa chaleur primitive (*Voy.* n° 572).

N° 624. Gâteau à la broche.

Il faut avoir un moule en bois en forme d'un pain de sucre, et à peu près de la même grosseur ; il doit être percé dans sa longueur, d'un trou pour que la broche puisse y passer ; quand ce moule y est bien assujéti, enveloppez-le de deux feuilles de papier, que vous ficellerez ; oignez-le avec du beurre fondu, au moyen d'une plume, et faites tourner votre broche devant un feu bien égal et un peu ardent ; faites tourner pendant trois quarts-d'heure pour bien chauffer le moule ; arrosez-le ensuite avec une cuillerée de pâte à la Magdelaine (*Voy.* n° 523) ; sitôt que votre papier en est couvert, n'en répandez plus, et laissez cuire cette couche ; lorsqu'elle aura pris bonne couleur, recommencez à verser de la pâte avec la cuiller comme précédemment ; retirez un peu la broche pour donner le temps à la cuisson de s'opérer ; après cette couche, versez-en de même une autre jusqu'à la fin, en ayant soin d'avancer la broche à mesure que vous versez, et de la retirer quand la couche est complète, afin de lui donner toujours le temps de cuire ; mettez sous votre broche un plateau pour recevoir la pâte qui tombe, et que vous reverserez dessus ; arrivé à la dernière couche, vous laissez cuire à petit feu et tâchez de lui faire prendre la meilleure couleur possible ; glacez votre gâteau avec du sucre fin et en passant dessus un papier allumé ; jetez-y de suite des nonpareilles vertes au sucre coloré ; retirez la broche du feu, et quand le moule sera bien refroidi, déficelez le papier et retirez votre gâteau.

Observation.

J'ai indiqué la forme du pain de sucre comme la plus

facile à exécuter; il est aisé de concevoir qu'on peut donner au moule toutes les formes que l'on veut; on peut également mettre dans la pâte, au lieu d'eau-de-vie, toutes sortes d'essences.

N° 625. Pâte d'Amandes.

Emondez une livre d'amandes, lavez-les et faites-les tremper quelques heures à l'eau fraîche; égouttez et séchez bien dans une serviette; ayez soin que le pilon et le mortier où vous les mettrez ensuite soient bien propres; il faut, avant d'y placer vos amandes, y piler quelques zestes de citron; à mesure que vous pilerez bien le tout, humectez avec cinq blancs d'œufs, et parfumez avec un peu d'eau de fleurs d'orange.

Joignez à cette pâte quatorze onces de sucre passé au tamis; placez-la dans une casserolle, sur le feu; faites dessécher en remuant constamment avec la cuiller et passez de temps en temps la lame d'un couteau autour de la casserolle, pour en détacher la pâte qui s'y prend; lorsque celle-ci quitte aisément le fond, et qu'un morceau posé sur la main ne s'y attache pas, la pâte est assez desséchée; retirez-la du feu en remuant un instant, et quand elle est à moitié refroidie, mettez-la dans un papier saupoudré avec un peu de sucre fin; partagez-la en deux parties; roulez chacune d'elles dans une feuille de papier, et servez-vous-en quand elle sera froide.

N° 626. Caisse de Pâte d'Amandes.

Faites avec cette pâte, au moyen du rouleau, une abaisse bien mince, que vous saupoudrez, en la travaillant, avec un peu de sucre fin mitigé à moitié avec de la farine;

faites des petites caisses ou gobelets ; pour cela, coupez votre abaisse, avec un coupe-pâte de deux pouces de diamètre; coupez ensuite des petites bandes de la même épaisseur sur une longueur de six pouces et une hauteur de huit lignes ; passez les extrémités de ces bandes dans un peu de blanc d'œuf, et soudez-les en les assujétissant sur les fonds déjà faits, à deux lignes de leur bord, de manière que la bande leur soit perpendiculaire, ronde comme eux, et forme un petit gobelet.

Lorsque tout sera ainsi disposé, saupoudrez d'un peu de farine une tourtière, et placez-y dessus vos caisses ; soumettez au four modéré (*Voy.* n° 572) pour dessécher la pâte; lorsqu'elle sera bien sèche et de bonne couleur, sortez vos caisses du four, et rangez-les dans un massepain pour vous en servir au besoin ; ces objets peuvent se faire trois mois à l'avance si l'on veut.

N° 627. Méringues en pâte d'Amandes.

Mettez dans les caisses ci-dessus un peu de crème pâtissière, montez bien ferme trois blancs d'œufs, après y avoir mêlé quatre onces de sucre passé au tamis et un peu de citron râpé; fouettez bien, et posez une cuillerée de ce blanc d'œuf en pyramide sur la crème; saupoudrez chaque méringue, l'une après l'autre, avec du sucre fin; saupoudrez aussi bien légèrement, avec de la farine, une tourtière, et placez-y vos méringues à distance, posez la tourtière sur une casserolle, et soumettez au four, deux heures après sa chaleur primitive (*Voy.* n° 572); lorsque le blanc d'œuf sera cuit et de belle couleur, sortez et servez.

N° 628. Méringues d'office.

Fouettez bien ferme six blancs d'œufs, mêlez-y huit onces de sucre passé au tamis de soie ; couchez, sur une feuille de papier saupoudrée de sucre fin, vos méringues, au moyen d'une cuiller bien profonde et allongée.

Posez votre feuille de papier sur une planche un peu épaisse, et soumettez au four bien doux (*Voy.* n° 572). Lorsque les méringues seront d'une belle couleur et un peu sèches, sortez-les à la bouche du four, retournez-les et enfoncez le milieu avec une petite cuiller; remettez ensuite au four.

On peut faire ces méringues longtemps à l'avance, en les conservant dans un endroit sec ; lorsqu'on veut les servir, on met dedans de la crème à la Chantilly ; on les marie en réunissant deux méringues en une seule, c'est-à-dire un morceau contre l'autre ; on peut également placer entre deux ou de la crème ou des confitures.

N° 629. Grosses Méringues à la Chantilly.

La seule différence qu'il y ait entre celles-ci et les précédentes, ne consiste presque que dans leur grosseur ; quand la pâte est faite, ayez un moule arrondi en forme de dôme; placez-la sur le dehors de ce moule, et lorsqu'elle aura été bien séchée au four, remplissez-la de crème à la Chantilly.

N° 630. Caisses royales.

Fouettez bien ferme trois blancs d'œufs, dans lesquels vous mêlerez huit onces de sucre tamisé et un peu de citron râpé ; ajoutez deux onces d'amandes coupées bien minces avec le couteau, et un peu séchées au four.

Remplissez de ce mélange des petites caisses à biscuits; jetez-y dessus un peu de sucre; placez-les sur une tourtière, et soumettez au four, une heure et demie après sa chaleur primitive (*Voy.* n° 572).

On fait aussi ces caisses royales en mettant dans une terrine du sucre fin avec des blancs d'œufs, mais sans les fouetter, et les remuant bien seulement avec la cuiller; on y fait tomber de temps en temps un peu de jus de citron, et l'on bat bien comme pour une glace royale.

N° 631. Glace royale.

Travaillez avec un blanc d'œuf, dans un petit plat, trois onces de sucre passé au tamis de soie; battez bien pendant sept à huit minutes, en faisant tomber de temps en temps un peu de jus de citron.

N° 632. Croquant en Nougat.

Emondez une livre d'amandes; coupez-les chacune en trois parties et en biais; faites sécher au four doux, et remuez-les parfois pour qu'elles prennent une couleur uniforme; quand elles seront légèrement colorées, retirez-les à la bouche du four.

Mettez alors dans un poêlon huit onces de sucre tamisé, et posez sur un feu modéré; quand le sucre, déjà fondu, commence à bouillonner, remuez avec la cuiller pour que la fonte soit uniforme; jetez-y les amandes bien chaudes; remuez encore légèrement, et placez sur des cendres chaudes.

Oignez d'huile, avec une plume, un moule, et posez sur une assiette où vous aurez également passé de l'huile, une cuillerée d'amandes; garnissez-en votre moule intérieurement avec la cuiller, ayant soin de faire constamment et successivement entreposer dans l'assiette celle dont vous aurez besoin.

Observation.

En faisant fondre le sucre, on met quelquefois une bonne cuillerée d'infusion de crème de cochenille, ou lorsqu'il est fondu, et que les amandes y sont déjà, du gros sucre et de la vanille coupée à tout petits morceaux ; on peut y mettre même du sucre où ont été râpées deux oranges; finissez toujours votre croquant comme ci-dessus; vous pouvez, avec les amandes ainsi préparées, faire toutes sortes de croquants.

N° 633. Pâte à la Brioche.

Mettez sur la table une livre et demie de farine; séparez-en le quart ; faites-y la fontaine dans laquelle vous ferez tomber une demi-once de levûre de bière et un peu d'eau tiède ; remuez avec les doigts, en réunissant peu à peu le liquide et la farine, et faites-en une pâte molle qui doit, après avoir été travaillée un instant sur le tour et avec la main, ressembler à la détrempe de la pâte à feuilletage (*Voy.* n° 582); saupoudrez d'un peu de farine une petite casserolle, et placez-y votre pâte ; recouvrez d'une serviette, mais que celle-ci ne touche pas le levain : elle l'empêcherait de monter ; placez ce levain dans un endroit chaud.

Faites la fontaine au milieu de la farine que vous avez laissée de côté ; jetez-y une demi-once de sel fin, autant de sucre, et le quart d'un verre de lait ; maniez une livre de beurre, et mêlez-le à la farine, ainsi que quatorze œufs.

Ramassez bien le tout; manipulez-le, et faites sauter à deux mains sur la table, en travaillant ferme.

Lorsque le levain précité a triplé de hauteur, allongez votre pâte; couchez-y ce levain; mêlez bien le tout sans faire sauter, mais en le pressant fortement à deux mains.

Après un parfait mélange posez la totalité dans une terrine un peu grande; saupoudrez-la avec un peu de farine; posez par dessus une serviette pliée, afin d'empêcher le contact de l'air, et placez-la dans un lieu chaud.

Le lendemain matin, saupoudrez le tour à pâte, et versez-y dessus votre brioche; étalez-la, repliez-la sur elle-même et remettez-la dans sa terrine; trois ou quatre heures après, corrompez-la de nouveau et employez-la.

On peut lui donner la forme d'une couronne, ou, si l'on veut la servir pour grosse pièce, la mettre à cuire dans une caisse de papier de la forme d'un pâté; on la moule également en trois parties d'inégales grosseurs, que l'on superpose ensuite par rang de taille, tenant la plus grosse dessous; dorez la brioche et mettez-la au four, dix minutes après sa chaleur primitive (*Voy.* n° 572); vous pouvez mêler à la pâte, selon le goût, du fromage de Gruyère coupé à dés.

N° 634. Pâte de gâteaux aux Amandes.

Cassez douze œufs, mettez-en les jaunes dans un plat profond et les blancs dans un poêlon; ajoutez à ces derniers trois autres blancs; jetez dans les jaunes douze onces de sucre tamisé; mêlez bien le tout en battant avec deux cuillers de bois.

Fouettez les blancs bien doucement d'abord, et lorsqu'ils seront montés ferme, jetez dans les jaunes quatre onces d'amandes pilées et humectées, en pilant, de deux blancs d'œufs et d'une cuillerée à bouche d'eau de fleurs d'oranger ; faites tomber aussi dans vos jaunes la râpure d'un citron, et mêlez-y, en remuant toujours avec la cuiller, trois onces de fécule tamisée; versez ensuite vos jaunes dans les blancs, et remuez légèrement ce mélange.

Ayez alors un carré de tôle d'un pied de surface, placez-y un papier qui déborde d'un pouce; oignez-le d'un peu de beurre avec une plume, et versez dedans la pâte que vous égaliserez avec une carte passée d'un bout à l'autre; saupoudrez partout de sucre fin, et mettez au four, deux heures après sa chaleur primitive (*Voy.* n° 572); quarante-cinq minutes après, donnez un coup-d'œil au four; s'il était trop chaud, posez une feuille de papier sur le gâteau; si, au contraire, il ne l'était pas assez, mettez un peu de feu à la bouche du four ; une heure et demie ou deux heures suffisent à la cuisson.

Observation.

Vous pouvez glacer ce gâteau à la sortie du four, avec une glace royale (*Voy.* n° 631); semez de suite dessus des pistaches coupées à filets; on pourrait aussi les couper en losange ou en croissant, et le glacer avec du sucre coloré.

N° 635. **Génoise.**

Pilez quatre onces d'amandes, humectez en pilant avec la moitié d'un blanc d'œuf; mettez-les dans une terrine avec six onces de farine, six de sucre tamisé, et six œufs entiers; remuez ce mélange pendant cinq minutes et ajoutez-y six onces de beurre fondu ; travaillez encore pendant cinq minutes pour bien mélanger le tout ; joignez-y deux cuillerées d'eau-de-vie d'Andaye et la râpure d'un citron.

Placez cette pâte dans un carré de demi-pouce de hauteur, après l'avoir beurré, et faites cuire au four, deux heures après sa chaleur primitive (*Voy.* n° 572).

Après la cuisson, coupez la pâte de la forme qui vous conviendra ; glacez les morceaux avec la glace royale (*Voy.* n° 631), et semez-y du sucre de couleur ou des pistaches.

N° 656. Fondue au Fromage.

Mêlez, au moyen d'une cuiller, dans une casserolle, quatre onces de bon beurre et deux onces de fécule ; versez-y un verre et demi de bonne crème de lait presque bouillante, une pincée de poivre blanc, et ensuite trois onces de fromage de Parmesan avec trois onces de Gruyère râpés ; faites cuire le tout sur un feu modéré, en remuant avec une cuiller de bois ; desséchez votre pâte sans grumeaux, et mettez-la ensuite dans un plat profond ; ajoutez-y un fromage blanc qui fasse bien la crème, ou trois ou quatre cuillerées de crème fouettée (*Voy.* n° 681), quatre jaunes d'œufs que vous mêlez parfaitement au reste, et lorsque vous voudrez faire cuire, ajoutez encore à ce mélange quatre blancs d'œufs bien fouettés, que vous mariez légèrement à votre crème.

Versez la fondue dans une casserolle d'argent, et faites cuire au four, ou bien remplissez des petites caisses à biscuits, que vous rangerez sur une feuille et à distance ; soumettez, si vous voulez, au four de campagne, et ne faites cuire qu'au moment où vous présentez le premier service, vingt-cinq minutes devant suffire à la cuisson.

N° 637. Condés.

Faites une abaisse de pâte à feuilletage (*Voy*. n° 682) bien mince, que vous couperez par bandes de vingt lignes de largeur ; mettez sur ces bandes un doigt d'épaisseur de pâte de choux à la Mecque (*Voy*. n° 618), que vous égaliserez avec la lame d'un couteau ; tenez seulement le milieu un peu relevé.

Ayez une demi-livre d'amandes émondées, coupées à tout petits carrés et déjà séchées ; jetez-y quatre onces de sucre fin et un blanc d'œuf déjà mêlé ; remuez le tout, joignez-y un peu de citron râpé, et mettez de suite vos amandes sur la pâte, que vous égaliserez bien avec le couteau ; coupez vos Condés de deux pouces de longueur, et faites cuire au four, demi-heure après sa chaleur primitive (*Voy*. n° 572).

N° 638. Manière de beurrer le moule d'un Biscuit de Savoie.

Faites fondre un petit morceau de beurre, écumez aux premiers bouillons, et sitôt qu'il sera clair, changez-le de casserolle, n'y laissez pas tomber le fond ; lorsque votre beurre sera moins chaud, passez-le dans le moule que vous oindrez partout au moyen d'une plume ; renversez un instant le moule, et passez-y du sucre fin pendant deux fois.

Coupez des petites bandes de papier pour entourer le dessus du moule sur lequel il doit s'exhausser d'un pouce et demi ; faites-le tenir en y passant un peu de pâte de farine et d'eau.

Je recommande de mettre ce papier, de crainte que le biscuit en cuisant ne verse, ce qui ferait un mauvais effet et laisserait un vide au milieu.

N° 639. Pâte à Biscuit de Savoie.

Cassez seize œufs; mettez-en les jaunes dans un plat profond; et les blancs dans un poêlon; jetez dans les jaunes quatorze onces de sucre tamisé; remuez bien d'abord avec la cuiller, et battez ferme ensuite avec deux cuillers de bois; faites fouetter en même temps les blancs bien doucement en commençant, et plus fort après, en y mêlant une pincée de sel fin.

Une fois vos jaunes bien battus, et vos blancs bien montés, mettez dans les jaunes la râpure d'un citron un peu séché, et huit onces de fécule que vous y faites tomber du tamis.

Versez deux cuillerées à bouche des blancs dans les jaunes, pour les tenir moins épais, en remuant toujours; versez ensuite les jaunes dans les blancs en mêlant doucement avec le fouet; quand ce mélange est bien opéré, versez-le dans le moule et mettez au four, trois heures après sa chaleur primitive (*Voy.* n° 572). J'ai souvent mis à cuire un biscuit de Savoie au moment où je retirais un pâté froid.

N° 640. Pastillages.

Mettez dans un pot une once de gomme adragant et un verre d'eau tiède; recouvrez bien d'un papier; sept à huit heures après, remuez votre gomme; le lendemain, passez-la dans un gros linge que vous tordrez à deux et à l'aide de deux morceaux de bois; mettez la gomme, ainsi passée, dans un mortier; broyez-la en y joignant huit onces de sucre royal passé au tamis de soie; lorsque votre pâte sera parfaitement pilée, mettez-la dans une terrine où elle soit bien serrée, et recouvrez-la d'un linge humecté.

Quand vous voudrez utiliser votre pâte, posez-la sur un marbre, et mêlez-y avec les doigts, du sucre royal passé au tamis de soie. Beaucoup de cuisiniers ne se servent de pastillage que comme décors, et au lieu de sucre, emploient de l'amidon tamisé.

On colore cette pâte en y mêlant du carmin, du vert ou toute autre couleur.

N° 641. Pâte d'Amandes pour assiettes montées.

Pilez parfaitement une livre d'amandes émondées et déjà trempées quelques heures à l'eau fraîche ; humectez, en pilant, avec un jus de citron et de l'eau de fleurs d'oranger ; mettez-les ensuite dans une casserolle ; desséchez-les au feu en y joignant huit onces de sucre passé au tamis de soie ; quand votre pâte est desséchée, ôtez-la de la casserolle pour la remettre au mortier, et quand elle sera plus que tiède, jetez-y une demi-once de gomme adragant dissoute dans un demi-verre d'eau tiède.

Faites tomber encore dans la pâte, à mesure que vous pilerez, huit onces de sucre tamisé et le jus d'un citron ; enlevez-la du mortier, pliez-la en rouleau dans du papier légèrement saupoudré de sucre, et servez-vous-en pour toutes sortes d'assiettes de pâte d'amandes ; colorez celle-ci comme la précédente.

N° 642. Pâte d'office.

Placez sur le tour à pâte une livre de farine dans le milieu de laquelle vous ferez la fontaine ; mettez dans ce vide douze onces de sucre tamisé, deux œufs entiers, ou bien trois ou quatre blancs, deux gros de gomme adragant, dissoute dans un peu d'eau tiède et un peu d'eau de fleurs d'oranger ; mêlez d'abord ces objets avec le sucre et ensuite avec la farine ; travaillez cette pâte avec les mains, et faites-en des fonds pour des pièces montées ; vous pouvez même en monter des pièces entières, en colorant une partie de la pâte ; vous la collez avec les parures mitigées avec de la gomme arabique dissoute à l'eau, et vous faites sécher au four extrêmement doux.

N° 643. Beignets de Pommes.

Passez au milieu de chacune un vide-pomme pour enlever les pepins ; pelez-les, et coupez-les ensuite par quartiers ou à tranches, et marinez-les dans un plat avec un peu de sucre tamisé, d'eau-de-vie et de l'eau de fleurs d'oranger ; faites-les sauter de temps en temps sans les briser ; égouttez-les pour les envelopper d'une pâte à frire (*Voy.* n° 192).

Quand la friture est bien chaude, jetez-y vos beignets, et lorsqu'ils seront cuits d'un côté tournez-les de l'autre ; enlevez-les ensuite au moyen de l'écumoire, et faites égoutter dans une passoire.

Saupoudrez-les de sucre fin en les servant, ou si vous le préférez, glacez-les au caramel et semez par dessus des pistaches hachées.

N° 644. Beignets de Pêches.

Pelez les pêches, partagez-les au milieu, enlevez le noyau, et mettez à mariner comme pour les pommes (*Voy.* n° 643); faites cuire et servez de même.

N° 645. Beignets de Poires.

Pelez et coupez par quartiers ; si vos poires sont mûres

et tendres, préparez comme les pêches, sinon faites-les cuire d'abord dans un sirop, et après cuisson, faites frire comme les autres.

N° 646. Rocaille aux Pistaches montée.

Emondez, lavez une livre d'amandes et séchez-les sur une serviette; coupez quelques zestes de citron, que vous écraserez dans un mortier, de manière à ce qu'il n'en reste aucun fragment ; pilez-y vos amandes auxquelles vous mêlerez peu à peu, en pilant, cinq gros œufs ou six petits, successivement; faites-y tomber peu à peu aussi une livre de sucre ; ne pilez pas trop; faites que vos amandes soient un peu grainées, mais que le tout soit bien lié.

Sortez alors la pâte du mortier, mettez-la dans un plat profond en remuant bien avec une cuiller.

Passez un peu d'huile ou de beurre sur des feuilles non étamées, et placez-y la pâte bien mince et parfaitement égalisée avec le couteau ; semez-y quelques pistaches coupées ; faites cuire au four, en ayant soin de conserver entre la cuisson des diverses feuilles, un peu d'intervalle, afin d'avoir le temps de couper les gaufres.

Mettez au four, deux heures après sa chaleur primitive (*Voy.* n° 572), et lorsque les gaufres commencent à prendre une bonne couleur, saisissez ce moment pour les couper, en sortant les feuilles à la bouche du four; coupez au couteau, et passant la lame en dessous, enlevez chaque fraction pour la poser sur un rouleau.

Quand toutes vos gaufres seront cuites, coupez un fond de même pâte, mettez-le sur le plat, et posez les autres perpendiculairement, les plus grandes au centre, en assujétissant le bas avec du caramel ; avec ce même caramel, et au moyen de deux fourchettes que vous y trempez, vous faites sur vos gaufres divers filets sucrés.

N° 647. Petites caisses de Gaufres à la Chantilly.

Faites et cuisez comme les précédentes ; coupez ensuite, avec un coupe-pâte, des fonds de deux pouces de diamètre, et des bandes de six pouces de longueur sur huit lignes de haut ; réunissez les deux extrémités, et posez alors sur le fond, de manière à former un gobelet ; collez avec du caramel, et lorsque vous voudrez servir, remplissez vos caisses de crème à la Chantilly, que vous éleverez en pyramide (*Voy.* n° 681).

N° 648. Gaufres à la Reine.

Coupez à filets bien fins une livre d'amandes, que vous ferez sécher au four sans qu'elles se colorent ; mettez dans un plat profond huit onces de sucre passé au tamis de soie, une once de farine et cinq œufs entiers ; s'ils sont petits, ajoutez-en la moitié ou la totalité d'un sixième ; joignez à ce mélange de la râpure de citron, mettez vos amandes dedans, et après avoir bien battu les œufs et le sucre, remuez un instant le tout avec la cuiller ; vous placerez ensuite cette pâte sur des feuilles huilées, vous les égaliserez bien avec le couteau, et ferez cuire au four comme les précédentes, après les avoir parsemées de filets de pistaches.

N° 649. Gaufres flamandes.

Prenez demi-livre de pâte à brioche (*Voy.* n° 615) ; joignez-y un demi-verre d'Andaye, deux onces de sucre fin, deux onces de macarons amers, deux onces de fleurs d'oranger pralinées ; écrasez le tout avec le rouleau ;

ajoutez-y ensuite deux onces de raisins de Corinthe, mêlez le tout ensemble et versez-le sur une plaque que vous aurez beurrée ; étendez-l'y de l'épaisseur de six lignes, puis vous mettrez à cuire au four ; après cuisson, coupez par fragments de deux pouces carrés et formez vos gaufres, que vous glacerez au sucre cassé et que vous masquerez bien légèrement de *pistaches hachées*.

N° 650. Jeannettes.

Foncez avec du feuilletage (*Voy.* n° 582) bien mince des petits moules plats ; mettez-y de la marmelade de pommes, et faites cuire au four chaud comme pour le feuilletage ; après cuisson, sortez-les du four, et une heure après, fouettez bien ferme trois blancs d'œufs, auxquels vous mêlerez quatre onces de sucre tamisé ; mettez un peu de ce blanc sur votre marmelade ; égalisez-la avec le couteau, et faites sur chaque jeannette sept petites meringues de la grosseur d'une noisette ; saupoudrez-les avec du sucre fin, remettez au four pour leur faire prendre une bonne couleur, et retirez-les.

N° 651. Charlotte aussitôt fait.

Coupez des morceaux de mie de pain blanc à potage, en forme triangulaire et d'une longueur de deux pouces ; faites-les frire dans le beurre, mais qu'ils ne soient pas trop secs, et qu'ils aient bonne couleur ; entreposez-les alors sur un plat ; jetez-y quelques gouttes d'eau de fleurs d'oranger, et saupoudrez bien avec du sucre passé au tamis de soie.

Bardez avec ce pain une casserolle à poupeton ; faites une marmelade de pommes un peu épaisse, et dans laquelle vous mêlez un peu de marmelade d'abricots; versez ce mélange dans la casserolle; soumettez au four pour lui donner seulement le temps de se chauffer, et lorsque vous voulez servir, renversez votre charlotte sur le plat, et passez sur le pain un peu de gelée de pommes.

La charlotte se fait également avec des tranches dorées, que l'on fait de la manière suivante :

On trempe le pain déjà coupé dans du lait édulcoré et refroidi ; puis on passe les tranches dans de l'œuf battu, et on les fait frire.

N° 652. Charlotte à l'Italienne.

Vous faites d'abord un mélange de marmelade de pommes et d'abricots, comme ci-dessus, et vous le versez dans un plat, où vous égalisez bien la surface en relevant un peu le milieu; ensuite vous fouettez bien ferme trois blancs d'œufs, auxquels vous mêlez quatre onces de sucre passé au tamis de soie; jetez-y aussi un peu de citron râpé; cela fait, posez vos blancs sur la marmelade, en leur donnant la forme des côtes d'un melon; saupoudrez avec du sucre fin, et mettez au four bien doux pour cuire les blancs et leur donner une bonne couleur.

N° 653. Charlotte ordinaire.

Emincez bien fin des pommes déjà pelées ; mettez-les dans une terrine où vous les saupoudrerez de sucre et les parfumerez d'eau de fleurs d'oranger; coupez de la mie de pain en triangles un peu allongés, et faites comme pour la charlotte aussitôt fait, avec cette seule différence que le pain, au lieu d'être frit, est seulement passé dans du beurre fondu, et qu'au lieu de mêler les deux marmelades, vous alternez par couches de l'une et de l'autre; faites cuire au four chaud (*Voy.* n° 572).

N° 654. Charlotte Russe.

Coupez quatre onces de biscuits langues de chats, toujours de forme triangulaire, un biscuit pour deux; faites de la glace royale (*Voy.* n° 651), prenez-en la moitié et mêlez-y un peu de vert d'épinards; colorez l'autre avec du carmin, ou laissez-la en blanc; passez à chacun de vos morceaux de biscuit une de ces deux couleurs, et faites sécher au four; bardez-en alors une casserolle.

Mettez dans un plat profond de la crème bourgeoise (*Voy.* n° 702), à peu près les trois quarts de ce que peut contenir votre charlotte, joignez-y six gros de gélatine clarifiée (*Voy.* n° 712); je ne fixe pas précisément la quantité, l'intensité de celle-ci devant dépendre du temps qu'il fait ou de la glace qu'on peut se procurer; mêlez bien, et faites refroidir sur de la glace, autant que possible, en tournant de temps en temps avec la cuiller; quand la crème commencera de se prendre, mêlez-y de la crème fouettée (*Voy.* n° 681), édulcorée à l'ordinaire, le tout bien mêlé; versez dans la charlotte, couvrez-la de biscuits, et achevez de faire prendre au frais ou à la glace; ensuite vous la renverserez sur un plat.

Observation.

On peut faire toutes sortes de charlottes russes avec du blanc-manger mêlé à la crème fouettée ou toute autre; on peut aussi former les moules avec plusieurs pâtes différentes, en y mêlant toujours six ou sept gros de gélatine clarifiée.

N° 655. Gâteau de riz.

Lavez à plusieurs eaux six onces de riz; faites-le bouillir avec un peu d'eau pendant trois minutes dans une casserolle; égouttez-le ensuite sur un tamis; remettez le riz dans la casserolle avec un peu de sel, l'écorce d'un citron, quatre feuilles de laurier-amande, et mouillez-le avec trois quarts de litre de lait; faites cuire à petit feu, en y joignant huit onces de sucre.

Lorsqu'il est cuit un peu épais, mettez-le dans un plat profond; enlevez le citron et le laurier, et jetez-y deux onces de macarons écrasés, deux de moelle de bœuf hachée, dont vous avez bien ôté toutes les peaux, un peu de crème pâtissière (*Voy.* n° 680) ou de crème fouettée (*Voy.* n° 681), et une cuillerée à bouche d'eau de fleurs d'oranger; ajoutez, enfin, quatre jaunes d'œufs, et amalgamez bien le tout avec une cuiller de bois.

Au moment de mettre au feu, fouettez bien ferme quatre blancs d'œufs, et mêlez-les également avec le riz; beurrez un moule ou une casserolle, et faites tomber sur ce beurre ou des biscuits brisés et tamisés, ou de la mie de pain; cela fait, versez le riz dans le moule, et soumettez au four, demi-heure après sa chaleur primitive (*Voy.* n° 572).

On peut également foncer, pour le gâteau au riz, une casserolle avec de la pâte à feuilletage (*Voy.* n° 582).

N° 656. Riz soufflé.

Faites crever à l'eau dix onces de riz; après quelques minutes d'ébullition, égouttez-le sur un tamis, et placez-le ensuite dans une casserolle où vous verserez cinq verres de lait bouillant; ajoutez l'écorce d'un citron, trois ou quatre feuilles de laurier-amande et un grain de sel ; faites cuire très-doucement, pour qu'il cuise bien, et recouvrez d'un couvert avec un peu de feu dessus ; après trois quarts-d'heure de cuisson, jetez-y huit onces de sucre pilé et quatre de beurre frais ; remuez le tout avec une cuiller de bois, et faites mijoter encore pendant une demi-heure, alors le riz doit être bien cuit ; passez-le à l'étamine comme une purée, et placez-le sur des cendres chaudes.

Pendant ce temps, fouettez bien huit blancs d'œufs ; ôtez le riz du feu, et mêlez-y les huit jaunes ; le riz doit avoir la consistance d'une crème pâtissière (*Voy.* n° 680) ; mêlez-y, enfin, les huit blancs légèrement, et versez votre soufflé dans une autre casserolle (d'argent, s'il est possible) ; mettez au four doux, et donnez une heure et demie de cuisson.

On peut parfumer le soufflé à l'orange, à la vanille, etc.

N° 657. Omelette à la Célestine.

Cassez des œufs, conservez la moitié des blancs, et jetez une pincée de sel dans le reste ; fouettez bien ferme les blancs ; sucrez légèrement les œufs, et ajoutez-y de l'écorce de citron confit ; battez-les en y mêlant ensuite les blancs fouettés.

Mettez un morceaux de beurre dans une poêle sur le feu, et faites votre omelette ; sucrez-la avant de la rouler, et après l'avoir roulée, posez-la sur son plat ; saupoudrez-la de sucre pour la glacer avec une pelle rougie ou des brochettes, vous piquerez alors sa surface de morceaux de citron confit.

N° 658. Omelette soufflée aussitôt faite.

Ayez dans une terrine quatre jaunes d'œufs, quatre onces de sucre tamisé, quatre macarons amers et une pincée de fleurs d'oranger pralinées, le tout bien écrasé; ajoutez-y une petite pincée de sel, et travaillez-les cinq à six minutes.

Fouettez les quatre blancs de vos œufs; lorsqu'ils seront bien fermes, amalgamez-les au reste et versez le tout dans une poêle où vous aurez déjà fait fondre une once et demie de beurre.

Lorsque l'omelette commence à se chauffer, sautez-la pour la retourner, et du moment où elle prendra couleur, pliez-la en deux et versez-la sur son plat, en ayant soin de replier les deux extrémités en dessous pour l'arrondir.

Mettez-la de suite au four, mais qu'il ne soit pas trop chaud; dès qu'elle prend une couleur jaunâtre, saupoudrez-la de sucre pour la glacer à la flamme; vous pouvez également la mettre à cuire sur un trépied avec des cendres chaudes, et en la recouvrant du four de campagne; on peut même la cuire aussi sous le fourneau, en la recouvrant d'une feuille de papier.

N° 659. Mirlitons.

Après avoir mis dans une terrine quatre œufs entiers, plus quatre jaunes, vous y ferez tomber huit onces de sucre et six de débris d'office ou de macarons, avec une once de fleurs d'oranger pralinées, le tout bien écrasé; mêlez pendant deux minutes avec une cuiller, et joignez-y quatre onces de beurre clarifié; remuez encore pendant dix minutes, et fouettez alors quatre blancs d'œufs bien ferme, que vous joindrez aussi à votre pâte.

Foncez avec de la pâte de demi-feuilletage (*Voy.* n° 584) des petits moules plats, de deux pouces et demi de diamètre; posez-y votre préparation, et lorsque vos mirlitons sont ainsi garnis, saupoudrez-les de sucre fin; soumettez au four, une heure après sa chaleur primitive (*Voy.* n° 572).

Tenez prêt un blanc d'œuf fouetté à moitié, et des petits anneaux de pâte d'amandes ou de pâte d'office, que vous aurez eu soin de faire sécher; trempez-les dans le blanc d'œuf, et placez-les au milieu des mirlitons; laissez au four deux minutes, et retirez; quand les mirlitons sont froids, vous garnissez le milieu de l'anneau avec un peu de gelée de groseilles ou toute autre confiture.

N° 660. Flanc.

Mettez dans votre casserolle une once et demie de farine et un œuf entier; remuez ce mélange en y ajoutant six jaunes d'œufs, six onces de sucre, quatre de débris d'office écrasés, un œuf entier, un peu d'eau de fleurs d'oranger, la râpure d'un citron et deux verres de lait.

Foncez un moule avec de la pâte à feuilletage (*Voy.* n° 582); versez-y le flanc, et soumettez au four, une demi-heure après sa chaleur primitive (*Voy.* n° 572); après cuisson, glacez-le.

N° 661. Pommes à la Dauphine.

Pelez, videz des pommes, et cuisez-les un moment au sirop; mettez ensuite dans un plat qui puisse aller au four, un peu de crème pâtissière (*Voy.* n° 680); rangez-y vos pommes dessus, et mettez au-dedans des pommes de la groseille ou de la marmelade d'abricots.

Mêlez au reste de votre crème un blanc d'œuf fouetté ; couvrez-en les pommes ; égalisez bien avec la lame d'un couteau ; faites cuire au four, trois quarts-d'heure après sa chaleur primitive, et à moitié cuisson, saupoudrez avec un peu de sucre fin.

N° 662. Pommes au riz.

Après les avoir pelées et vidées, vous les faites cuire au sirop ; lavez quatre onces de riz, et faites-le bouillir dans une casserolle pendant deux minutes ; égouttez-le sur un tamis ; remettez-le dans la casserolle, versez-y deux verres de lait bouillant, et faites bouillir à petit feu en y ajoutant un peu d'écorce de citron et quatre onces de sucre ; remuez avec une cuiller, pour que le riz cuise également, et faites attention de ne pas le briser ; une heure de cuisson suffit, et il doit se trouver un peu épais.

Versez-le dans un plat profond, en y mêlant deux onces de débris d'office bien écrasés, deux cuillerées de crème fouettée (*Voy.* n° 681) ou de crème pâtissière (*Voy.* n° 680), et trois jaunes d'œufs ; remuez avec une cuiller, en prenant toujours garde de ne pas écraser le riz ; fouettez les blancs d'œufs que vous avez, et amalgamez-les au reste.

Le tout ainsi préparé, mettez-en le tiers dans le fond d'un plat et les pommes par dessus ; garnissez le dedans de vos pommes avec de la marmelade d'abricots ; recouvrez du reste de votre riz, et soumettez au four, demi-heure après sa chaleur primitive (*Voy.* n° 572) ; à moitié cuisson, faites-y tomber du sucre tamisé pour le glacer.

N° 663. Pêches au gratin.

Pelez des pêches, coupez-les par le milieu, jetez-en les

noyaux ; mettez les pêches dans une terrine, assaisonnez avec du sucre fin, un peu d'eau de fleurs d'oranger; faites-les sauter; recouvrez le fond d'un plat de crème pâtissière (*Voy.* n° 680), et rangez-les par dessus.

Mêlez un blanc d'œuf fouetté au reste de votre crème; couvrez-en vos pêches ; égalisez-la avec un couteau, saupoudrez de sucre tamisé, et mettez au four.

On fait aussi ce gratin dans une abaisse de feuilletage (*Voy.* n° 582).

On fait également des gâteaux de pommes, de pêches et de tout autre fruit, sans crème; on coupe, par exemple, des pommes à tranches, on les assaisonne dans un plat avec du sucre fin et un peu d'eau de fleurs d'oranger, on les fait sauter, et après avoir fait une abaisse de feuilletage, on les y range dessus en les saupoudrant d'un peu de citron râpé et de sucre, et on soumet au four.

Lorsqu'on fait ce gâteau avec des pêches, on ne les coupe que par le milieu.

N° 664. Gâteau de Pommes de terre.

Cuisez-les d'abord sous la cendre, et après en avoir ôté les peaux ainsi que les parties rougeâtres, mettez-les dans une casserolle avec du lait sucré et l'écorce d'un citron.

Faites bouillir et écrasez vos pommes de terre avec une cuiller ; lorsque le tout est un peu épaissi à la consistance d'une crème pâtissière, ôtez du feu et versez dans un plat profond ; joignez-y de la crème pâtissière (*Voy.* n° 680), des débris d'office bien pulvérisés, et où vous avez mêlé des fleurs d'oranger pralinées ; ajoutez quatre jaunes d'œufs que vous amalgamez bien avec la cuiller, et après en avoir fouetté les blancs, mêlez-les au reste.

Ayez alors une casserolle que vous bardez avec du papier beurré ; versez-y votre gâteau, et faites cuire au four, une demi-heure après sa chaleur primitive ; après cuisson, laissez reposer un instant ; renversez sur un couvert de casserolle, ôtez le papier et mettez le gâteau sur le plat.

N° 665. Manière de barder les casserolles avec du papier pour toutes sortes de gâteaux et pour poupetons de Poissons.

Coupez des bandes de papier d'une forme triangulaire bien allongée : le petit bout doit être placé au milieu du fond de la casserolle et ressortir d'un pouce en dehors ; après avoir passé ces bandes dans du beurre fondu, vous en garnirez à mesure l'intérieur de la casserolle, en les appuyant les unes sur les autres à deux lignes de distance ; vous répandrez le restant du beurre fondu sur le papier, et vous y placerez le gâteau au moment de le cuire.

N° 666. Gâteau à la Duchesse.

Faites une crème pâtissière (*Voy.* n° 680) ; au lieu de farine, mettez-y une once et demie de fécule de pommes de terre, que vous délaierez et finirez de même ; versez-la dans un plat profond ; joignez-y quatre onces d'amandes pilées, deux onces de sucre fin, de la moelle de bœuf et des fleurs d'oranger pralinées, le tout bien haché ; ajoutez encore une once de citron confit et coupé à petits dés, un demi-verre de Malaga, cinq jaunes d'œufs ; amalgamez le tout ensemble ; lorsque vous voulez mettre à cuire, joignez-y quatre cuillerées de crème à la Chantilly et les cinq blancs d'œufs fouettés en neige ; versez ensuite le gâteau dans une casserolle bardée de papier beurré ; cuisez au four, demi-heure après sa chaleur primitive ; après cuisson, retirez la casserolle, renversez sur son couvert, ôtez le papier en commençant par celui qui occupait le le fond, et posez le gâteau sur son plat.

N° 667. Omelette à la Noailles.

Faites une crème pâtissière (*Voy.* n° 680), versez-la dans un plat profond, et mêlez-y deux onces de macarons avec deux onces de fleurs d'oranger pralinées ; cassez-y cinq œufs entiers, et remuez bien avec la cuiller.

Bardez une casserolle avec du papier beurré ; versez votre omelette et soumettez au four, une heurre après sa chaleur primitive (*Voy.* n° 572); lorsqu'elle est cuite, tournez-la sur un couvert de casserolle, ôtez le papier et mettez-la sur son plat.

N° 668. Pouding anglais.

Hachez quatre onces de graisse de bœuf bien farineuse, et deux onces de moelle dont vous avez enlevé toutes les les peaux ; mêlez et hachez ensemble, puis placez le tout dans un plat profond avec quatre onces de sucre, autant de farine, quatre œufs entiers, le quart d'un verre de rhum, une pincée de sel, quatre onces de raisins secs dont vous avez ôté les pepins, deux onces de marmelade d'abricots, deux pommes bien émincées, et deux onces de macarons écrasés ; remuez parfaitement ce mélange pendant dix minutes ; ayez une serviette dont vous beurrerez le milieu; placez-y votre pouding en relevant les quatre bouts; ficelez en donnant une forme ronde au contenu de la serviette et mettez le tout dans une marmite avec de l'eau ; attachez à la serviette un poids pour que le pouding reste toujours au fond, et cuisez pendant quatre heures.

Servez-le de suite après l'avoir paré avec le couteau, et mettez la sauce à part.

N° 669. Sauce pour le pouding.

Mettez dans une casserolle trois ou quatre jaunes d'œufs, deux cuillerées à bouche de farine, deux onces de sucre, deux de beurre frais, un verre et demi de Malaga ou de Madère; tournez cette sauce sur le feu; lorsqu'elle veut bouillir, ôtez-la pour la passer au tamis, et versez-la dans un bol pour la servir en même temps que le pouding

N° 670. Macédoine de Fruits.

Cuisez au sirop toutes sortes de fruits; après avoir pelé et partagé les gros, comme pommes, pêches, etc., symétrisez-les dans un moule, en forme de dôme, ou dans un bol où vous les rangez en séparant les espèces; enlevez même, avec un vide-pomme, le milieu des fruits; coupez par moitiés, et remplissez le vide avec une cerise ou des morceaux de chinois.

Lorsque tous vos fruits seront ainsi rangés intérieurement autour du moule, mêlez à leurs débris une gelée au rhum (*Voy.* n° 716), dont vous achèverez de remplir votre moule; mettez au frais, et au moment de servir, renversez sur le plat, et passez par dessus un peu de gelée de pommes.

N° 671. Vole-au-Vent à la Macédoine.

Faites cuire, à l'ordinaire, un vole-au-vent, puis ôtez du dedans la pâte qui n'est pas bien cuite, et enfoncez le couvert au fond; glacez la bande du pourtour avec de la glace royale (*Voy.* n° 631), sur laquelle vous semez des pistaches hachées; faites sécher un moment, et lorsque vous voudrez servir, renversez-y votre macédoine (*Voy.* n° 670), en observant que le moule soit juste d'ouverture avec le vol-au-vent.

N° 672. Sicilienne.

Mettez dans quatre petits plats de la crème pâtissière (*Voy.* n° 680); colorez l'un avec du vert d'épinards (*Voy.* n° 115), l'autre avec du carmin, le troisième avec du chocolat râpé, et laissez le quatrième au naturel; coupez un biscuit de Savoie par tranches (*Voy.* n° 639), et mettez sur chacune une couche différente de crème; remettez ensuite le gâteau dans sa forme primitive, et glacez-le avec une glace royale (*Voy.* n° 631).

Vous pouvez donner au gâteau toutes les formes que vous voudrez, et varier la couleur de la glace; le goût de l'ouvrier fait tout. On peut aussi remplacer la crème par toutes sortes de gelées ou de confitures.

N° 674. Gros Biscuit à la Macédoine.

Faites un gros biscuit (*Voy.* n° 639); glacez-le, décorez-le à votre goût, et puis tracez dans le milieu, avec la pointe du couteau, le pourtour que doit occuper le dôme de votre macédoine; creusez de deux ou trois lignes cette surface, pressez-la un peu avec la main, et versez dessus votre macédoine (*Voy.* n° 670), que vous recouvrirez légèrement de gelée de pommes.

N° 674. Biscuit de Savoie en surprise.

Creusez d'une manière régulière le milieu d'un biscuit (*Voy.* n° 639), et remplissez le vide avec une crème à la

Chantilly (*Voy.* n° 681), préparée à l'ordinaire, et dans laquelle vous versez en servant du marasquin de Zara ; filez sur un moule en forme de dôme un peu de sucre, et placez-le sur le milieu du biscuit.

N° 675. Fromage à la Chantilly dit *Bavarois*.

Jetez quelques zestes de citron dans un mortier, et broyez-les de manière à ce qu'il n'en reste pas de fragments ; pilez-y ensuite huit onces d'amandes que vous humecterez avec du lait bouilli et refroidi ; en même temps, faites bouillir les trois quarts d'un litre de lait avec un demi-bâton de vanille et huit onces de sucre ; lorsqu'il est réduit d'un tiers, laissez-le refroidir, mêlez-le aux amandes et passez le tout quatre fois à la serviette, en pressant les amandes autant que possible ; mêlez ensuite à ce lait six gros de gélatine clarifiée à l'ordinaire (*Voy.* n° 712), et mettez-le à la glace ; il faut alors le remuer de temps en temps, et quand le lait commence à se congeler, il faut y joindre une quantité semblable de crème fouettée à la Chantilly (*Voy.* n° 681), et une bonne cuillerée à bouche d'eau de fleurs d'oranger ; enduisez un moule avec de l'huile d'amandes douces, et versez-y le fromage ; vous poserez et établirez bien le moule dans six livres de glace pilée, et au moment de servir, vous le renverserez sur un plat.

N° 676. Ramequin.

Mettez dans une casserolle deux verres de lait, un grain de sel, deux onces de beurre, autant de Parmesan râpé, et posez-le sur le feu ; quand le liquide sera en ébullition, vous retirerez la casserolle, et vous délaierez dans son contenu dix onces de farine tamisée ; vous la remettrez alors sur le feu, et l'y laisserez cinq minutes pour rapprocher la pâte, en continuant de la remuer ; cet intervalle écoulé, retirez la casserolle, ajoutez à son contenu deux onces de beurre, deux onces de Gruyère coupé à petits carrelets, et une pincée de sucre ; amalgamez bien le tout, et joignez-y successivement dix œufs entiers, en continuant toujours de travailler la pâte avec la cuiller de bois ; ensuite vous enduirez légèrement de beurre des feuilles de fer ou de cuivre, sur lesquelles vous poserez, à deux pouces de distance, des portions de pâte équivalentes à une cuillerée à bouche ; vous les dorerez ; vous piquerez sur chacune d'elles des lardons de fromage de Gruyère, et les mettrez au four, quinze minutes après sa chaleur primitive (*Voy*. n° 572) ; le ramequin doit être mangé chaud.

N° 677. Gâteau Carolus.

Emondez huit onces d'amandes et pilez-les au mortier, en les humectant avec un blanc d'œuf et deux cuillerées à bouche d'eau de fleurs d'oranger, dans laquelle vous avez fait infuser la râpure d'un citron ; joignez à la pâte qui en résulte quatre jaunes d'œufs et huit onces de sucre, et travaillez le tout dix minutes ; vous fouetterez ensuite bien ferme les quatre blancs d'œufs, vous les amalgamerez au restant de la préparation, qu'enfin vous verserez sur une abaisse de pâte à feuilletage (*Voy*. n° 582), épaisse de deux lignes, dont vous relèverez les bords en forme d'ourlet, afin que la pâte d'amandes ne coule pas ; vous mettrez le gâteau au four une demi-heure après sa chaleur primitive (*Voy*. n° 572), et quand il commencera à roussir, vous le couvrirez d'un papier, afin de laisser à la pâte le temps de se cuire.

Nota. Ce gâteau peut être transformé en gâteau méringué ; il faut, à cet effet, fouetter bien ferme trois blancs d'œufs dans lesquels il faut faire tomber, à travers un tamis de soie, quatre onces de sucre et la râpure d'un citron, et quand ces objets sont bien amalgamés, on pose, en forme pyramidale, de pleines cuillerées à café, à côté les unes des autres ; on saupoudre ces petites méringues avec du sucre écrasé, et on expose de nouveau le gâteau au four, une heure et demie après sa chaleur primitive (*Voy.* n° 572), afin de colorer les méringues, sur chacune desquelles on peut poser des pistaches.

N° 678. Omelette soufflée à la Crème.

Faites une crême pâtissière comme au n° 680 ; seulement, employez-y une once et demie de farine ; cuisez et parfumez de même ; avant de préparer votre omelette, joignez à la crême quatre jaunes d'œufs, une once de moelle de bœuf bien hachée ; mêlez le tout ensemble ; fouettez et ajoutez-y les quatre blancs d'œufs ; versez ensuite ce mélange sur un plat d'argent ou tout autre qui puisse supporter le feu, et cuisez sous le four de campagne, en mettant des cendres rouges sous un trépied.

Quand votre omelette sera presque cuite, vous la saupoudrerez avec du sucre fin pour la glacer.

N° 679. Manière de clarifier le Sucre.

Mettez dans un petit poêlon seize onces de sucre coupé à petits morceaux ; versez-y deux verres d'eau, et mettez sur le feu ; battez avec une fourchette le quart d'un blanc d'œuf et le quart d'un verre d'eau ; lorsque celle-ci est un peu mousseuse, jetez-la dans votre sucre au moment où il entre en ébullition, et remuez un peu avec la fourchette; retirez alors sur l'angle du fourneau, et faites bouillir bien doucement; écumez dix minutes après; mouillez une serviette, tordez-la, et passez-y votre sirop.

CHAPITRE XVII.

CRÈMES.

N° 680. Crème pâtissière.

Délayez dans une casserolle une once de farine avec cinq jaunes d'œufs et deux verres de lait; vous y joindrez quatre onces de sucre et un peu de citron râpé; tournez votre crème sur le feu, et quand elle commencera à bouillir, transportez-la sur les cendres rouges, où vous la laisserez quelques instants; versez-la ensuite dans un petit plat profond.

Écrasez avec le rouleau, sur la table, une once de macarons et un peu de zeste de cédrat, ou à défaut, des débris d'office; mêlez cela à votre crème, et parfumez avec un peu d'eau de fleurs d'oranger.

N° 681. Crème fouettée à la Chantilly.

Ayez quatre verres de crème de lait fraîche, versez-la dans un petit plat profond que vous mettrez au frais ou à la glace; quand vous voudrez la travailler, jetez-y une pincée de gomme adragant, et fouettez-la avec un fouet à biscuit pendant un quart-d'heure au moins: elle doit alors se trouver ferme; égouttez-la sur un tamis pour l'édulcorer ensuite dans une casserolle ou un plat profond, avec quatre onces de sucre fin; lorsque vous la servirez, joignez-y, si vous voulez, deux cuillerées à bouche de rhum ou de marasquin.

N° 682. Crème vierge.

Mesurez et faites tomber dans un plat huit à neuf petits pots à crème de lait; jetez-y un peu de sucre, de l'écorce de citron, une ou deux feuilles de laurier-amande, et faites bouillir un moment; passez ensuite au tamis; prenez trois gésiers de pigeons, que vous fendrez, et dont vous ôterez la peau intérieure; lavez cette peau, faites-la sécher, écrasez-la bien fine avec le rouleau, et mêlez-la à votre lait tiède que vous passerez cinq ou six fois à l'étamine; joignez-y un peu d'eau de fleurs d'oranger; remplissez vos petits pots, et faites prendre au bain-marie; couvrez-les toutefois, et posez même un peu de feu sur le couvert; quand la crème aura fait corps, retirez les petits pots.

N° 683. Petits Pots au Lait.

Faites bouillir pendant deux minutes le lait dans une casserolle; jetez-y deux onces de sucre par quart de litre, des zestes de citron coupés bien minces, et quelques feuilles de laurier-amande; passez au tamis.

Mettez dans un plat deux jaunes d'œufs et le quart d'un blanc par quart de litre de lait; remuez vos œufs avec une cuiller, et mêlez-y, peu à peu, le lait; lorsqu'il est à moitié refroidi, passez le tout, pendant trois fois, au tamis de soie; parfumez-le de quelques gouttes d'eau de fleurs d'oranger, et remplissez vos petits pots pour les cuire au bain-marie dans une casserolle.

Lorsque l'eau sera près de bouillir, transposez la casserolle sur un trépied, avec feu dessus et dessous; tenez l'eau presque bouillante, mais sans bouillons, et sitôt que votre crème est cuite, retirez vos pots, essuyez-les, et au moment de les servir, glacez-les avec un peu de sucre fin et un fer chaud.

N° 684. Petits Pots au Caramel.

Mettez un peu de sucre et d'eau dans une casserolle sur le feu ; lorsque, prenant une couleur rougeâtre, il commence à tomber en caramel, versez-y de l'eau de fleurs d'oranger, et un instant après, mêlez-le dans votre lait déjà bouilli et sucré comme le précédent ; passez le lait et les œufs au tamis, et faites cuire les petits pots de même.

N° 685. Petits Pots à la Vanille.

Faites bouillir pendant un quart-d'heure, dans le lait, des petits morceaux de vanille que vous aurez coupés ; ayez soin de mettre une quantité de lait un peu plus forte que celle qui vous est nécessaire, parce qu'il se réduira en bouillant ; assaisonnez, tamisez, et faites cuire comme pour les autres.

N° 686. Petits Pots au Chocolat.

Faites bouillir le lait ; assaisonnez-le de même ; râpez un peu de chocolat que vous ferez cuire à part avec un peu de lait ; mêlez ensuite le tout, et faites cuire ensemble, après avoir tamisé à l'ordinaire.

N° 687. Petits Pots au Café.

Quand votre lait a bouilli et qu'il est assaisonné, tenez prêt un peu de café brûlé, que vous jetez tout chaud dans le lait bouillant ; couvrez-le de suite, et faites encore bouillir pendant quatre minutes sur l'angle du fourneau ; tamisez, et finissez comme il a été déjà dit.

N° 688. Petits Pots à la Rose.

Disposez toujours votre lait de même, et lorsqu'il est bouillant, jetez-y une poignée de feuilles de rose ; couvrez bien ; ôtez la casserolle du feu, et faites votre crème à l'ordinaire, en y mêlant un peu d'eau de rose double.

N° 689. Petits Pots à la Violette.

Jetez dans le lait bouillant et sucré une poignée de violettes sans queues ; joignez-y quelques grains de cochenille ; couvrez la casserolle, retirez-la du feu, et finissez à l'ordinaire.

N° 690. Petits Pots à l'eau.

Vous mettez à bouillir, dans une casserolle, de l'eau au lieu de lait ; vous l'édulcorez, l'assaisonnez de la même manière, et finissez vos petits pots de même.

N° 691. Petits Pots au consommé.

Mêlez à du consommé froid deux jaunes d'œufs et le quart d'un blanc ; passez le tout deux ou trois fois dans un tamis ; remplissez-en vos petits pots, et cuisez, comme les autres, au bain-marie.

N° 692. Petits Pots au Bouillon.

Passez et faites cuire comme le précédent.

N° 693. Crème renversée.

On passe bien légèrement du beurre dans un moule, ou bien l'on en garnit le fond avec du caramel. Je préfère ce dernier moyen, car bien des gens craignent le beurre, et d'ailleurs, la crème risque de s'y attacher aux parois.

Mettez donc dans une casserolle une once de sucre et une cuillerée à bouche d'eau fraîche ; posez sur le feu, et sitôt que le sucre prend couleur, remuez bien la casserolle, et versez dans le moule, dont vous masquerez ainsi tout le fond.

Faites bouillir le lait dans une autre casserolle ; le volume de ce lait doit être des cinq sixièmes de votre moule ; assaisonnez avec deux onces de sucre par quart de litre ou verre de lait, des zestes de citrons coupés bien minces, et quelques feuilles de laurier-amande ; après deux minutes d'ébullition, passez au tamis de soie ; lorsqu'il sera refroidi, mêlez-y deux jaunes et demi d'œufs par verre de lait ; laissez-y tomber aussi tant soit peu de blanc ; parfumez avec un peu d'eau de fleurs d'oranger ; passez pendant trois fois dans un tamis, et versez dans le moule ; mettez au bain-marie, et au moment où l'eau semblera vouloir bouillonner, retirez du fourneau, posez sur un trépied, feu dessus et dessous, en ayant toujours soin de tenir l'eau presque bouillante, sans qu'elle bouille ; deux heures doivent suffire à la cuisson ; mettez à refroidir, versez sur le plat, et si au lieu de foncer votre moule avec du caramel, vous l'avez beurré, saupoudrez votre crème de sucre fin et glacez-la avec des brochettes brûlantes.

N° 694. **Crème renversée en ruban.**

Commencez de même, et lorsque vous aurez mêlé les œufs, faites quatre parts de votre crème ; colorez chaque partie d'une manière différente, vert d'épinards (*Voy.* n° 115), carmin, chocolat, et l'autre au naturel.

Après avoir foncé votre moule avec du caramel, versez-y la portion au naturel, et faites-la prendre au bain-marie; lorsqu'elle est presque prise, vous y verserez la seconde couleur, et ainsi de suite pour les autres; la cuisson doit s'opérer comme pour la précédente.

N° 695. Crème renversée à la Vanille.

Faites bouillir dans le lait assaisonné un bâton de vanille, après l'avoir coupé par morceaux; laissez cuire pendant quinze minutes pour que le lait prenne le parfum; ajoutez ensuite un peu plus de lait, en raison de la réduction qui s'y est opérée, et lorsqu'il sera refroidi, mêlez-y vos œufs pour achever la crème comme ci-dessus.

N° 696. Crème renversée au Chocolat.

Râpez du chocolat; faites-le cuire dans un peu de lait que vous jetterez dans celui dont vous devez faire votre crème, et qui aura déjà été préparé préliminairement comme pour les autres; mêlez-y les œufs, passez au tamis et terminez toujours de la même manière.

N° 697. Crème renversée au Café.

Faites en grand comme pour les petits pots (*Voy.* n° 687), avec les quantités voulues pour celle-ci.

N° 698. Crème renversée à la Rose.

Comme aux petits pots (*Voy.* n° 688), avec les quantités du n° 683.

N° 699. Crème renversée à la Violette.

Comme aux petits pots, n° 689.

N° 700. Crème dans le plat au bain-marie.

Mesurez la capacité du plat avec votre lait, et laissez la

place que doivent occuper les œufs ; mettez ce lait au feu dans une casserolle, et assaisonnez-le toujours de même; faites bouillir pendant deux minutes ; passez au tamis et laissez refroidir.

Mettez dans un plat profond des jaunes d'œufs et le quart d'un blanc pour chaque quart de litre de lait ; ajoutez un peu d'eau de fleurs d'oranger ; mêlez-y votre lait, et passez trois fois au tamis de soie; faites cuire au bain-marie dans une casserolle d'une dimension telle que le tour du plat qui doit contenir votre crème puisse y entrer à l'aise ; quand votre eau est chaude, et que vous y avez mis votre plat avec la crème, posez dessus un grand couvert de casserolle avec des cendres rouges, que vous laisserez jusqu'à ce que votre laitage soit pris, et quand vous voudrez le servir, glacez-le avec du sucre tamisé et une pelle rougie.

Observation.

On fait, par le même procédé, des crèmes au caramel, à la vanille, au chocolat, au café, à la rose, à la violette, etc.

N° 701. Crème anglaise.

Mettez dans une casserolle un litre de lait, huit onces de sucre et quatre feuilles de laurier-amande ; lorsque ce mélange aura bouilli deux minutes, vous le passerez au tamis, et après l'avoir laissé un peu refroidir, vous y mêlerez huit jaunes d'œufs, vous les délaierez bien avec le lait, après quoi vous poserez la casserolle sur le feu et tournerez son contenu avec une cuiller de bois, comme pour la crème bourgeoise (*Voy.* n° 702), jusqu'à ce qu'il ait pris la consistance voulue; alors vous le passerez encore au tamis, vous y joindrez une once de gélatine clarifiée (*Voy.* n° 712), et vous verserez le tout dans un moule dont vous aurez enduit tout l'intérieur avec de l'huile d'amandes douces ; vous ferez prendre alors votre crème dans de la glace pilée, ou bien dans un endroit très-frais ; lorsqu'elle sera congelée, vous la renverserez sur un plat et la servirez.

Observations sur les Crêmes anglaises.

On peut donner à ces sortes de crèmes toute espèce de parfums, en suivant le procédé indiqué aux crêmes bourgeoises ; on peut aussi marier cette dernière à de la crème à la Chantilly, dans la proportion suivante : deux tiers de crême bourgeoise pour un tiers à la Chantilly (*Voy.* n° 681) ; ajoutez à ce mélange et amalgamez avec lui une once de gélatine clarifiée, et versez-la dans un moule avec la précaution ci-dessus indiquée pour l'en retirer de la même manière.

N° 702. Crême bourgeoise.

Versez cinq verres de lait dans une casserolle ; assaisonnez-les avec le zeste d'un citron coupé bien mince, quelques feuilles de laurier-amande, et douze onces de sucre ; faites bouillir deux minutes et passez au tamis.

Cassez dans une seconde casserolle douze œufs dont vous n'emploierez que les jaunes ; joignez-y une once et demie de farine ; délayez ce mélange avec un verre de lait froid, et versez-y ensuite votre lait bouilli ; lorsqu'il sera attiédi, versez-y doucement, en remuant sans cesse dans le même sens, le contenu de votre casserolle ; posez sur le feu, et lorsque votre crême, commençant à s'attacher à la cuiller, semble près de bouillir, retirez du feu ;

tournez toujours jusqu'à ce qu'elle soit à moitié refroidie; jetez-y quelques gouttes d'eau de fleurs d'oranger, et passez au tamis, en faisant tomber dans le plat; glacez, au moment de servir, avec du sucre tamisé et une pelle rougie, comme ci-dessus.

N° 703. Crème en roche.

Montez bien ferme quatre blancs d'œufs auxquels vous mêlerez quatre onces de sucre fin, et de la râpure de citron; posez cette préparation, par cuillerées, sur une crème comme la précédente, et lorsqu'elle en sera toute masquée, saupoudrez avec du sucre, et faites cuire au four de campagne.

Vous pouvez aussi poser votre plat sur une grande casserolle, et soumettre au four jusqu'à ce que le tout ait pris une belle couleur.

N° 704. Crème au Chocolat.

Mettez dans une casserolle cinq verres de lait, dix onces de sucre, l'écorce d'un citron; faites bouillir et retirez du feu.

Cassez dix œufs, prenez-en les jaunes, et délayez-y une once et demie de farine avec un peu de lait froid; versez-y ensuite la totalité de votre lait, mais peu à peu et en tournant toujours avec la cuiller; faites cuire comme à la crème bourgeoise (*Voy.* n° 702).

Râpez un peu de chocolat, mettez-le dans une casserolle avec un verre de lait et deux onces de sucre; faites votre chocolat et versez-le dans votre crème et passez au tamis.

N° 705. Crème au Café.

Posez sur le feu, dans une casserolle, six verres de lait, douze onces de sucre, et un peu d'écorce de citron;

Faites brûler six onces de café, et lorsque votre lait est bouillant, jetez-y le café, couvrez et retirez du feu, de crainte que ce mélange le fasse verser.

Faites bouillir alors un instant sur le côté, en laissant toujours couvert, et passez-le ensuite au tamis.

Délayez dans une casserolle douze jaunes d'œufs, une once et demie de farine, et un peu de lait froid ; versez-y votre lait et faites comme à la crême bourgeoise (*Voy.* n° 702).

N° 706. Crême à la Vanille.

Prenez douze onces de sucre, jetez-les dans une casserolle où vous aurez mis sept verres de lait, et coupez-y un bâton de vanille à tout petits morceaux ; faites bouillir un quart-d'heure, afin de faire réduire d'un verre ; retirez du feu, et finissez avec douze jaunes d'œufs, votre crême à l'ordinaire (*Voy.* n° 702).

N° 707. Crême au Caramel.

Faites une crême bourgeoise avec six verres de lait, douze œufs, une once et demie de farine et douze onces de sucre (*Voy.* n° 702); ayez ensuite dans une petite casserolle, une once de sucre et trois cuillerées à bouche d'eau ; faites bouillir, et lorsque le caramel prend une couleur rougeâtre, jetez-y un peu d'eau de fleurs d'oranger; mêlez ensuite le tout dans votre crême.

N° 708. Crême aux Amandes.

Faites bouillir cinq verres de lait, dix onces de sucre, des zestes de citrons et quelques feuilles de laurier-amande.

Mettez dans un poêlon d'office dix blancs d'œufs, et montez-les à moitié avec un fouet à biscuit ; quand ils seront bien mousseux et bien blancs, délayez dans une casserolle une once et demie de farine avec un peu de lait; versez-y votre lait, mêlez-le à vos œufs, et placez votre poêlon sur un feu modéré, en remuant toujours avec le fouet; dès l'instant où votre crème se liera et voudra bouillonner, retirez-la et remuez toujours jusqu'à ce qu'elle soit à moitié refroidie.

Pilez une demi-livre d'amandes que vous humecterez, en pilant, avec quelque peu de lait bouilli et refroidi, afin qu'elles ne tournent pas en huile; lorsque les amandes seront bien pilées, placez-les dans une serviette, et passez-les quatre ou cinq fois, après y avoir mêlé un bon verre de lait bouilli et édulcoré avec deux onces de sucre.

Passez votre crème au tamis, faites-la tomber dans son plat, et mêlez-y le lait d'amandes avec un peu d'eau de fleurs d'oranger.

N° 709. Crème aux Pistaches.

Cette crème se fait comme la précédente; néanmoins, comme peu de gens peuvent en faire la différence, et que le prix est cependant bien autre, on peut se contenter de mêler aux amandes un peu de vert d'épinards (*Voy.* n° 115) dans le mortier, et glacer la crème comme la précédente.

N° 710. Crème à la Neige.

Faites bouillir six verres de lait, douze onces de sucre, la peau d'un citron et quelques feuilles de laurier-amande.

Cassez douze œufs, séparez-en les jaunes et les blancs.

Fouettez la moitié des blancs, où vous mêlerez deux onces de sucre fin avec la râpure d'un citron.

Quand votre lait bouillonnera, enlevez le laurier et le

citron, et mettez-y avec une cuiller, une partie de vos blancs montés ; faites de même jusqu'à ce que tous vos blancs soient cuits ; les enlevant au fur et à mesure, avec une écumoire vous les poserez successivement sur un tamis pour les faire égoutter.

Tournez alors vos jaunes et votre lait à moitié refroidi, comme à la crème bourgeoise (*Voy.* n° 702) ; après cuisson, posez vos blancs dans un plat, et versez par dessus votre crème.

N° 711. Crème économique.

Faites bouillir six verres de lait que vous assaisonnerez avec dix onces de sucre, l'écorce d'un citron et trois feuilles de laurier-amande ; laissez bouillonner deux minutes, et retirez du feu.

Cassez dans un poêlon six œufs entiers ; fouettez-les un instant avec le fouet à biscuit ; joignez-y six gros de farine, et versez-y le lait ; placez sur le feu, tournez avec le fouet jusqu'à ce qu'elle se lie comme les précédentes.

Vous pouvez faire ainsi toutes les crèmes dont j'ai parlé : café, caramel, vanille, violette, etc.

CHAPITRE XVIII.

GÉLATINE.

N° 712. Manière de clarifier la Gélatine pour toutes sortes de Gelées.

Mettez dans un poêlon ou une casserolle deux blancs d'œufs avec leurs coques, et le quart d'un verre d'eau ;

fouettez, au moyen d'un petit fouet d'osier, ce mélange pendant cinq minutes; ajoutez alors un litre (quatre grands verres environ) d'eau, une once et deux gros de gélatine, et posez sur le feu en remuant toujours avec le fouet ; au premier bouillon, exprimez dans la casserolle le jus d'un citrons, et retirez-la sur l'angle du fourneau ; couvrez-la, et mettez sur le couvert du charbon ardent ; faites bouillir tout doucement pendant douze minutes, et passez ensuite à la serviette ou au tamis de soie. On peut, dans certaines gelées, clarifier ensemble le sucre et la gélatine.

N° 713. Blanc-Manger.

Émondez avec soin une livre d'amandes ; lavez-les, et mettez-les à tremper un moment, afin de les blanchir ; broyez dans un mortier quelques zestes bien minces de citrons; joignez-y ensuite les amandes bien égouttées d'abord sur un linge blanc, et pilez le tout, en ayant soin d'humecter de temps en temps avec la valeur d'un verre d'eau fraîche, afin que la pâte ne tourne pas en huile.

Lorsque les amandes seront parfaitement pilées, et qu'au toucher elles ressembleront à du saindoux pour la finesse, chose essentielle dans la confection du blanc-manger, passez-les pendant cinq fois dans une serviette, et avec trois bons verres d'eau fraîche, que vous mettrez par cuillerées, et tordant ensuite fortement le linge, pour bien en extraire le lait; faites tomber celui-ci dans une terrine où vous aurez mis douze onces de sucre concassé, et lorsque ce dernier sera totalement fondu, passez encore le mélange, soit à la serviette, soit au tamis de soie ; mêlez-y une once et deux gros de gélatine clarifiée, avec trois verres d'eau seulement, que vous amalgamerez parfaitement avec le lait ; quand elle commencera à tiédir, parfumez avec quelques gouttes de fleurs d'oranger, et faites prendre au frais dans un plat.

N° 714. Gelée d'Oranges.

Exprimez dans un tamis le suc de quatorze belles oranges et celui de deux citrons ; pressez doucement et sans secouer, ayant soin de vous arrêter dès l'instant où le jus vous paraîtra trouble ; il vaut mieux sacrifier quelques oranges de plus, que d'employer un résidu louche ; clarifiez ensemble, par le procédé ci-dessus (*Voy.* n° 712), une once et deux gros de gélatine avec douze onces de sucre et un litre ou quatre bons verres d'eau ; un instant avant de la retirer du feu, jetez-y le zeste d'une orange, couvrez, et laissez refroidir à moitié ; à cet état de refroidissement, passez-la au tamis de soie ; mêlez-y votre suc d'oranges doucement et avec précaution, afin de ne pas y laisser tomber le dépôt déjà formé au fond ; mettez alors la gelée dans un plat au frais ou à la glace, et faites-la prendre.

N° 715. Gelée de Citrons.

Faites, pour dix citrons, comme ci-dessus ; clarifiez ensemble une once et deux gros de gélatine avec douze onces de sucre dans un litre d'eau, et, au moment de la retirer du feu, jetez-y le zeste d'un citron ; couvrez-la, et, à moitié refroidissement, passez-la au tamis, pour y mêler immédiatement, mais avec précaution, le suc de vos citrons ; faites prendre alors dans le plat au frais ou à la glace.

N° 716. Gelée au Rhum.

Procédez comme pour les précédentes ; lorsque vous aurez clarifié une once et deux gros de gélatine avec douze onces de sucre et un litre ou quatre bons verres d'eau ; laissez refroidir à moitié ; passez au tamis de soie, et ajoutez un quart de litre ou un bon verre de rhum ; puis vous mettrez au frais ou à la glace.

N° 717. Gelée au Vin de Champagne rosé.

Clarifiez également une once et deux gros de gélatine, avec douze onces de sucre et un litre d'eau ; colorez avec dix grains de cochenille ; passez au tamis de soie à moitié refroidissement, et ajoutez un demi-litre de Champagne rosé ; vous soumettrez ensuite, comme pour les autres, au frais ou à la glace.

Les gelées aux vins de Madère, de Malaga, etc., se font de même.

N° 718. Gelée au Punch.

Commencez toujours par clarifier une once et deux gros de gélatine, avec douze onces de sucre et un litre d'eau ; avant de la retirer du feu, jetez-y le zeste d'un citron ; passez au tamis à moitié refroidissement, et ajoutez le suc de huit beaux citrons, ainsi qu'un quart de litre ou un bon verre de rhum ; après avoir bien mélangé le tout, mettez au frais ou à la glace.

N° 719. Gelée de Violettes.

Clarifiez encore une once et deux gros de gélatine avec douze onces de sucre dans un litre d'eau ; cette clarification une fois obtenue, jetez dans la gélatine la valeur de trois paquets de violettes, mais la fleur seulement, et une pincée de grains de cochenille ; retirez du feu aux premiers bouillons ; couvrez parfaitement, et lorsque le mélange sera attiédi, passez-le au tamis de soie ; ajoutez un demi-verre ou huitième de litre de kirsch-wasser, et faites prendre comme les précédentes.

N° 720. Gelée de Marasquin.

Clarifiez toujours de même une once et deux gros de gélatine avec douze onces de sucre et un litre d'eau ; passez au tamis à moitié refroidissement ; ajoutez un bon verre ou quart de litre de marasquin, et finissez comme pour les autres.

Observation pour toutes les Gelées.

Lorsqu'on veut renverser les gelées, il faut d'abord légèrement passer avec une plume un peu d'huile d'amandes douces dans le moule, et le retourner pour qu'il s'égoutte bien ; remplissez-le alors, et une heure avant de servir, incrustez-le dans huit livres de glace pilée, mélangée d'un peu de sel ; couvrez, et mettez aussi de la glace par dessus ; renversez la gelée sur son plat au moment de la présenter.

En hiver, dans le Midi, on n'a pas toujours de la glace ; on est alors obligé de faire les gelées la veille, de les mettre en un lieu bien frais, et si le temps est lourd, de les charger un peu plus en gélatine ; cette composition peut se présenter dans des jattes ou des cristaux.

Toutes les gelées, soit au fruit soit au vin, peuvent se faire de même : on les offre sous mille formes différentes, par exemple dans une orange évidée, et dans laquelle on fait des couches différentes ; lorsqu'elles sont prises, on ouvre le fruit, que l'on peut servir dans des corbeilles de pâte d'amandes ou de pastillage ; il est aisé aussi de faire ces mêmes couches dans un moule, soit avec des gelées, soit avec du blanc-manger au naturel, au chocolat, à la rose, etc.

N° 721. Moyen pour parfumer le sucre.

Râpez le sucre avec l'objet qui doit le parfumer, comme l'orange, par exemple ; enlevez au fur et à mesure, le résidu avec un couteau, et recommencez toujours de même, jusqu'à ce que vous ayez la quantité désirée ; faites-le sécher, écrasez-le, passez à la passoire, afin de l'avoir un peu graineux, et servez-vous-en pour parfumer, comme aussi en guise de nonpareille. Ce même sucre se colore de plusieurs manières, soit en le frottant avec du vert d'épinards (*Voy.* n° 115), du carmin ou du chocolat râpé ; si vous voulez lui donner le goût de la vanille, pilez-en un bâton avec votre sucre, et passez-le au tamis.

Ces sucres colorés sont d'un grand secours à l'ouvrier qui a du goût, pour orner toutes sortes de friandises.

CHAPITRE XIX.

POISSONS.

N° 722. Bouil-Abaisse à la Marseillaise.

Mettez dans une casserolle un peu d'ognon haché, avec un peu d'huile, et passez un moment sur le feu ; coupez ensuite à tranches du poisson de mer, tel que la moraine, la rascasse, le loup, le merlan, la langouste, etc. ; placez-en les tranches dans la casserolle, en y joignant un peu de persil et d'ail bien hachés, une tranche de citron, une pomme d'amour coupée à morceaux, dont vous aurez extrait l'eau et les graines ; assaisonnez le tout avec du sel, du poivre et un peu de safran en poudre ; arrosez-le avec de la bonne huile, et mouillez-le ensuite avec un verre de vin blanc sec, mêlé à du bouillon de poisson, fait avec les têtes de ceux dont vous faites le bouil-abaïsse, si vous n'en avez pas d'autres (*Voy.* n° 3) ; le mouillement doit recouvrir absolument le poisson ; vous le ferez partir à grand feu, et lorsqu'il sera réduit des trois quarts, vous le verserez dans un plat creux, dans lequel vous aurez déjà rangé des tranches de pain du jour un peu épaisses.

Le poisson doit être servi à part.

N° 723. Bouil-Abaïsse à la Nîmoise.

Mettez au fond d'une casserolle un morceau de beurre bien frais, et rangez au-dessus plusieurs espèces de poissons, comme rougets, anguilles cuites à moitié (les rougets ne doivent se mettre que lorsque les autres poissons sont presque cuits), soles, pageaux, dorades, queues de langoustes, le tout coupé à morceaux ; assaisonnez et ajoutez des fines herbes bien hachées ; mouillez jusqu'à la surface avec de l'excellent bouillon de poisson (*Voy.* n° 3), et un verre de vin blanc sec ou de Madère ; faites cuire alors à grand feu pour précipiter la réduction du mouillement.

Ayez un foie de baudroie, que vous aurez fait cuire dans le mouillement de votre poisson ; pilez-le parfaitement ; mêlez-y trois jaunes d'œufs, et délayez le tout avec un demi-verre de très-bonne huile ; dressez ensuite votre poisson sur le plat ; remettez son fond de cuisson sur le feu, et liez-le avec le foie de baudroie préparé comme il vient d'être indiqué ; passez cette sauce au tamis en la faisant tomber sur le poisson, et entourez le plat de croûtons frits au beurre.

N° 724. Matelotes.

Coupez des tranches de carpes, de brochets ainsi que d'anguilles ; foncez une casserolle avec un peu de beurre frais et une tranche de jambon ; rangez votre poisson dessus ; assaisonnez avec des fines herbes bien hachées, une feuille de laurier, quelques écrevisses crues dont vous enlèverez les pattes ; mettez des champignons et des petits ognons à moitié cuits dans le beurre, et mouillez jusqu'à sa surface avec du vin rouge ; faites partir à grand feu ; aux trois quarts cuite, vous liez votre matelote en pétrissant une cuillerée à bouche de farine avec un morceau de beurre, et le coupez à petits morceaux dans la matelote, en remuant la casserolle pour lier la sauce ; lorsque l'anguille n'est pas d'eau douce, elle est plus dure : vous ferez bien alors de la cuire à moitié avant de la mêler aux poissons ; dressez la matelote sur un grand plat, mettez les champignons, les écrevisses et les ognons dessus ; entourez le plat de croûtons de pain, et répandez la sauce dessus ; on peut faire des matelotes de truites avec des anguilles de fontaine, en mettant des morceaux d'omelette en place du pain.

N° 725. Poisson piqué à la Conty.

Enlevez-lui la peau de dessus et piquez-le en partie avec du petit lard, en partie avec des truffes ou des olives et des cornichons ; mettez-le à cuire dans une poissonnière, ayant soin de poser des bardes de lard sur les portions piquées de truffes ou d'olives ; mouillez avec une marinade chaude (*Voy.* n° 191), ou un bouillon de poisson (*Voy.* n° 5) ; ajoutez quelques fonds de braise (*Voy.*

n° 174), et après cuisson, glacez et saucez avec toutes sortes de garnitures : truffes, cornichons, huîtres, écrevisses, etc.

N° 726. Grenadine de toutes sortes poissons.

Coupez des filets de poissons, que vous placerez sur la table, et sur lesquels vous poserez, en l'égalisant bien avec la lame du couteau, de la farce à quenelles de poisson (*Voy.* n° 159), et un salpicon (*Voy.* n° 170) ; relevez les deux extrémités des filets sur la farce, et mettez à cuire dans une casserolle, les bouts au-dessous, et une tranche de citron en dessus avec une plaque de lard ; mouillez bien court avec un fond de cuisson, et un peu de vin blanc sec ; après cuisson, rangez les filets sur le plat, glacez-les et intercalez entre chaque grenadine, soit une écrevisse, soit une truffe, ou un cornichon, ou un croûton de pain frit au beurre, et glacez ; saucez d'une allemande (*Voy.* n° 109), ou d'une ravigote bourgeoise (*Voy.* n° 135), et servez.

N° 727. Gros Poisson en surprise.

Lorsqu'il vous restera de la desserte : la tête, l'arête et la queue d'un gros poisson qu'il vous serait difficile de remplacer le lendemain, utilisez ces débris de la manière suivante :

Ayez un plat long, foncez-le avec de la farce à quenelles de poisson ou de volaille ; placez dessus : la tête, l'arête et la queue que vous avez ; versez un ragoût fait avec des truffes, des huîtres et des queues d'écrevisses, en ayant soin de donner au tout la forme du premier poisson ; saucez un peu court avec une allemande (*Voy.* n° 82) ; recouvrez avec le reste de la farce bien égalisée avec la lame du couteau, passée au blanc d'œuf fouetté, et en conservant toujours la forme de l'animal, que vous décorerez avec des truffes dont vous lui composerez des écailles; plaquez ensuite avec des bardes de lard, superposez un double papier beurré, et mettez au four une heure avant de servir; lorsque vous voudrez le présenter, enlevez le papier et le lard, glacez et saucez, ou bien faites une garniture à la Chambord (*Voy.* n° 764), ou une sauce aux truffes mêlée d'huîtres.

N° 728. Gros Poisson à la Mayonnaise.

Cuisez-le au bleu (*Voy.* n° 730); lorsqu'il sera refroidi et bien égoutté, vous le poserez sur le plat et masquerez le dessus avec une mayonnaise (*Voy.* n° 137) jusqu'à la tête; vous le décorerez ensuite avec des petits croissants de blancs d'œufs, ou de truffes, ou de cornichons, ou de tous autres objets également convenables; puis vous couronnerez le plat de croûtons de gelée, et verserez au milieu une ravigote froide (*Voy.* n° 136) : on peut mettre entre le poisson et les croûtons de gelée, des écrevisses et des truffes entières.

N° 729. Court-Bouillon à la Bourgeoise.

Hachez un peu de lard et faites-le fondre dans une casserolle; cet effet obtenu, retirez-la du feu, mettez-y un peu d'ognon et un anchois, le tout haché; coupez le poisson à morceaux, placez-le dans la casserolle, assaisonnez-le avec du poivre, du sel, un peu d'ail, si on ne le craint pas, et du persil haché; ajoutez à tout cela de la bonne huile ou du beurre, et mouillez avec du vin rouge mêlé par égales portions, à du bouillon de poisson (*Voy.* n° 3), ou à de l'eau : le liquide, ainsi mélangé, doit monter jusqu'à la surface; cuisez ensuite à grand feu, et quand le mouillement sera convenablement réduit, vous servirez le court-bouillon avec des tartines de pain dessous.

Comme pour ce mets on se sert de plusieurs espèces de poissons qu'on mêle ensemble, si vous y mettiez de l'anguille, il conviendrait de la cuire préalablement à moitié dans de l'eau assaisonnée comme le bouillon de poisson, et d'employer ce mouillement pour le court-bouillon.

N° 730. Poisson au bleu.

Il doit être cuit absolument couvert d'un mouillement composé de vin rouge et d'eau, dans lequel vous mettrez un peu de beurre, et que vous assaisonnerez avec du sel, un ognon et un gros bouquet (*Voy.* n° 1); quand le poisson sera au point, vous le séparerez de cette sauce; vous l'égoutterez bien et le dresserez sur un plat, une serviette par dessous : on l'entoure ordinairement de feuilles de persil.

N° 731. Poisson au naturel.

Faites cuire un poisson dans de l'eau, de manière qu'il en soit recouvert ; assaisonnez-le avec du sel, un ognon piqué (*Voy.* n° 1), ou un peu de beurre, et un gros bouquet comme pour le bouillon (*Voy.* n° 1); faites-le bouillir jusqu'à parfaite cuisson ; alors vous l'égoutterez, le dresserez sur un plat, et l'entourerez de fines herbes bien hachées.

N° 732. Poisson au blanc.

Préparez-le comme ci-dessus, et servez-le, une fois bien égoutté, dans une sauce faite comme au n° 87.

Nota. Les arêtes et les têtes de poissons bouillies ensemble et assaisonnées convenablement, forment le bouillon qu'il est à propos d'employer pour les mouillements ; on peut y ajouter, selon l'emploi qu'on veut en faire, un peu de vin blanc sec.

N° 733. Poisson à la Financière.

Préparez, comme ci-dessus, le poisson à la sauce blanche ; après avoir lié la sauce, passez en même temps quelques truffes dans du beurre ; mêlez-y, un instant après, du foie de baudroie, d'abord cuit dans de l'eau de poisson, des huîtres blanchies dans leur eau, des queues d'écrevisses, des pointes d'asperges et des cornichons, et versez cette sauce sur le poisson.

N° 734. Rouelle de Saumon à la Génevoise.

Lardez la rouelle au travers avec du lard, du jambon et des truffes ; mettez-la à cuire dans une braise (*Voy.* n° 174), et mouillez avec du vin rouge et quelque bon fond de volaille ; un moment avant de la servir, passez le fond de sa cuisson au tamis, et laissez-le tomber dans une casserolle que vous dégraisserez ; joignez-y un peu de sauce espagnole ou du coulis, et un morceau de beurre frais ; placez le tout sur le feu, en le remuant avec la cuiller jusqu'à ce qu'il bouille et se trouve au point voulu pour saucer le poisson ; ayez soin de l'écumer, et lorsque vous voudrez le servir, égouttez-le, posez-le sur son plat, passez la sauce au tamis, et versez sur le saumon.

N° 735. Rouelle de Saumon garnie.

Piquez-la au travers, comme la précédente, avec du lard, du jambon, des truffes, et cuisez-la dans une braise (*Voy.* n° 174) ; mouillez-la avec du vin de Champagne ou du vin blanc sec, et un peu d'un bon fond de cuisson de volaille ; un moment avant de servir, passez le fond de cuisson de la rouelle au tamis, et recueillez-le dans une casserolle que vous dégraisserez ; joignez-y de la sauce velouté (*Voy*. n° 80), et un petit morceau de beurre frais d'écrevisses ; placez la casserolle sur le feu, en remuant toujours avec la cuiller jusqu'à ce qu'elle prenne le bouil et se trouve au point convenable pour saucer le poisson.

Cela fait, écumez, passez au tamis, et mettez la garniture suivante :

Blanchissez des huîtres à l'ordinaire ; passez-les avec des tranches de truffes et un peu de beurre ; joignez-y des queues d'écrevisses, mêlez le tout à votre sauce et exprimez-y le jus d'un citron. Enfin, après avoir égoutté le poisson, versez-y cette garniture.

N° 736. **Saumon au naturel.**

Faites cuire au bleu (*Voy*. n° 730) un saumon ou seulement la hure ou la queue ; lorsque vous le servirez, rangez une serviette dans son plat, et exposez le poisson dessus ; vous l'entourerez de grosses truffes cuites au court-bouillon, et intercalerez des écrevisses.

Nota. On fait cuire des rouelles de saumon sur le gril, après les avoir assaisonnées et marinées, et on les sauce d'une remoulade.

N° 737. **Filets de Merlan en friture.**

Coupez des filets de merlan de la longueur et de la grosseur d'un doigt ; marinez-les au vinaigre (*Voy*. n° 188), après quoi vous les essuierez, les passerez dans la pâte à frire (*Voy*. n° 192), et les ferez frire de belle couleur ; il faut ensuite les dresser sur un plat, autour d'un peu de persil frit, qui doit en occuper le centre.

N° 738. Filets de Merlan aux Cornichons et aux Truffes.

Coupez des filets de merlan de deux fois la grosseur et de la longueur d'un doigt; passez-les dans la farine, et faites-les frire à moitié; observez que pour cette opération, il faut mettre peu d'huile dans la poêle; retirez les filets; versez l'huile, et ajoutez au fond de la friture un petit morceau de beurre et une bien petite pincée de farine pour en faire un roux; obtenez-le à petit feu, en tournant toujours avec une cuiller; joignez-y un peu d'ognon haché, et lorsqu'il sera cuit et de belle couleur, vous y mettrez un anchois; vous mouillerez de suite avec un demi-verre de vin blanc et un peu de jus ou de bouillon de poisson, que l'on peut faire avec la tête et les arêtes du merlan que l'on emploie; enfin, vous y mêlerez quelques tranches de truffes, et vous ferez bouillir dans le tout, une minute seulement, les filets qui doivent être servis dans la sauce; mettez-y des cornichons et des huîtres blanchies dans leur eau : on peut entourer le plat de croûtons frits.

N° 739. Filets de Sole en Friture.

Coupez des filets de sole; marinez-les avec du sel, du poivre et un jus de citron; au moment de servir, vous les passerez dans de l'œuf, puis dans de la mie de pain, et vous les ferez frire : on doit les servir dressés en cordon autour d'une rémoulade (*Voy.* n° 134), ou sauce Robert (*Voy.* n° 142).

N° 740. Sauté de filets de Soles.

Coupez deux ou trois soles en filets, de manière que chacune d'elles vous en donne huit; marinez ces filets avec du sel, du poivre, une échalotte ou un ognon, du persil et des truffes, le tout bien haché, et un jus de citron ; vous les mettrez ensuite dans un sautoir, enduit au fond d'une couche de beurre ; posez le tout sur le feu ; quand les filets seront roidis d'un côté, vous les tournerez de l'autre, et lorsqu'ils seront au point, vous les retirerez et les dresserez sur un plat ; vous pencherez le sautoir pour en faire découler le beurre, et remplacerez ce dernier par un demi-verre de vin blanc sec, dans lequel vous ferez bouillir des tranches de truffes, jusqu'à ce qu'il soit réduit à moitié ; ajoutez-y alors un peu d'espagnole (*Voy.* n° 79) ; dégraissez votre sauce, et versez-la sur les filets.

N° 741. Filets de Soles en Chérubin.

Choisissez des petites soles, coupez-les de manière à ce que les deux filets de dessus tiennent ensemble, ainsi que ceux du dessous ; chacune d'elles doit conséquemment en fournir deux, dont l'un doit être piqué à petit lard, et l'autre avec des truffes rangées en écailles ; retournez vos filets ; mettez-y de la farce à quenelles de poisson (*Voy.* n° 159) ; repliez-en les deux bouts sur la farce, et placez-les ensuite, en les retournant, dans un plat ou casserolle ; mouillez bien court avec un bon fond de cuisson, que vous pourrez, au besoin, remplacer par un verre de vin blanc ; posez un peu de lard sur les truffes, et sur le tout, un rond de papier beurré ; après quoi vous mettrez au four, ou simplement sur un trépied, feu dessous et dessus ; les filets, ainsi préparés, doivent être glacés (*Voy.* n° 184), et servis avec une sauce italienne (*Voy.* n° 126) ; rangez-les de manière que la piqûre d'un filet soit à côté de celui des truffes.

N° 742. Filets de Soles en Belle-Vue.

Coupez les filets, et préparez-les comme ci-dessus; quand vous aurez placé la farce, mettez des bardes de lard au fond d'un sautoir; placez par dessus les filets, et sur ceux-ci des petits filets d'anchois coupés dans toute leur longueur; placez dans l'intervalle de ces filets, qui doivent être au nombre de quatre sur chaque filet de sole, une petite cuillerée à café de jaunes d'œufs durs, des cornichons, du persil et des truffes, chaque chose séparément et bien hachée; faites cuire alors, et lorsque votre préparation sera au point, dressez-la sur un plat, après l'avoir fait égoutter; placez entre chaque filet une écrevisse; posez une grosse truffe cuite au milieu, et saucez avec une espagnole (*Voy.* n° 79).

N° 743. Salade de Filets de Soles.

Partagez deux soles, chacune dans le milieu; faites de chacune d'elles huits filets, seize en tout; marinez-les avec des fines herbes bien hachées, et le jus d'un citron; sautez-les ensuite dans du beurre clarifié, égouttez-les, et placez-les dans un saladier où vous les recouvrirez d'une ravigote froide bourgeoise (*Voy.* n° 136); lorsque vous voudrez faire votre salade, prenez de la laitue, de l'escarole, quelques feuilles de blanc de céleri et du cerfeuil; après leur avoir donné quelques coups de couteau, vous les poserez dans un plat d'entrée, verserez la ravigote dessus, et y placerez les filets en couronne serrée; puis vous superposerez des tranches de truffes cuites, des filets de thon mariné, des olives farcies aux anchois et confites dans l'huile, des petits ognons au vinaigre, des cornichons, quelques bouts de choux-fleurs, des champignons conservés dans l'huile, et de l'aspic haché ; ajoutez tout autour un cordon de quartiers d'œufs durs, et enfin, une bordure de croûtons de gelée.

L'on peut faire ainsi la salade de turbot et de toute autre espèce de poisson, de la desserte de la table.

N° 744. Filets de Soles en selle d'Ecrevisses.

Piquez des filets de sole ou de volaille à petit lard; fixez-les sur un morceau de carotte ou de tout autre légume rond, afin de leur donner une forme semi-circulaire; faites-les cuire ; glacez-les; enlevez les carottes, et posez chaque filet en guise de selle sur une belle écrevisse ; rangez les écrevisses ainsi préparées sur un plat d'entrée, et versez-y pour sauce une hollandaise (*Voy.* n° 119).

Ces écrevisses peuvent servir aussi pour garnir le tour du plat d'un gros poisson à la Chambord.

N° 745. Soles farcies aux Huîtres.

Fendez la sole par derrière ; ôtez-en l'arête et tous les cartilages, et farcissez-la avec un peu de farce de poisson et un ragoût d'huîtres bien truffé; vous la ferez cuire au four ou sur un trépied, feu dessus et dessous, dans un sautoir, avec un peu de beurre au fond ; assaisonnez la sole avec du sel, une tranche d'ognon, une tranche de carotte et de citron ; recouvrez-la avec des bardes de lard, et mouillez avec un demi-verre de vin blanc sec ou du bouillon de poisson (*Voy.* n° 3), et posez un rond de papier par dessus ; après cuisson, vous la servirez sur un ragoût d'huîtres et de truffes préparées et mêlées en égale quantité ; le tout doit être saucé avec une allemande (*Voy.* Poisson au blanc, n° 170).

N° 746. Sole grillée.

Otez entièrement la peau de la sole; assaisonnez-la avec du sel, du poivre et un jus de citron; oignez-la ensuite de beurre fondu, et passez-la enfin, dans de la mie de pain; c'est quand elle est ainsi préparée qu'il faut la faire griller à petit feu; faites fondre en même temps un anchois avec un morceau de beurre: mouillez ce mélange avec un quart de verre blanc sec et un jus de citron, et versez-le sur votre sole.

N° 747. Sole frite.

Après avoir nettoyé une belle sole, fendez-la par le dos, passez-la dans la farine, et faites-la frire de belle couleur.

N° 748. Poupeton de filets de sole.

Bardez une casserolle avec des bardes de lard coupées bien minces; posez au milieu une grosse tranche de truffe; placez-y alors les filets d'une belle sole que vous avez coupée en huit; assaisonnez avec des fines herbes et des truffes hachées, du sel, une pincée de poivre et le jus d'un citron; posez en croix les filets noirs, puis les blancs, dont vous appuierez les bouts sur la tranche de truffe; posez dans chaque intervalle une petite écrevisse, et remplissez la casserolle de farce à quenelle de poisson (*Voy.* n° 159); vous mettrez le poupeton au four, demi-heure après sa chaleur primitive (*Voy.* n° 572); une heure et quart suffisent à sa cuisson: ce temps écoulé, retirez-le du four; renversez-le sur un couvert de casserolle; vous en ôterez le lard, et le dresserez sur son plat; on verse par dessus une sauce espagnole (*Voy.* n° 79), à laquelle on a joint un peu de réduit de glace (*Voy.* n° 106).

Observation.

On peut faire des poupetons avec des filets de sole ou de vive, mêlés à des filets de rouget ou de maquereau ; ce mélange de couleurs, disposé régulièrement, est d'un effet agréable ; on peut employer de la même manière les poissons d'eau douce, tels que les petites truites ; ces sortes d'entrées réclament une sauce bien nourrie.

N° 749. Sole au gratin.

Mettez un morceau de beurre frais dans une casserolle ; joignez-y des fines herbes, une truffe et des champignons, le tout bien haché ; assaisonnez avec du sel, du poivre, un peu de muscade râpée et le jus d'un citron ; passez le tout un moment sur un feu modéré, après quoi vous en placerez la moitié dans l'intérieur d'une belle sole, que vous avez d'abord nettoyée et fendue par le dos pour en retirer l'arête ; posez la sole dans un plat enduit de beurre mêlé à un anchois bien haché ; assaisonnez-la par dessus, et égalisez ensuite sur toute sa surface le restant des fines herbes ; vous la couvrirez de chapelure de pain et la mouillerez avec un demi-verre de vin blanc sec ; vous la ferez gratiner au four ou sur un trépied sous le four de campagne, un quart-d'heure avant de la servir.

N° 750. Grenade de filets de Soles.

Piquez à petit lard, en commençant par le bout, les quatre filets d'une sole ; placez-les en croix dans une casserolle bardée de lard, les bouts appuyés sur une grosse tranche de truffe posée au milieu à cet effet ; posez dans l'intervalle de ces filets quatre filets de rouget et quatre autres filets de sole piqués aux truffes ; vous placerez entre chacun d'eux une petite écrevisse dépouillée de la coque, après quoi vous égaliserez bien et remplirez les vides avec l'épaisseur d'un doigt de farce à quenelles (*Voy.* n° 159); achevez de remplir la casserolle avec un salpicon bien truffé (*Voy.* n° 170); recouvrez ce dernier de pâte à feuilletage, que vous piquerez avec la pointe d'un couteau, et vous mettrez votre grenade au four, un quart-d'heure après sa chaleur primitive (*Voy* n° 572); après une heure et quart de cuisson, retirez du four, renversez l'objet sur le couvert de la casserolle pour le faire égoutter et le débarrasser du lard; dressez-le sur un plat, glacez-le, servez avec une sauce espagnole (*Voy.* n° 79) mêlée à un peu de réduction de glace (*Voy.* n° 106). Toutes les grenades de filets de poissons, soit de poulets, ou de toute autre viande, pourvu qu'ils soient piqués, se font à peu près de même, en intercalant toujours entre chaque filet de viande, soit une écrevisse, ou bien une laitue, ou un pied de céleri, et vous les servirez de même.

N° 781. **Pain à la d'Orléans.**

Les éléments de cette préparation sont des écrevisses cuites, dont les queues doivent être dépouillées de leurs écailles, des olives dont le noyau est enlevé et remplacé par un peu de farce à quenelles (*Voy.* n° 159), des truffes cuites au vin blanc et tournées en olives, des carottes coupées dans la même forme, cuites et glacées dans leur réduit, enfin un ris de veau bien piqué, qui doit occuper le centre d'une casserolle à poupeton déjà bardée au fond et dans tout le pourtour avec des bardes de lard; les objets ci-dessus mentionnés doivent être disposés en cordon sur les bords du ris de veau, et s'élever le long des parois de la casserolle, alternés avec goût; je place ordinairement au fond le cordon des queues d'écrevisses, et quand j'ai atteint l'extrémité de la casserolle, en plaçant successivement tous les autres, je pose au fond et dans tout l'intérieur, de la farce à quenelles, que j'égalise bien, à l'épaisseur de huit lignes, avec une cuiller trempée dans un blanc d'œuf; tout cela terminé, je pose dans la casserolle un ragoût mêlé (*Voy.* n° 169), saucé un peu court d'une bonne allemande (*Voy.* n° 82); je recouvre ce ragoût avec un peu de farce, et je pose sur le tout une légère feuille de pâte à feuilletage (*Voy.* n° 582); le pain, ainsi préparé, doit être mis au four trois quarts-d'heure après sa chaleur primitive, et doit en être retiré après une heure de séjour, pour être dressé sur un plat; il faut le dépouiller du lard, le glacer, verser autour une sauce au beurre d'écrevisses (*Voy.* n° 112), et enfin le servir.

N° 752. Jardinière.

Tournez avec un couteau des carottes, des navets, en en forme de bouchons de vin de Champagne, que vous ferez cuire avec des choux, des laitues, des pieds de céleris, dans une bonne braise (*Voy.* la garniture de la pièce de bœuf, n° 197); bardez une casserolle à poupeton, avec des plaques de lard bien minces et bien unies; lorsque vos légumes seront cuits et égouttés, faites un cordon à l'extrémité du fond de la casserolle, avec des carottes coupées en noisettes, un autre cordon de filets de laitues, un troisième de petits ognons glacés, un autre de filets de choux, et placez au milieu un beau cul d'artichaut; vous rangerez tout autour vos racines droites, appuyées sur le cordon des carottes en noisettes:

premièrement, un navet, ensuite un filet de choux, un pied de céleri, une carotte, un filet de laitues, et vous garnirez tout autour, de chaque légume différent ; vous finirez de remplir la casserolle avec les choux, et la mettrez ensuite au four chaud pendant trois quarts-d'heure ; après vous la renverserez sur un couvert de casserolle, la débarrasserez du lard, l'égoutterez bien de sa graisse, et la placerez sur son plat ; vous glacerez tous vos légumes et y verserez pour sauce une espagnole travaillée avec un peu de demi-glace.

N° 753. Chartreuse.

La chartreuse ne diffère de la jardinière que par les viandes que l'on met au fond, comme volailles, perdreaux, canards, pigeons, sarcelles cuites, etc. ; cependant on fait aussi des chartreuses dont la décoration se compose de truffes cuites et de blancs de volaille ; alors, au lieu de choux et légumes à l'intérieur, on verse une émincée de volaille à la béchamelle (*Voy.* n° 401), ou une escalope de gibier (*Voy.* n° 487) ; toutefois, il faut avoir toujours le soin d'enduire intérieurement la décoration de farce à quenelles ; versez le ragoût dedans, et couvrez-le avec un rond de feuilletage ; vous la soumettrez au four, et la servirez comme la jardinière (*Voy.* n° 752).

N° 754. Gâteau de Racines.

Faites blanchir des carottes, des navets, des pieds de céleris, des panais et des salsifis ; cuisez le tout dans une excellente braise (*Voy.* n° 174) ; égouttez ensuite tous ces légumes et pilez-les bien pour les passer au tamis ; mêlez-y alors une égale quantité de farce à quenelles de volailles ou de poisson, et quatre jaunes d'œufs ; beurrez une casserolle à poupeton, dans le fond de laquelle vous formerez un damier avec des truffes cuites et des blancs de volailles, ou tout autre objet, à votre goût ; décorez également le tour avec des truffes et des blancs de volailles ; remplissez l'intérieur avec votre farce aux racines, et faites cuire au bain-marie, une heure avant de servir ; au moment de présenter le gâteau, renversez-le sur un couvert pour le bien égoutter ; mettez-le sur son plat, et saucez-le d'une allemande (*Voy.* n° 82) au beurre d'écrevisses (*Voy.* n° 109).

N° 755. **Turbot au naturel.**

Lavez le turbot, enlevez-lui les ouïes et les boyaux, et lavez-le encore, après quoi vous lui ferez une incision du côté noir, sur la raie qui est près de la tête ; enfin, au moyen d'une aiguille à brider et d'une ficelle, assujétissez le gros de la tête à l'os qui tient à la poche.

Préparez alors un mouillement d'eau ; assaisonnez avec du sel, des feuilles de laurier, deux girofles, des ognons et des carottes coupés, du persil en branche, un bon morceau de beurre, des tranches de citron, et même des débris de têtes et d'arêtes de poissons ; laissez-le bouillir une demi-heure, après quoi vous passerez au tamis, et le laisserez refroidir ; placez alors le turbot dans une turbotière ou casserolle basse ; vous le frotterez avec du citron et verserez le bouillon par dessus ; si le turbot est gros, vous le mettrez au feu une heure avant de servir ; ce temps peut être et doit être restreint dans la proportion de l'objet qu'on prépare ; lorsqu'il est près de bouillir, ajoutez à la sauce deux verres de lait, et posez le tout sur des cendres rouges ; vous surveillerez que votre préparation soit toujours au moment de prendre le bouillonnement, et que néanmoins, le bouillonnement n'arrive jamais ; cette précaution empêchera le poisson de se crever ; après cuisson, vous le servirez entouré de persil en branche.

N° 756. Turbot en sauce blanche.

Le turbot, après avoir été préparé comme ci-dessus, peut être servi avec une sauce blanche, à laquelle on donne un peu de piquant en y mettant des câpres ou des cornichons ; on peut le servir aussi avec une sauce à la financière (*Voy.* n° 755), ou une sauce piquante (*Voy.* n° 118), ou une allemande (*Voy.* n° 82), ou une béchamelle (*Voy.* n° 81) ; on utilise aussi la desserte en versant par dessus les mêmes sauces.

N° 757. Raie au beurre noir.

Faites bouillir la raie dans de l'eau ; assaisonnez comme pour le bouillon de poisson (*Voy.* n° 3) ; lorsqu'elle sera cuite, vous l'étalerez sur un couvert de casserolle, vous la parerez de ses peaux, et vous la mettrez dans une casserolle avec l'eau de sa cuisson passée au tamis ; passez un moment sur le feu quand vous voudrez la servir, égouttez-la, dressez-la sur son plat, et versez par dessus du beurre noir (*Voy.* n° 125); un peu de persil frit doit être posé à côté de la raie.

N° 758. Anguilles en poulette.

Après les avoir écorchées et coupées à tronçons, nettoyez la partie du ventre avec la lame du couteau ; lavez-les et faites-les dégorger dans de l'eau fraîche ; mettez-les ensuite dans une casserolle ; mouillez-les avec de l'eau et un demi-verre de vin blanc sec, que vous assaisonnerez comme le bouillon de poisson ; lorsque vos anguilles seront cuites, faites la sauce avec leur bouillon, comme il est dit au n° 87.

N° 759. Anguilles à la financière.

Préparez les anguilles comme ci-dessus, et ajoutez à la sauce des queues d'écrevisses, des huîtres, des pointes d'asperges, des cornichons et des truffes ; le cordon de croûtons frits au beurre est toujours de rigueur.

N° 760. Court-Bouillon d'Anguilles bourgeois.

Faites comme il est expliqué au court-bouillon de poisson à la bourgeoise (*Voy.* n° 729).

N° 761. Anguilles à la Tartare.

Coupez des tronçons d'anguilles de quatre pouces de long ; après les avoir nettoyés comme ci-dessus, faites-leur des entailles avec le couteau, et faites-les cuire aux trois quarts dans l'eau ; assaisonnez comme le bouillon de poisson (*Voy.* n° 3) ; cela fait, vous rangerez vos morceaux sur un plat, vous les assaisonnerez avec du sel, et poserez par dessus des petits morceaux de beurre ; dès que la chaleur des anguilles les aura dissous, vous passerez ces dernières dans de l'œuf battu, puis dans de la mie de pain, et vous les ferez griller à petit feu, en les arrosant avec du beurre fondu ou de l'huile ; vous les servirez sur une remoulade (*Voy.* 134).

N° 762. Carpe à bleu.

(*Voy.* Poisson au bleu, n° 730).

N° 763. Carpe au Court-Bouillon.

(*Voy.* Poisson en court-bouillon, n° 729).

N° 764. Carpe à la Chambord.

Ecaillez d'abord et nettoyez bien une grosse carpe, fendez-la ensuite par le ventre pour enlever l'arête dans toute sa longueur ; il est important de n'en laisser aucune ; vous garnirez ensuite le ventre de la carpe d'une farce à quenelles de poisson (*Voy.* n° 159) ou de volaille (*Voy.* n° 158), que vous étendrez dans tout l'intérieur, et au centre de laquelle vous poserez un ragoût mêlé d'huîtres, de truffes et de queues d'écrevisses, saucé d'une allemande (*Voy.* n° 82) et bien lié ; enfin, vous coudrez le ventre du poisson ; cette opération finie, vous coucherez la pièce sur le côté, vous enlèverez la peau de celui du dessus, et le piquerez, une partie à petit lard, et l'autre avec des truffes coupées en forme d'écailles ; ces dernières doivent être couvertes de bardes de lard (quand on procède à la cuisson) ainsi que la partie non piquée ; enfin mettez la pièce à cuire, mouillez-la avec de la marinade chaude ou bouillon de poisson (*Voy.* n° 191) mitigé avec du vin blanc sec ; joignez-y quelques réduits de cuisson ou de braise (*Voy.* n° 174), quelques lames de jambon ; posez sur le tout un papier, et faites cuire au four ou sur un trépied, feu dessus et dessous ; quand elle sera cuite, vous l'égoutterez, en ôterez le lard, la glacerez partout, et enfin, la dresserez sur son plat, où vous l'entourerez de la manière suivante :

Posez d'abord une grosse quenelle pochée dans la cuiller à ragoût, et décorée avec des truffes ; à côté de celle-ci, une grosse truffe cuite au vin de Champagne ; après la truffe, une grosse écrevisse, sur laquelle vous poserez, en guise de sellette, un petit filet de sole piqué et glacé, ensuite un gros cul d'artichaut glacé, et successivement, un morceau de foie de baudroie ou de canard, un petit pigeon à la cuiller, jusqu'à ce que la carpe soit tout-à-fait entourée ; alors vous la saucerez d'une espagnole (*Voy.*

n° 79) travaillée avec un peu de fond de cuisson de la carpe, bien dégraissé, et à laquelle vous aurez joint un peu de demi-glace (*Voy*. n° 106).

N° 765. Thon au gras.

Piquez une rouelle de thon avec de moyens lardons et quelques anchois; vous la mettrez à cuire entre des bardes de lard et quelques lames de jambon; après les avoir assaisonnées, mouillez avec un peu de vin blanc sec, ou bien avec une marinade chaude de poisson (*Voy*. n° 191), mais bien court de mouillement; lorsqu'elle sera au point, vous ôterez la peau qui l'entoure, et vous la servirez avec une sauce hachée (*Voy*. n° 117).

N° 766. Thon à la remoulade.

Marinez une rouelle de thon avec un peu de sel et d'huile ou de beurre; faites-la griller ensuite à petit feu; vous connaîtrez qu'elle est suffisamment cuite, quand l'os du milieu se détachera aisément de la chair; vous la servirez alors sur une remoulade (*Voy*. n° 134).

N° 767. Thon au bleu.

(*Voy*. Poisson au bleu, n° 730).

Nota. Le ventre du thon est la partie dont on se sert de préférence pour le gril et les pâtés froids et chauds. On fait avec le thon cuit des émincées à la sauce au poulet.

N° 768. Loup au naturel.

Faites-le cuire à l'eau; assaisonnez comme le bouillon de poisson (*Voy*. n° 3); après cuisson, égouttez-le, dressez-le sur son plat, et servez-le entouré de fines herbes hachées.

N° 769. Loup à la sauce blanche.

(*Voy.* Poisson au blanc, n° 86).

N° 770. Loup à la Chambord.

(*Voy.* Carpe à la Chambord, n° 764).

N° 771. Baudroie bourgeois.

Faites-en bouillir la tête et les arêtes pour faire un bouillon de poisson, que vous passerez au tamis.

Mettez en même temps dans une casserolle des porreaux coupés à filets et passés avec de l'huile ou du beurre ; vous poserez par dessus votre poisson coupé à morceaux ; vous l'assaisonnerez avec du sel, du poivre, du persil, un ail, le tout bien haché ; vous le couvrirez de son foie, et vous le mouillerez avec le bouillon déjà obtenu, mêlé par égales portions à du vin blanc ; cette préparation exige un bon feu ; quand elle sera au point, vous en retirerez le foie, que vous pilerez bien au mortier avec deux ou trois jaunes d'œufs ; vous y délaierez un demi-verre d'huile que vous verserez bien doucement, en tournant toujours comme pour faire une remoulade ; quand le poisson bouillira, vous le lierez avec cette sauce, que vous passerez au travers d'une passoire, et le verserez sur son plat.

N° 772. Maquereau à la Maître-d'Hôtel.

Fendez-le par le dos dans toute sa longueur ; vous le cisellerez ensuite et le marinerez avec du sel, une pincée de poivre et un peu d'huile ou de beurre ; ainsi disposé, mettez-le sur le gril ; quand il sera cuit, vous en ôterez l'arête, et vous mettrez dedans une maître-d'hôtel (*Voy.* n° 122).

N° 773. Maquereau aux porreaux.

Faites roussir des filets de porreaux dans de l'huile ou

du beurre ; mouillez-les avec du bouillon de poisson (*Voy.* n° 3), et mettez-y le poisson à cuire ; vous le servirez avec son réduit.

N° 774. Esturgeon à la sauce piquante.

Faites-le cuire dans une marinade chaude, après quoi vous l'égoutterez et le servirez avec une sauce piquante (*Voy.* n° 118).

N° 775. Truite au bleu.

(*Voy.* Poisson au bleu, n° 730) ; on la prépare aussi en poulette (*Voy.* Poisson en poulette, n° 732), et en piqué à la Conti (*Voy.* n° 725).

N° 776. Merluche à la brandade, en pierres à fusil.

Faites tremper la morue une couple de jours ; dans cet intervalle, changez-la d'eau quatre ou cinq fois ; quand vous voudrez la préparer, vous la ferez blanchir dans une casserolle ; l'eau doit la couvrir en entier ; lorsque vous verrez qu'elle est près de bouillonner, vous y jetterez un verre d'eau fraîche ; vous la retirerez du feu, et la couvrirez ; faites ensuite égoutter la morue ; ôtez-en les arêtes et le bout de la tête, qui sont toujours mauvais, après quoi vous la mettrez dans une casserolle avec un jus de citron ; vous donnerez à la casserolle un mouvement de rotation continuel, pendant qu'une autre personne versera goutte à goutte, l'huile qui doit lier la morue ; quand celle-ci sera liée et épaissie, au point de s'attacher à la casserolle quoique vous continuiez à la remuer fortement, vous y verserez doucement un demi-verre de lait ou d'eau fraîche ; en remuant toujours la casserolle à deux mains, la morue s'en détachera d'elle-même; vous continuerez alors d'y faire tomber de l'huile, et quand enfin elle sera bien liée et fera la crème, vous y mêlerez des tranches de truffes, du persil, un peu d'orange de sauce; ces deux derniers objets doivent être hachés, et le tout passé deux minutes sur le feu avec de la bonne huile; on peut ajouter un peu d'ail à cette préparation, si on ne le craint pas; il n'est pas de rigueur.

Nota. La morue, qu'il est indispensable de tenir bien chaude pour être préparée en brandade, ne doit néanmoins jamais bouillir.

N° 777. Merluche à la Brandade.

Préparez-la d'abord comme ci-dessus; avant de la mêler aux truffes, brisez-la avec une cuiller de bois que vous prendrez de la main droite, pendant que de la gauche vous tournerez fortement la casserolle; durant cette opération, une autre personne fera tomber goutte à goutte, de l'huile dans la morue, qui se liera et s'épaissira successivement; vous y verserez alors un peu de lait bouillant ou de l'eau, et continuerez de la travailler jusqu'à ce qu'elle soit réduite en pommade; ce résultat obtenu, mêlez les truffes comme ci-dessus, et servez chaud.

N° 778. Merluche verte.

Faites comme pour la merluche à la brandade, après quoi vous y mêlerez des feuilles d'épinards ainsi préparées : laissez-les blanchir dans l'eau bouillante, mettez-les ensuite dans l'eau fraîche, puis, après les avoir fortement pressées dans vos mains pour en extraire l'eau, vous les hachez, les pilez, les passez sur un feu doux, avec un peu de beurre frais ou de l'huile, et les assaisonnez; enfin quand vos épinards auront pris un peu de goût, vous les mêlerez à la merluche.

N° 779. Merluche aux Oignons.

Après avoir convenablement fait tremper votre merluche, coupez-en des morceaux dont la forme triangulaire devra imiter celle d'une côtelette de veau ; passez-les dans la farine et faites-les frire de belle couleur; ensuite disposez-les en mironton, c'est-à-dire en couronne, autour d'un plat, et versez au milieu une sauce Robert (*Voy.* n° 142).

On peut faire la sauce au maigre en se servant du roux au jus de racines (*Voy.* n° 85).

N° 780. Garniture d'Huîtres pour la Merluche à la Brandade.

Coupez des tranches de truffes dans une casserolle ; joignez-y du persil, des zestes d'oranges de sauce, le tout bien haché ; mettez-y aussi, si vous ne le craignez pas, un peu d'ail parfaitement ratissé ; faites, après cela, blanchir deux ou trois douzaines d'huîtres dans leur eau; aux premiers bouillons, ôtez-les du feu et retirez-les, les unes après les autres, au moyen d'une fourchette, les posant à mesure sur un tamis, afin de les égoutter ; de cette manière, vous n'aurez pas à craindre qu'il s'y mêle des fragments d'écailles ou de la vase qui dépose souvent au fond de la casserolle où s'effectue l'opération.

Mêlez ensuite les huîtres aux truffes, et joignez-y un petit morceau de beurre frais, ainsi que la moitié d'un bon verre d'huile; passez le tout sur le feu pendant dix minutes, puis versez-le bouillant sur la merluche, en commençant par le liquide, que vous lierez bien avec cette dernière, laquelle doit être très-chaude.

On peut mêler aussi des queues d'écrevisses à la garniture.

N° 781. Morue à la Béchamelle.

Après l'avoir mise à tremper pendant plusieurs jours, afin de la dessaler, et en ayant la précaution de renouveler l'eau trois fois chaque vingt-quatre heures, faites-la bouillir dans une grande usine, où l'eau doit la couvrir; aux premiers bouillonnements, retirez l'usine du feu, jetez-y un verre d'eau fraîche et recouvrez-la d'un linge; un instant après, égouttez la morue, retranchez-en les arêtes et le bout de la tête, qui sont toujours mauvais, puis vous la mettrez dans une casserolle avec un jus de citron et un morceau de beurre frais; vous y mêlerez une béchamelle maigre (*Voy.* n° 88), et au moment de la servir, vous entourerez son plat de petits croûtons de pain frits au beurre.

N° 782. Morue à la Hollandaise.

Préparez-la comme la précédente; faites blanchir des feuilles d'épinards à l'ordinaire; après les avoir pressées pour en extraire l'eau, hachez-les, pilez-les, mettez-les un moment sur le feu avec un morceau de beurre frais, assaisonnez-les, passez-les au tamis et mêlez-y une béchamelle maigre; amalgamez bien le tout ensemble; quand vous servirez votre morue, vous entourerez le plat d'un cordon de tranches de pommes de terre cuites sous la cendre et frites au beurre.

N° 783. Huîtres en poulette.

Retirez les huîtres de leurs écailles, et mettez-les à blanchir dans leur eau; lorsque le bouillonnement commencera, vous les retirerez du feu et les poserez une à une, avec une fourchette, sur un tamis pour les faire égoutter ; après cela vous les mettrez dans une casserolle avec un peu d'échalotte, de truffe et du persil que vous avez haché d'abord ; ajoutez-y du beurre ; passez un moment le tout sur le feu, et versez-le dans une sauce blanche de poisson, liée avec des œufs (*Voy.* n° 86), et un jus de citron.

N° 784. **Observations sur l'Ail.**

L'ail peut parfaitement se supprimer dans ces sortes de préparations. J'ai pratiqué la cuisine pendant plus de soixante-dix ans, et je ne l'ai jamais employé dans la merluche sans m'être préalablement assuré si les personnes à qui je devais la servir ne le craignaient point. Je ne saurais trop m'élever ici contre la fâcheuse habitude qu'ont certains cuisiniers de hacher l'ail avant de l'avoir soigneusement ratissé ; il en résulte un inconvénient grave : lorsqu'il n'est que haché, l'ail est toujours grumeleux ; or il suffit qu'un petit grain s'engage entre les dents de celui que l'on traite, pour que tout ce qu'il mange ensuite ait le goût de cet ingrédient.

N° 785. **Huîtres en friture.**

Lorsqu'elles sont blanchies et égouttées comme ci-dessus, marinez-les au citron ou au vinaigre ; vous les égoutterez ensuite de nouveau, les passerez dans une pâte à frire (*Voy.* n° 192), et les ferez frire de belle couleur.

N° 786. **Coquilles d'Huîtres liées.**

Préparez les huîtres en poulette (*Voy.* n° 783), après quoi vous les mettrez dans des coquilles foncées avec un peu de beurre ; vous mettrez par dessus de la râpure de pain, et les ferez griller.

N° 787. Coquilles d'Huîtres.

Après avoir retiré les huîtres de leurs écailles, marinez-les dans un plat creux avec leur eau, un jus de citron, un peu d'huile, une pincée de poivre, des truffes, du persil, une échalotte et un peu d'orange de sauce, le tout bien haché; vous remuerez bien ces objets ensemble, et les laisserez prendre goût.

Passez en même temps dans des coquilles un morceau de beurre; mettez par dessus un peu d'anchois, et placez dans chacune d'elles six huîtres avec un peu de leur marinade; mettez les coquilles sur le gril ou sur la braise; lorsque leur contenu commencera à bouillir, saupoudrez-les avec de la râpure de pain, et couvrez-les d'un couvert chargé de feu; vous en surveillerez la cuisson, afin de les humecter avec leur saumure au fur et à mesure que le feu les dessèche.

N° 788. Rougets grillés.

Le rouget, après avoir été nettoyé et écaillé, doit être bien séché avec un linge, et après avoir été dépouillé de ses nageoires, marinez-le avec du sel, du poivre et un peu d'huile ou du beurre fondu; s'il est bien frais, vous pouvez le passer dans la râpure de pain, et le mettre sur le gril, sans craindre qu'il s'y attache; mais, si vous le suspectez tant soit peu, montez à demi un blanc d'œuf, trempez-y le rouget, saupoudrez-le avec de la râpure de pain, et faites-le griller: on peut aussi en faire cuire dans des caisses de papier, avec des fines herbes.

N° 789. Rougets à la Conti.

Conformez-vous au n° 725.

N° 790. Langouste.

Pour nettoyer la langouste, il faut lui passer une de ses cornes dans le cul aussi profondément que possible ; c'est en retirant cette corne qu'on entraîne les boyaux ; on la fait cuire à l'eau bouillante ou au vin blanc, et on l'assaisonne comme les écrevisses (*Voy.* n° 791) ; lorsqu'elle est cuite, on la partage en long, et on la sert avec une sauce dans laquelle on emploie le noir qu'on lui trouve dans le ventre, une échalotte, du persil et un anchois qu'on hache bien d'abord, et qu'on broie ensuite avec un peu de moutarde, un jus de citron et de l'huile : la sauce et le poisson doivent être servis séparément ; la première dans un saucier et la langouste sur un plat.

N° 791. Écrevisses.

Faites cuire les écrevisses à l'eau ou au vin blanc, ou par moitié l'un et l'autre, dans une casserolle ; assaisonnez-les avec du sel, une carotte, un ognon, du persil en branche, deux clous de girofle et un filet de vinaigre ; vous les ferez bouillir à grand feu pendant dix minutes, après quoi vous les verserez dans un plat creux.

N° 792. Écrevisses à l'Anglaise.

Quand les écrevisses seront cuites comme ci-dessus, ôtez-en la coque, et mettez-les dans une sauce blanche.

On prépare aussi les écrevisses à la béchamelle et à l'allemande, c'est-à-dire qu'après les avoir dépouillées de leur coque, on les met dans une béchamelle ou une allemande (*Voy.* n° 82).

N° 793. Coquilles d'Écrevisses.

Faites une sauce allemande (*Voy.* n° 82) ou bien en poulette (*Voy.* n° 94), et jetez-y des queues d'écrevisses ;

beurrez ensuite les coquilles, remplissez-les de ce ragoût que vous saupoudrerez avec de la chapelure de pain, et que vous mettrez sur le gril, un moment avant de servir.

N° 794. Lamproie.

Ébouillantez-les d'abord, vous les nettoierez ensuite et en ratisserez les peau avec un couteau ; cela fait, vous l'essuierez bien avec un linge, et les couperez après à tronçons, en recueillant le sang qui en découle ; les tronçons nettoyés de nouveau doivent être mis dans le plat où vous avez déjà déposé le sang ; ajoutez-y du sel, du poivre et un verre de vin.

Mettez dans une autre usine une tranche de jambon coupée à filets, un morceau de beurre et une petite pincée de farine, à cause du sang qui lie déjà le poisson ; tournez un instant ce roux sur le feu, mouillez-le avec du bouillon, et versez-y vos lamproies et tout leur sang ; cette cuisson doit s'opérer à petit feu ; il faut pour qu'elle soit au point, une heure au moins et une heure et demie au plus.

N° 795. Lamproie à l'oseille.

Préparez de l'oseille comme il est dit à la sauce à l'oseille (*Voy.* n° 140), à la différence qu'il faut la mouiller avec la sauce de la lamproie, après l'avoir bien passée ; la lamproie, préparée comme ci-dessus, doit être servie sur l'oseille.

N° 796. Sauté de filets de toute sorte de Poissons.

Marinez les filets avec un hachis d'échalottes ou ognons, de persil et de truffes, le jus d'un citron, un peu de sel et deux cuillerées à bouche de bonne huile ou beurre ; vous mettrez ensuite du beurre dans un sautoir, et enfin, les filets que vous ferez cuire presque au moment de servir ; quand ils seront roidis d'un côté, vous les tournerez de l'autre, et vous les retirerez après cuisson pour les dresser sur un plat ; ôtez alors le beurre du sautoir pour y faire réduire un demi-verre de vin blanc sec ; mouillez ensuite avec de l'espagnole (*Voy.* n° 79), ou un velouté (*Voy.* n° 80) ; joignez-y des tranches de truffes ; dégraissez et répandez la sauce sur les filets, entre lesquels il faut intercaler des croûtons de pain glacés.

N° 797. Vive.

La vive est un poisson très-ferme qui se prête à toutes sortes de préparations ; mais on la mange plus ordinairement cuite au gril et servie en remoulade (*Voy.* n° 130) ; les filets en sont estimés ; on les pique avec du lard et des truffes, et on les emploie pour des poupetons, des grenades, etc., etc.

N° 798. Sardines fraîches.

Les sardines fraîches sont bonnes à manger, surtout dans les ports de mer, où l'on peut les préparer au sortir de l'eau ; il faut donc, quand on en est éloigné, les choisir fraîches autant que possible : on peut en diversifier l'apprêt ; on les prépare au gril et à la poêle à frire ; on peut aussi les mettre en caisses avec de fines herbes bien hachées, et arroser le tout avec de l'huile ou du beurre, après quoi, on les saupoudre avec de la chapelure de pain ; on les mange aussi en bouil-abaïsse (*Voy.* n° 722), en gratin, c'est-à-dire qu'on en sépare les filets, sur chacun desquels on pose un peu de farce à quenelles de poisson (*Voy.* n° 159) ; on roule ensuite ces filets, on les pose dans un plat, sur une couche de farce à gratin (*Voy.* n° 164); enfin, on tamise par dessus de la chapelure de pain, et on les fait cuire au four ou sur un trépied, feu dessus et dessous; on les sert ainsi préparées avec un peu de jus (*Voy.* n° 77).

N° 799. Arcélis en poulette.

Lavez-les d'abord à plusieurs eaux, mettez-les ensuite dans une casserolle et sur le feu : la chaleur fera entr'ouvrir le coquillage; vous enlèverez alors une coquille de chacun d'eux, et vous passerez au tamis l'eau qu'ils auront rendue, à l'exception du fond, qui ne doit servir à rien.

Faites un roux-blanc dans une casserolle, en tournant sur le feu une pincée de farine avec un morceau de beurre; ajoutez-y des fines herbes, et mouillez-le avec de l'eau des arcélis mêlée à du vin blanc; tournez toujours, jusqu'à ce que le bouillonnement commence; vous le laisserez durer quelques moments; ajoutez-y alors quelques fines herbes hachées, après quoi vous lierez avec deux ou trois jaunes d'œufs et un jus de citron, et vous verserez les arcélis dedans; ils doivent être servis très-chauds, mais ne doivent jamais bouillir dans la sauce.

N° 800. Arcélis à la ménagère.

Nettoyez et faites entr'ouvrir les arcélis comme il est dit à l'article qui précède; ôtez-en une coquille et recueillez-en l'eau que vous passerez au tamis pour vous en servir; cela fait, passez des jeunes épinards que vous avez d'abord fait blanchir à l'eau bouillante, que vous avez ensuite égouttés et fait revenir à l'eau fraîche, et qu'enfin vous avez pressés pour en extraire l'eau, et hachez bien fin; ces épinards, dis-je, doivent être passés avec un peu de beurre ou d'huile dans une casserolle, et sur le fourneau, assez longtemps pour prendre goût ; n'y mettez pas de sel, mais une pincée de poivre et du persil haché ; ajoutez une petite cuillerée à bouche de farine, et mouillez, un moment après, avec l'eau du coquillage, en ayant soin de ne pas employer le fond ; on peut y ajouter un peu de lait ou d'eau bouillante ; on y mêle alors les arcélis, et on lie la sauce avec deux ou trois jaunes d'œufs.

N° 801. Escargots.

Lorsque vos escargots seront bien lavés ; jetez-les dans un chaudron d'eau bouillante ; après les avoir écumés, assaisonnez-les avec du sel, un gros bouquet de bonnes herbes, du thym, du laurier, du basilic, un ognon piqué, une gousse d'ail avec son enveloppe, puis laissez-les cuire à petit feu au moins quatre bonnes heures.

Il est essentiel que les escargots soient bien cuits et qu'ils prennent du goût dans la cuisson.

Lavez ensuite une grosse poignée d'épinards, autant d'oseilles, du cerfeuil, de la poirée, du fenouil et de la menthe ; faites blanchir le tout à l'eau bouillante avec un un peu de sel ; une fois cuites, égouttez les herbes à la passoire et hachez-les bien fin ; hachez aussi des ognons, des échalottes, trois anchois, du persil, de l'ail, si on ne le craint pas ; coupez à petits dés du lard et une tranche de jambon : mettez le premier dans une grande casserolle sur un feu modéré, et lorsque l'action du feu l'aura fondu, mêlez-y le jambon, l'ognon, les échalottes, en ayant soin de remuer avec une cuiller ; après quoi, joignez-y l'anchois, les épinards et toutes les herbes ; ajoutez-y un morceau de beurre et un verre de bonne huile ; passez un moment le tout sur un feu modéré, afin que les herbes prennent du goût ; assaisonnez-les et remuez de temps en temps avec la cuiller ; joignez-y encore un peu de mie de pain que vous aurez fait bouillir dans du bouillon ou de l'eau salée, dans laquelle vous mettrez un morceau de beurre, sinon une cuillerée à bouche d'huile.

Après avoir amalgamé le tout avec la cuiller, mouillez-le avec du bouillon ou avec l'eau qui a servi à faire bouillir le pain ; si vous pouviez mettre dans la sauce quelque bon fond de cuisson, et même du jus de rôti de veau, de gigot de mouton ou tout autre, cela la bonifierait ; ayez soin, en outre, de l'allonger, la tenant un peu claire, de sorte qu'elle puisse remplir le vide des coquilles.

Faites ensuite bouillir le tout un instant, égouttez les escargots, assaisonnez leur sauce, dont le goût doit être relevé, et à laquelle il faut les mêler immédiatement et les y laisser bouillir un peu ; enfin, liez-les avec trois jaunes d'œufs, exprimez-y le jus d'un citron et faites-les sauter en les arrosant avec un demi-verre d'huile.

CHAPITRE XX.

ŒUFS.

N° 802. Œufs pochés.

Mettez dans une casserolle de l'eau, du sel, un filet de vinaigre, et posez-la sur le feu ; lorsque l'eau bouillira, vous y casserez deux œufs du jour, et vous la couvrirez, afin que le bouillonnement continue ; après une minute, vous examinerez si le blanc a bien enveloppé le jaune, et si en effet, ce dernier a tout-à-fait disparu ; vous sortirez les œufs avec une écumoire, et les déposerez dans de l'eau fraîche ; cassez ainsi successivement, et de deux en deux, tous ceux qui vous sont nécessaires, et pochez-les de même ; lorsque vous voudrez les employer, vous parerez tout autour, les tiendrez bien chauds, les égoutterez, les mettrez sur un plat, répandrez sur chacun d'eux un peu de poivre blanc, et les servirez saucés avec du jus (*Voy.* n° 77) ou un consommé (*Voy.* n° 5). On fait aussi sur chaque œuf une petite fleur, en coupant une truffe en petit losange ; on forme la queue avec un petit filet d'anchois ou bien avec un cornichon, et on sert les œufs sur une remoulade (*Voy.* n° 184), ou bien sur une mayonnaise à la ravigote (*Voy.* n° 138).

N° 803. Œufs frits.

Cassez un œuf dans une assiette, assaisonnez-le avec du sel et du poivre, et mettez-le à la poêle, dans de l'huile ou du beurre bouillant; pendant la cuisson, vous élèverez la queue de la poêle, afin que l'huile étant rassemblée au bout, entoure bien l'œuf, ayant soin de l'arroser de cette même huile, afin que la glaire enveloppe le jaune, après quoi vous le retirerez ; faites de même pour tous ceux que vous voulez faire frire, et quand vous aurez fini, vous retirerez de la poêle une partie de l'huile qu'elle contient ; il n'en faut laisser que pour faire une marinade; joignez-y une échalotte bien hachée; assaisonnez avec du sel, du poivre et un filet de vinaigre, et versez sur les œufs.

N° 804. Œufs frits bourgeois.

Cassez plusieurs œufs dans un plat, assaisonnez-les avec du poivre et du sel; mettez de l'huile ou bien du beurre dans la poêle, et lorsqu'il sera bouillant, versez-le sur les œufs afin de cuire le dessus, puis remettez-les dans la poêle et sur le feu pour terminer la cuisson; cela fait, versez-y un peu de vinaigre; aux premiers bouillonnements, versez-les dans le plat.

N° 805. Œufs à la Béchamelle.

Faites durcir des œufs, coupez-les en long en quatre parties, et mettez-les dans une béchamelle (*Voy.* n° 81); on peut aussi les servir dans une sauce tournée, à laquelle on fait une liaison avec trois jaunes d'œufs (*Voy.* n° 176).

N° 806. Œufs en tripe.

Coupez des ognons à bien petits filets; faites-les cuire à petit feu dans une casserolle couverte; quand ils vous paraîtront cuits, vous activerez le feu, afin de réduire l'eau qu'ils auront rendue; vous les assaisonnerez, vous y mettrez de la graisse, ou du beurre, ou de l'huile, et vous les retournerez souvent avec la cuiller, pour éviter qu'ils s'attachent à la casserolle et qu'ils roussissent, car il convient de les conserver aussi blancs que possible; vous y ajouterez une cuillerée à bouche de farine, et les mouillerez avec du lait; continuez alors la cuisson à petit feu, et quand vous voudrez servir, mêlez-y une douzaine d'œufs durs coupés à tranches; liez le tout avec deux jaunes d'œufs, et sautez-le une minute pour y mêler un peu de persil haché.

N° 807. Œufs à la Huguenote.

Mettez dans un plat un bon jus de bœuf à la mode, ou tout autre fond de cuisson un peu graisseux ; cassez-y les œufs, et lorsque l'ébullition commencera, vous assaisonnerez légèrement les jaunes avec un peu de sel.

En même temps, passez dans une casserolle, avec un peu de dégraissis, une échalotte hachée et une truffe, un peu de jambon cuit et de blanc de volaille ; coupez le tout à petits dés ; mouillez avec un peu de jus (*Voy.* n° 77), ou de sauce, et quand les œufs seront au point, vous en masquerez les blancs avec cette garniture.

N° 808. Œufs en petites Caisses.

Faites des petites caisses rondes ou carrées, comme pour les biscuits ; enduisez-les à l'intérieur avec un peu d'huile, et posez dans chacune de la farce à gratin, un peu de beurre ou du dégraissis (*Voy.* n° 164) ; vous les poserez ainsi sur le gril, et lorsque la farce commencera à bouillir, vous mettrez un œuf entier dans chacune ; quand elles seront toutes pleines, vous les couvrirez d'une tourtière que vous soutiendrez sur un grand trépied ; faites une garniture comme ci-dessus ; mouillez avec un peu de coulis (*Voy.* n° 78), et quand les œufs seront au point, vous en couvrirez tous les blancs.

N° 809. Œufs brouillés.

Cassez des œufs dans un plat creux ; assaisonnez-les avec du sel et une pincée de poivre ; posez, en même temps, sur le feu une casserolle avec un morceau de beurre ou de dégraissis de quelque bon fond de cuisson ; passez-y un moment des tranches de truffes, du persil, une échalotte et un anchois, ces trois derniers objets bien hachés; vous y mêlerez les œufs et vous les tournerez avec une cuiller, ou bien avec un petit fouet, afin de détacher successivement tout ce qui peut s'attacher au fond et aux parois de la casserolle; quand ils auront acquis une certaine consistance, vous les retirerez pour y joindre des pointes d'asperges et un jus de citron : on peut, pour remédier à un excès de cuisson, si on n'avait pas bien saisi le point, ce qui est très-essentiel en cuisine, mettre dans cet apprêt un peu de jus (*Voy.* n° 77) ou de coulis (*Voy.* n° 78).

N° 810. Œufs à l'oseille.

Otez la côte de feuilles d'oseille; lavez-les et faites-les blanchir à l'eau; vous les égoutterez à la passoire; vous les hacherez et les passerez au tamis, ensuite vous les cuirez à petit feu dans du beurre fondu; vous les assaisonnerez et les remuerez à courts intervalles, avec une cuiller, jusqu'à ce qu'elles aient pris bon goût; alors vous les lierez avec une pincée de farine; une minute après, vous les mouillerez avec du lait, et continuerez de les faire bouillir à petit feu; lorsque vous voudrez servir, mêlez deux œufs entiers à la préparation, en la remuant sur le feu avec la cuiller; vous la servirez entourée de quartiers d'œufs durs, coupés en long, ou d'œufs pochés (*Voy.* n° 802), ou enfin, de petites omelettes coupées triangulairement.

N° 811. Omelette aux fines herbes.

Assaisonnez les œufs avec du sel, du poivre, du persil, un anchois haché; mettez la poêle au feu avec de l'huile ou du beurre, ou moitié l'un et l'autre; lorsque le liquide sera bouillant, vous y jetterez les œufs battus, et quand ils seront pris, vous pencherez la poêle sur le devant, et roulerez l'omelette, qui doit être servie un peu baveuse.

N° 812. Omelette aux Truffes.

Battez avec les œufs quelques tranches de truffes, et faites comme ci-dessus.

N° 813. Omelette au Jambon.

Mettez dans la poêle du beurre, du jambon coupé à petits dés et faites l'omelette à l'ordinaire.

N° 814. Omelette à la Savoyarde.

Coupez des croûtons de pain à petits dés, et faites-les frire au beurre ; coupez de la même façon du fromage de Gruyère ; battez le tout dans vos œufs, assaisonnez-les, et terminez l'omelette à l'ordinaire ; il est à propos de la faire au beurre, et d'y ajouter des fines herbes.

N° 815. Omelette aux Ognons.

Faites cuire dans de l'huile ou du beurre des ognons coupés à petits filets ; assaisonnez-les ; quand ils seront cuits et un peu roux, battez-les avec les œufs que vous avez assaisonnés à part, et terminez à l'ordinaire.

N° 816. Omelette à l'Espagnole.

Mettez dans la poêle du beurre, du jambon coupé à petits dés ; joignez aux œufs battus quelques tranches de pommes d'amour cuites et des fines herbes, et roulez votre omelette ; vous la dresserez ensuite sur un plat, vous l'entourerez d'œufs durs coupés en quatre dans leur longueur, de truffes cuites et de cornichons, que vous intercalerez avec symétrie, et vous verserez par dessus une sauce aux pommes d'amour (*Voy.* n° 120).

N° 817. Omelette au Rognon de Veau.

Marquez une omelette à l'ordinaire; assaisonnez-la; mettez-y des fines herbes et des truffes, le tout bien haché; joignez-y, avant de battre les œufs, le maigre d'un rognon de veau cuit à la broche, coupé à carrelets, et faites dissoudre dans la poêle le gras de ce même rognon, bien haché et mêlé à un peu de beurre ou de graisse; quand le corps gras sera en ébullition, vous y jetterez l'omelette bien battue; vous la roulerez à l'ordinaire, et quand vous l'aurez dressée sur son plat, vous la saucerez avec une espagnole (*Voy.* n° 79) ou une sauce aux pommes d'amour (*Voy.* n° 120), et la servirez bouillante.

N° 818. Omelette à la Paysanne, aux herbes.

Nettoyez quelques feuilles de poirée, quelques épinards, un peu de menthe et de ciboule, et quelques feuilles d'oseille; coupez ou hachez bien le tout; vous y jetterez ensuite un peu de sel, et cinq minutes après, les presserez dans les mains pour en extraire l'eau; vous les mettrez ensuite dans la poêle sur le feu, avec de l'huile ou du beurre, ou moitié l'un et l'autre; pendant que les herbes prennent goût, cassez vos œufs dans un plat, assaisonnez-les avec du sel, du poivre, du persil, du fenouil, une échalotte, un anchois, le tout bien haché; battez les œufs et terminez l'omelette : elle exige un peu plus de cuisson que les autres, et ne doit pas être roulée; on la fait sauter dans la poêle.

Il est à propos d'observer que les herbes ayant été salées, il faut mettre aux œufs peu d'assaisonnement.

CHAPITRE XXI.

JARDINAGE.

N° 819. Épinards au naturel.

Faites blanchir les épinards à l'eau bouillante, dans une usine assez grande pour que l'eau les couvre tout-à-fait ; jetez-y un peu de sel, et quand ils seront cuits, ce que vous connaîtrez au toucher, vous les égoutterez à la passoire et les mettrez vite à l'eau fraîche pour leur conserver leur vert ; ensuite vous les égoutterez à la passoire ; vous achèverez d'en extraire l'eau en les pressant fortement entre les deux mains, après quoi vous les hacherez bien.

Faites bouillir dans une casserolle un morceau de beurre ; écumez-le, et mettez-y les épinards que vous assaisonnerez avec du sel et du poivre ; vous les passerez assez longtemps pour leur laisser prendre goût, et les remuerez avec la cuiller ; cela fait, râpez un peu de muscade et dressez sur un plat

Ayez la précaution de faire bouillir le beurre et de l'écumer, avant de passer les épinards, et même d'y passer vos croûtons de pain dont vous les entourerez dans le plat ; c'est après cette opération qu'il faut y passer les épinards à petit feu et les y laisser un bon moment, pour qu'ils aient le temps de prendre bon goût. J'ai vu beaucoup de cuisiniers mettre un morceau de beurre dans les épinards, et à peine avaient-ils senti la chaleur, qu'ils les mouillaient. En opérant ainsi, je me permettrai de leur dire qu'ils procèdent mal. La manière que j'indique est la meilleure ; en effet, il est important de faire clarifier préalablement le beurre par l'action du feu, afin d'en faire évaporer le lait qu'il contient encore, et qui, sans ce procédé, donne ordinairement du mauvais goût.

Nota. On peut passer les épinards dans de la graisse de canard ou d'oie.

N° 820. Épinards aux Croûtons.

Blanchissez, jetez à l'eau fraîche, et hachez les épinards comme ci-dessus ; assaisonnez-les et passez-les un bon moment sur le feu, dans du beurre où vous avez d'abord fait frire des croûtons ; vous les remuerez de temps en temps avec une cuiller, et vous les mouillerez un peu court avec du velouté ; dressez-les sur un plat, égalisez-les avec un couteau et servez-les avec un cordon de croûtons dont il est déjà parlé.

Nota. On peut, à défaut de velouté, lier les épinards avec une pincée de farine, et les mouiller, un instant après, avec du lait ou du bouillon ; dans ce dernier cas, il faut les laisser bouillir un moment pour les rapprocher, car ils doivent être compactes ; servez-les comme ci-dessus.

N° 821. Épinards au sucre.

Mettez un peu de sucre dans les épinards en les passant au beurre ; vous les lierez avec une pincée de farine, et vous les mouillerez avec du lait ou de la crème ; ils doivent être servis entourés de croûtons comme ci-dessus.

N° 822. Carottes.

Coupez les carottes en bouchon ; faites-les blanchir à l'eau bouillante pendant huit minutes ; vous les mettrez ensuite à cuire à la casserolle, dans du bouillon auquel vous joindrez, gros comme une noisette, du sucre, dont l'effet est de neutraliser l'âcreté des racines ; tâchez que lorsqu'elles seront au point, leur cuisson tombe en glace ; alors vous les mettrez dans une casserolle avec du velouté, et les lierez avec deux ou trois jaunes d'œufs ; vous pouvez les servir au jus, ou bien avec une sauce espagnole (*Voy.* n° 79) ; on peut aussi les saucer à la béchamelle (*Voy.* n° 81).

N° 823. Carottes aux Ognons à la bourgeoise.

Ayez des carottes, et à peu près un tiers de leur quantité d'ognons ; coupez le tout à tranches bien minces, et passez-le dans la poêle, avec du beurre ou du saindoux, ou du dégraissis de cuisson ; pendant cette opération, vous remuerez et retournerez souvent avec la cuiller, afin qu'elles ne s'attachent pas ; assaisonnez à l'ordinaire, et lorsque le ragoût vous paraîtra assez cuit, vous le verserez dans une casserolle, et le ferez bouillir un moment ; vous y joindrez un peu de coulis ; si vous n'en avez pas vous y suppléerez par une pincée de farine, et vous mouillerez avec du bouillon, ou du jus, ou du bouillon mitigé avec du lait ; quand il aura pris goût, vous le lierez avec deux ou trois jaunes d'œufs, un filet de vinaigre et du persil bien haché, le faisant sauter après avoir lié.

N° 824. Pommes de terre en friture.

Pelez et coupez à tranches des pommes de terre, que vous faites frire à la graisse ou au beurre un peu chaud ; lorsqu'elles seront cuites, vous les égoutterez à la passoire : vous répandrez par dessus un peu de sel et un filet de vinaigre, et vous les servirez.

N° 825. Salade de Pommes de terre aux Truffes.

Mettez dans un saladier une couche de pommes de terre bouillies, coupées à tranches, puis une couche de truffes coupées de la même manière, et successivement jusqu'à la fin ; la dernière couche doit être de truffes ; faites par dessus un cordon de petits ognons cuits, de cornichons, de filets d'anchois et d'olives farcies ; assaisonnez avec du sel, du poivre, de l'huile et un filet de vinaigre, et servez.

N° 826. Pommes de terre sautées à la Lyonnaise.

Sautez dans du beurre ou de la graisse des pommes de terre bouillies et coupées à tranches ; assaisonnez-les et versez-les un moment après sur leur plat.

On les saute aussi dans du dégraissis ou du beurre, dans de la graisse d'oie ou de canard, où l'on a déjà fait roussir des ognons coupés à filets.

N° 827. Court-Bouillon de Pommes de terre.

Faites-les frire à l'ordinaire (*Voy.* n° 824), et faites-les bouillir à petit feu dans une sauce faite avec du jus ou du bouillon, et même de l'eau mêlée par quantité égale à du vin rouge ; dans ce dernier cas, il faut y ajouter un peu d'huile ou un petit morceau de beurre ; assaisonnez à l'ordinaire, et servez.

N° 828. Pommes de terre à la bourgeoise, en sauce blanche.

Coupez à tranches des pommes de terre ; mettez-les dans une poêle avec un peu de dégraissis d'un bon fond de cuisson, ou de saindoux, ou de beurre ; assaisonnez-les avec du sel et du poivre, et faites-les cuire presque au complet ; joignez-y des fines herbes hachées ; vous les mouillerez ensuite avec du bouillon ou de l'eau bouillante, et les lierez, un moment après, avec deux ou trois jaunes d'œufs et un filet de vinaigre; au moment de servir, vous y mêlerez un morceau de beurre, en faisant sauter la casserolle; servez immédiatement après.

N° 829. **Cardes à la moelle de Bœuf.**

Choisissez la partie blanche des cardes, coupez-en des morceaux de deux pouces de long, et jetez-les de suite dans de l'eau bouillante contenue dans une grande bassine ou casserolle, que vous laisserez sur le fourneau, afin que le bouillonnement continue; vous y laisserez séjourner les cardes jusqu'à ce qu'on puisse enlever la peau du dessus; vous les jetterez alors dans l'eau fraîche; vous les parerez bien avec le pouce; vous ôterez bien parfaitement toutes les peaux; vous les changerez d'eau, et enfin, vous les ferez cuire dans un blanc pour cardes.

N° 830. **Blanc pour Cardes.**

Faites fondre à petit feu, un peu de graisse de bœuf, prise dans la partie la plus farineuse; vous la mouillerez ensuite avec de l'eau bouillante, et vous l'assaisonnerez avec du sel, deux girofles, quelques tranches de citron et un morceau de beurre; faites réduire le tout à moitié sur un bon feu, après quoi vous y mettrez les cardes à cuire; après cuisson, retirez-les dans un plat creux, et passez par dessus le blanc au tamis.

Lorsque vous voudrez préparer le ragoût, vous poserez les morceaux de cardes sur un tamis et quand ils seront égouttés, vous les mettrez dans une casserolle avec un réduit de consommé en glace, du sucre gros comme une noisette, un ou deux morceaux de moelle de bœuf, que vous avez parés de leurs peaux, et vous mouillerez avec un peu de jus et d'espagnole (*Voy.* n° 79) ; posez par dessus un rond de papier, puis un couvert de casserole ; la préparation doit se terminer ainsi : il faut dégraisser avant de servir, et laisser avec le ragoût les morceaux de moelle que l'action du feu n'a pas dissous.

N° 831. Cardes en poulette.

Mettez dans la casserole des cardes déjà cuites dans le blanc (*Voy.* n° 850) ; mouillez-les avec un mélange de consommé et de velouté, et quand ce mouillement sera à moitié réduit, vous lierez le ragoût avec deux jaunes d'œufs.

N° 832. Cardes économiques bourgeoises.

Faites blanchir les cardes à l'eau bouillante, avec un peu de sel ; vous les verserez dans l'eau fraîche pour les nettoyer de leurs peaux et de leurs parties filandreuses ; vous les mettrez dans une casserole sur le feu, avec de l'huile ou un morceau de beurre, une échalotte et un anchois ; vous y joindrez une petite pincée de farine, parce que les cardes épaississent toujours ; mouillez de suite avec du bouillon ou bien de l'eau chaude ; assaisonnez, et mettez-y les cardes à cuire, avec du persil et un peu d'ail, si on ne le craint pas, que vous aurez bien haché ; lorsque les cardes sont cuites et le mouillement assez rapproché, vous y faites une liaison de deux jaunes d'œufs et un petit filet de vinaigre.

N° 833. Artichauts au naturel.

Coupez-leur seulement la queue, et faites-les bouillir dans de l'eau salée à l'ordinaire ; quand ils seront assez cuits, vous les ferez égoutter, les dresserez sur un plat, et les servirez, ou avec une sauce blanche à l'eau (*Voy.* n° 87), ou bien avec de l'huile et du vinaigre.

N° 834. Artichauts à la Bérigoule sur le gril.

Coupez à vos artichauts la queue et le bout des feuilles; ouvrez-les, et posez-les sans dessus dessous sur le gril; vous les tournerez ensuite sur le cul; assaisonnez-les alors avec du poivre et du sel, et arrosez-les avec de l'huile; lorsqu'ils seront cuits, vous les dresserez sur un plat et les arroserez de nouveau.

N° 835. Artichauts cuits à la casserolle.

Coupez-en la queue et le bout des feuilles comme ci-dessus; entr'ouvrez-en le cœur en écartant les feuilles, et placez-les bien serrés les uns contre les autres dans une casserolle; vous les assaisonnerez avec du sel et du poivre; vous arroserez d'huile l'intérieur de chacun d'eux, et poserez par dessus des tranches d'ognon et de citron, la moitié d'une feuille de laurier et du persil en branche; vous couvrirez d'un rond de papier, et vous ferez partir sur le fourneau (il est des cuisiniers qui ajoutent aux ingrédients ci-dessus détaillés un demi-verre de vin blanc sec); quand les artichauts auront commencé de bouillir, mettez-les à cuire sur le fourneau; mettez un peu de feu sur le couvert, et terminez la cuisson; vous les arroserez en les servant, avec leur fond de cuisson: on peut aussi mettre dans chacun d'eux une cuillerée de coulis, dans lequel on a fait infuser une cuillerée de vinaigre.

N° 836. Artichauts à la Provençale.

Coupez toujours les queues et le bout des feuilles;

coupez ensuite les artichauts en deux, et vous les marinerez avec du sel, du poivre et un verre de vinaigre ; quand vous leur aurez fait prendre goût, en les faisant sauter dans la marinade, vous les égoutterez sur un linge, les passerez ensuite dans la farine, et les ferez frire bien doucement et de belle couleur ; ce résultat obtenu, dressez-les sur un plat, en pyramide, et servez-les.

N° 837. Friture d'Artichauts.

Ne coupez pas tout-à-fait la queue des artichauts, ôtez-en les feuilles les plus vertes, et vous les tournerez en forme de toupie ; vous les couperez ensuite en quatre, et les mettrez à mariner dans de l'eau assaisonnée avec du sel et un filet de vinaigre ; quand vous voudrez les frire, vous les égoutterez et les presserez même un peu pour en extraire l'eau ; vous les passerez dans la pâte à frire, où vous les ferez sauter, et les mettrez enfin dans la friture bien chaude ; vous les remuerez et les tournerez avec une brochette jusqu'à ce qu'ils aient pris belle couleur ; retirez alors la poêle du feu ; posez les artichauts dans une passoire avec l'écumoire, et vous mettrez à leur place, dans la poêle, une poignée de persil que vous ferez frire, et que vous placerez au centre des artichauts quand vous les servirez.

N° 838. Culs d'Artichauts à l'Italienne.

Fendez des culs d'artichauts déjà cuits dans leur blanc (Voy. n° 154) ; après les avoir bien égouttés, mettez-les dans une casserolle et joignez-y de la sauce italienne ; puis vous les ferez bouillir six minutes, et vous les servirez.

N° 839. Céleris.

On fait des pieds de céleris, en choisissant les parties les plus fortes dont on tourne le bout en long comme des artichauts ; on en coupe les côtes de la longueur d'un doigt ; on fait blanchir et cuire le tout dans un blanc comme les cardes ; enfin on les égoutte quand on veut les employer.

N° 840. Céleris à l'Espagnole : entremets.

Après les avoir fait cuire au blanc, vous les ferez bouillir quelque temps dans un mélange de jus et de sauce espagnole, mêlée de demi-glace ; il est à propos de laisser rapprocher cette sauce, après quoi vous écumerez, dégraisserez et servirez.

N° 841. Céleris en poulette.

Faites bouillir les céleris dans du consommé ou un fond de cuisson de volaille, jusqu'à parfaite réduction ; ensuite vous les dresserez sur un plat, et verserez dessus une sauce au poulet ou sauce allemande (*Voy.* n° 82).

N° 842. Céleris à la Béchamelle.

Cuisez-les comme ci-dessus, et servez-les avec une sauce béchamelle (*Voy.* n° 81).

N° 843. Céleris bourgeois en poulette.

Faites cuire les céleris dans un blanc, ou bien, simplement dans de l'eau, et terminez leur cuisson dans un roux-blanc fait de la manière suivante :

Mettez dans une casserolle du beurre ou le dégraissis d'un fond de cuisson ; mettez-y une pincée de farine et faites-la cuire en tournant la sauce sur un feu doux pour éviter de la roussir ; mouillez-la avec du bouillon ou du lait, ou même de l'eau bouillante ; assaisonnez-la à l'ordinaire ; les céleris, réunis à cette préparation, doivent y bouillir assez pour y prendre goût, et laisser à la sauce le temps de se réduire un peu ; arrivé à ce point, liez avec deux jaunes d'œufs et ajoutez un peu de persil bien haché.

N° 844. Friture de Céleris.

Fendez en deux des pieds de céleris cuits au blanc, marinez-les avec du sel et un filet de vinaigre, et après les avoir passés dans de la pâte à frire, vous les mettrez à la poêle dans de la friture bien chaude.

N° 845. Céleris au gratin.

Préparez des céleris en poulette ; râpez par dessus du Parmesan ou du Gruyère, un peu de chapelure de pain arrosée avec un peu de beurre, et faites-les gratiner feu dessous et dessus.

N° 846. Feuilles de Céleris à la Ménagère.

Faites blanchir dans de l'eau assaisonnée à l'ordinaire des feuilles et des côtes de céleris, à l'exception de celles qui sont trop vertes ; égouttez-les ensuite à la passoire ; pressez-les et hachez-les, après quoi vous les passerez dans une casserolle où vous aurez fait fondre un morceau de beurre ou toute autre nourriture ; ajoutez au tout l'assaisonnement ordinaire, plus un anchois haché ; quand les céleris auront pris goût, vous y mêlerez de la mie de pain bouillie dans du bouillon, ou de l'eau salée, ou du lait ; mêlez le tout ensemble ; mouillez avec le liquide où vous avez fait bouillir le pain, et après avoir laissé rapprocher le ragoût à petit feu, vous le lierez avec deux ou trois jaunes d'œufs.

On peut mettre du fromage râpé sur ces sortes de plats et les faire gratiner.

N° 847. Pourpiers à la Ménagère.

Préparez-les exactement comme les feuilles de céleris à la ménagère, n° 846 ; en faisant la liaison, on peut y mêler du fromage râpé, qu'on répand dessus si on les prépare au gratin.

N° 848. Pois en herbes au Jambon.

Après avoir ôté les fils, mettez-les à l'eau bouillante une minute, et jetez-les ensuite dans de l'eau fraîche ; vous ferez suer, dans une casserolle, deux ou trois tranches de jambon coupées bien minces, vous y joindrez ou du beurre, ou du dégraissis, et enfin, les pois que vous aurez fait égoutter à la passoire; ajoutez à tout cela un peu d'échalotte, bien hachée, après quoi vous mouillerez avec du velouté, et ferez une liaison.

A défaut de velouté, mettez une pincée de farine, mouillez, un moment après, avec du lait ou du bouillon, et faites votre liaison, à laquelle vous ajouterez du persil haché et un filet de vinaigre.

N° 849. Petits Pois en grains.

Mêlez à de l'eau un peu de beurre frais, versez-y les pois, et maniez-les bien afin de les nettoyer parfaitement ; vous les égoutterez ensuite, et les mettrez dans une casserolle avec un morceau de sucre gros comme une noix, un cœur de laitue ficelé, et un peu de sel ; quand les pois seront cuits, vous en retirerez la laitue, et les lierez, à force de bras, avec du beurre du jour.

N° 850. Petits Pois au Jambon.

Coupez à filets une bonne tranche de jambon, mettez-la dans une casserolle avec du beurre ou du saindoux : joignez-y les pois, un cœur de laitue ficelé, et faites cuire à petit feu, après avoir répandu un peu de bouillon sur le tout, et couvert la casserolle ; quand le ragoût sera presque au point, vous y mettrez une pincée de farine et un peu de bouillon, et laisserez terminer la cuisson, après quoi vous retirez la laitue, et ferez une liaison avec deux ou trois jaunes d'œufs.

N° 851. Petits Pois à l'Anglaise.

Faites cuire des petits pois dans de l'eau assaisonnée d'un peu de sel ; égouttez-les et servez-les dans leur plat.

N° 852. Petits Pois au Sucre.

Maniez dans du beurre frais des petits pois en grains ; vous les ferez cuire à petit feu dans une casserolle où vous aurez mis du sucre gros comme une noix, et un cœur de laitue ficelé ; après cuisson, retirez la laitue, et versez sur le plat.

N° 853. Petits Pois à la Crème.

Préparez-les comme ci-dessus, et mêlez-y deux ou trois cuillerées de crème bourgeoise (*Voy.* n° 702) ou pâtissière (*Voy.* n° 680) ou toute autre, et les lierez.

N° 854. Laitues farcies.

Nettoyez et lavez bien des laitues entières, observant de ne pas en couper la racine trop ras des feuilles ; faites-les blanchir cinq minutes à l'eau bouillante, d'où vous les retirerez pour les jeter dans de l'eau fraîche ; un instant après, vous les ferez égoutter, et les presserez légèrement les unes après les autres; pour en extraire l'eau ; vous les prendrez ensuite par la queue, vous les ouvrirez pour enlever le cœur et pour les remplir, d'une farce fine (*Voy.* n° 162) ou farce cuite (*Voy.* n° 161); lorsque les laitues seront farcies, vous les ficellerez et les ferez cuire dans une braise, après quoi vous les mettrez sur un tamis pour les faire égoutter ; vous les déficellerez et les rangerez sur un plat; si vous avez de la glace, glacez-les, et saucez-les avec une espagnole (*Voy.* n° 79) ou un coulis (*Voy.* n° 78).

N° 855. Choux farcis.

(*Voy.* Laitues farcies, n° 854).

N° 856. Concombres farcis.

Coupez le bout des concombres ; videz-les avec une petite cuiller, de manière à ne pas y laisser de graines, et néanmoins à ne pas les crever; vous les pèlerez ensuite, et les mettrez à l'eau fraîche; mettez de l'eau au feu pour les faire blanchir ; assaisonnez-la avec du sel et du vinaigre ; quand elle bouillira, déposez-y les concombres; laissez-les y séjourner dix minutes pendant lesquelles l'ébullition doit continuer ; ce temps écoulé, sortez-les avec l'écumoire, et mettez-les un moment à l'eau fraîche pour les raffermir; après quoi vous les établirez sur un linge pour les essuyer, et enfin, vous les remplirez d'une farce cuite (*Voy.* n° 161); les concombres ainsi préparés doivent être cuits entre des bardes de lard; on peut y joindre un bon fond de braise, ou à défaut, mouiller à moitié avec du bouillon; il faut les couvrir d'un rond de papier, et les faire cuire à petit feu; lorsqu'ils seront au point, on les dégraisse, on les range sur un plat, on les glace avec une glace de fricandeau, et enfin, on les sert saucés d'une espagnole (*Voy.* n° 79).

Cette préparation peut se faire au four.

N° 857. Concombres au blanc.

Faites huit morceaux de vos concombres, en les coupant en quatre dans toute leur longueur, et ensuite en travers; ôtez-en les peaux et les graines, et faites-les blanchir cinq minutes à l'eau bouillante un peu salée; vous les mettrez ensuite à rafraîchir, puis à égoutter, et enfin, dans une casserolle, sur une plaque de lard que l'action du feu aura fondue, ou bien dans du beurre; vous les passerez quelques instants; vous y mettrez ensuite une pincée de farine, les mouillerez avec du bouillon, et les laisserez cuire à petit feu; un moment avant que la cuisson soit au complet, ajoutez-y du lait ou de la crème, et enfin, avant de servir, liez avec deux jaunes d'œufs, auxquels vous aurez mêlé du persil haché et un filet de vinaigre.

On fait aussi cuire des quartiers de concombres dans une poêle, et on les sert saucés dans une espagnole (*Voy.* n° 79).

N° 858. Champignons Oronges à la Bérigoule.

Ôtez-en les queues, nettoyez-les et coupez-les à petits dés; ensuite vous enlèverez les peaux de l'oronge, vous ferez quelques incisions à l'endroit d'où vous aurez arraché la queue, vous y insinuerez un peu d'ail ratissé, et vous placerez tous vos champignons dans une casserolle avec de l'huile et un demi-verre de vin blanc sec; vous y joindrez les pieds, après les avoir coupés à petits dés, et ferez cuire le tout lentement, feu dessous et dessus ; lorsqu'ils seront au point vous les mettrez sur un plat ; vous mettrez dans la casserolle, à leur place, du persil et un anchois, que vous ferez réduire avec les pieds ; quand cette espèce de farce sera suffisamment préparée, vous en poserez une portion sur chaque champignon, vous les saupoudrerez ensuite avec de la râpure de pain, et les mettrez un moment sous un couvert de casserolle chargé de braise.

N° 859. Croûtes aux Champignons.

Nettoyez les champignons, lavez-les et mettez-les un moment dans l'eau et un jus de citron ; pendant ce temps, mettez au feu une casserolle avec une tranche de jambon et du lard, ou du beurre ; passez-y les champignons à petit feu ; assaisonnez-les avec du sel, et peu après, vous y mettrez une pincée de farine et mouillerez avec du bon bouillon ; joignez au tout un bouquet (*Voy.* n° 175), et liez-le avec deux jaunes d'œufs et un jus de citron ; vous y ajouterez un morceau de beurre ; vous ferez sauter le tout ensemble ; les champignons ainsi préparés doivent être servis sur une croûte de pain enduite de beurre dessus et dessous, et séchée au four ou sur le gril.

N° 860. Mousserons.

Après les avoir épluchés et lavés, passez-les sur le feu dans une casserolle, avec une tranche de jambon et du lard fondu, ou tout autre corps onctueux ; assaisonnez-les avec du sel ou du poivre ; mouillez-les avec du velouté et du coulis, qu'on peut remplacer par une pincée de farine, suivie, à une minute d'intervalle, d'un mouillement d'eau bouillante ou de bouillon ; liez-les à l'ordinaire.

N° 861. Morilles.

Les morilles réclament un soin particulier pour les nettoyer ; il faut les laver à plusieurs eaux, après quoi on les ébouillante ; on les essuie enfin, et on les prépare comme les autres champignons, à la seule différence qu'il faut joindre à l'assaisonnement ordinaire un bouquet et un ognon piqué.

N° 862. Haricots verts en sauce blanche.

Coupez les deux extrémités des haricots ; fendez-les s'ils sont trop gros, et mettez-les à blanchir dans de l'eau bouillante légèrement salée ; elle ne doit pas cesser de bouillir tant que dure la cuisson des haricots, qui doivent ensuite être mis dans de l'eau fraîche ; quand ils auront repris leur vert, on les égoutte à la passoire et les prépare dans une casserolle où l'on a fait suer une tranche de jambon, mis un peu de beurre ou de dégraissis de fricandeau, et un peu d'ognon haché bien fin ; on assaisonne le tout avec du sel et du poivre ; on mouille avec du velouté ; à défaut, on emploie une pincée de farine, qui doit être suivie, à une minute d'intervalle, d'un mouillement de bouillon ou de lait ; on laisse alors bouillir le ragoût à bien petit feu, et quand au moment de servir on l'a lié avec deux jaunes d'œufs et un filet de vinaigre, on y ajoute un peu de réduit de quelque bon fond de cuisson.

N° 863. Haricots secs au blanc.

Faites un roux-blanc, en tournant dans du beurre fondu une cuillerée à bouche de farine et un peu d'ognon haché ; mouillez-le avec un peu de lait, et continuez de tourner sur un feu doux ; vous l'assaisonnerez avec du sel, du poivre et un peu d'anchois bien haché ; quand le roux-blanc prendra le bouillonnement, vous le poserez sur des cendres chaudes, et vous y mêlerez les haricots déjà cuits à l'eau et bien égouttés à la passoire ; vous les y laisserez bouillir un moment, et enfin, vous lierez le tout avec deux ou trois jaunes d'œufs, un filet de vinaigre et un peu de persil bien haché ; avant de servir, joignez à la préparation une cuillerée à bouche d'huile ou un morceau de beurre frais que vous y mêlerez en la faisant sauter.

N° 864. Asperges en salade.

Nettoyez chaque asperge séparément, coupez le bout de la queue, et jetez-les dans une casserolle pleine d'eau, légèrement assaisonnée avec du sel ; lorsque cette dernière sera en ébullition, laissez-les y quelques minutes, pendant lesquelles l'eau doit continuer de bouillir ; quand vous présumerez que les asperges sont cuites, vous les vérifierez en en retirant une au moyen de l'écumoire, et si l'épreuve confirme ce que vous croyez, vous les retirerez toutes et les mettrez de suite à l'eau fraîche, sinon attendez un moment, et faites de même ; après cuisson complète, l'asperge doit être égouttée, servie la tête en dedans du plat, et les queues aux deux extrémités ; on les mange avec de l'huile et un peu de vinaigre, ou bien avec une sauce blanche à l'eau (*Voy.* n° 87), qu'on sert à part dans un saucier.

N° 865. Aubergines.

Coupez-leur la queue ; pelez-les et fendez-les par le milieu ; vous décrirez ensuite avec la pointe du couteau, sur la surface plate que vous offrira chaque moitié, des lignes diagonales que vous traverserez en sens inverse, ce qui formera des losanges parfaits ; répandez sur tous les morceaux ainsi ciselés un peu de sel que vous ferez pénétrer en les frottant deux à deux l'un contre l'autre ; peu après, vous les presserez pour en extraire l'eau, et vous les ferez enfin frire à la poêle dans de la graisse d'oie ou dans de l'huile, et sur un feu modéré ; lorsqu'elles seront bien cuites, vous les placerez une à une sur une tourtière ; vous poserez sur chacune une espèce de rémoulade faite à la casserolle avec de l'huile, une échalotte, du persil, et un anchois, et même un peu d'ail ratissé, quand on l'aime ; cela fait, saupoudrez avec de la chapelure de pain, et mettez un moment sur le feu ou sur un trépied, feu dessus et dessous.

N° 866. Aubergines en friture.

Après avoir pelé les aubergines, coupez-les dans leur longueur, à tranches de deux lignes d'épaisseur ; vous les saupoudrerez légèrement de sel pour leur faire rendre leur eau ; vous les presserez ensuite avec la main pour les écouler, les passerez dans la pâte à frire (*Voy.* n° 192), et les ferez frire dans de l'huile chaude ; quand elles seront de belle couleur, vous les ferez égoutter à la passoire et les servirez dressées sur un plat.

N° 867. Beignets d'Aubergines.

Coupez-les plus minces que ci-dessus, mais faites-leur rendre leur eau, et faites-les frire de même ; lorsqu'elles seront ainsi préparées, vous les poserez sur une feuille de papier blanc, saupoudrée avec du sucre ; vous répandrez du sucre par dessus pour les glacer avec une pelle ; vous les servirez sur un plat après cette dernière opération.

N° 868. Ragoût de Fèves en grains.

Mettez sur le fourneau une casserolle pleine d'eau ; lorsqu'elle commencera à bouillir, jetez-y vos fèves en grains, laissez-les y séjourner cinq minutes, après lesquelles vous les jetterez à la passoire, et quand leur eau sera tout écoulée, vous les passerez dans une autre casserolle avec un peu de beurre fondu et bouillant, et une tranche de jambon ; après avoir sauté un moment le ragoût sur le feu, vous y mettrez une pincée de farine, vous ferez de nouveau sauter deux ou trois fois, et mouillerez, une minute après avec du bouillon bien dégraissé ; joignez-y un cœur de laitue ficelé, de marjolaine, et terminez la cuisson à petit feu ; si le mouillement vous semblait court, ajoutez-y un peu de lait, et quand les fèves seront assez cuites, retirez-en le jambon et la laitue, et liez avec deux ou trois jaunes d'œufs.

N° 869. Fèves à la Macédoine.

Mêlez à la préparation ci-dessus détaillée des culs d'artichauts coupés en quatre ; ils doivent être blanchis et préparés avec les fèves.

N° 870. Macédoine de Légumes.

Réunissez dans une casserolle des carottes tournées, des navets, des pointes d'asperges, des morceaux de choux-fleurs, des truffes, des haricots verts, des petits pois et des fèves, le tout cuit séparément, et mouillez-les d'une sauce allemande (*Voy.* n° 82).

N° 871. Raves au sucre.

Pelez les raves, coupez-les en rond ou en croissant, et faites-les blanchir environ dix minutes dans de l'eau bouillante; vous les égoutterez ensuite à la passoire, et vous les passerez dans une casserolle avec un peu de beurre et du sucre gros comme un œuf; vous les ferez roussir bien également, en les faisant sauter de temps en temps, après quoi vous les mouillerez avec du jus ou du bouillon, et continuerez la préparation à petit feu; vous pourrez y joindre une cuillerée d'espagnole (*Voy.* n° 79).

N° 872. Ognons glacés.

Epluchez de gros ognons, n'en coupez pas trop ras ni la tête ni la queue, et rangez-les la tête en bas, dans une casserolle où vous aurez mis du beurre et gros comme un œuf de sucre; vous y mettrez de l'eau assez pour couvrir les ognons jusqu'à la queue, et vous ferez partir sur un feu ardent; lorsque le mouillement sera réduit, vous modérerez le feu afin que les ognons tombent en glace; surveillez-les afin qu'ils ne s'attachent pas à la casserolle; après cuisson vous les dresserez sur un plat, vous poserez de la glace (*Voy.* n° 184) sur chacun d'eux, et vous les servirez saucés d'une espagnole (*Voy.* n° 79).

N° 873. Ognons farcis.

Blanchissez les ognons à l'eau; videz-les et remplissez-les d'une farce à la nimoise; faites-les cuire dans une braise (*Voy.* n° 174); après cuisson, dressez-les sur leur plat, et saucez-les avec du coulis ou un fond de cuisson passé au tamis et bien dégraissé.

Nota. On peut, dans la confection de la farce, employer de la viande rôtie, comme blanc de volaille, du veau, mouton, agneau, en assaisonnant toujours dans la proportion d'un gros et demi de sel-épice par livre de viande, et mettant autant de lard que de viande, un peu de persil, une échalotte, le tout bien haché, deux jaunes d'œufs, et un peu de moelle de bœuf bien hachée ; on peut remplacer le lard par la tétine de veau cuite, ou par la graisse d'un rognon de veau cuit.

N° 874. Truffes en court-bouillon.

Lavez et brossez bien de grosses truffes, que vous mettrez à cuire dans une casserolle, en les couvrant de bardes de lard, et y ajoutant un morceau de beurre frais, un ognon piqué d'un clou de girofle, un bouquet et un peu de sel ; mouillez-les avec du vin de Champagne ou du vin blanc sec, jusqu'à la surface ; et faites partir à grand feu pour opérer la réduction qui doit s'effectuer entièrement dans une heure de cuisson ; égouttez-les ensuite, et présentez-les dans une belle serviette.

N° 875. Truffes en roche.

Brossez, lavez et faites égoutter les truffes à la passoire ; assaisonnez-les ; marinez-les avec du lard nouveau, haché et pilé, que vous divisez en trois parties, l'une pour l'usage que j'indique, l'autre pour enduire la surface d'une abaisse de feuilletage, sur laquelle on pose les truffes en forme pyramidale, et la troisième pour être posée à leur sommet ; cette dernière portion doit être recouverte d'une plaque de lard, et le tout d'une deuxième abaisse, qui, s'appliquant parfaitement aux truffes posées les unes sur les autres, simule les sinuosités d'un rocher ; il faut ensuite dorer la pièce, pratiquer un petit trou sur le couvert, l'exposer pendant une heure au four chaud ; ce temps écoulé, retirez-la ; tracez le couvert avec la pointe d'un couteau pour enlever les bardes de lard ; cette opération faite, replacez le couvert, et servez bien chaud pour entremets.

N° 876. Truffes en salade.

Il faut peler les truffes, les couper à tranches, les laver dans du vin blanc, et les mettre dans un saladier avec du sel, du poivre, un jus de citron, de la bonne huile, et enfin, une échalotte et un anchois, le tout bien haché.

N° 877. Ragoût de Truffes.

Mettez dans une casserolle de la bonne huile, un ail, une demi-feuille de laurier piqués ensemble au moyen d'un clou de girofle, un peu d'anchois, une échalotte et un peu de persil, le tout bien haché; joignez-y des truffes pelées, lavées et coupées à tranches; vous les passerez deux minutes sur le feu, après quoi vous les assaisonnerez avec du sel, une pincée de poivre et un verre de vin blanc sec ou de vin rouge; vous les laisserez cuire jusqu'à ce que le vin soit à la presque entière réduction; vous mouillerez alors de nouveau avec un peu d'espagnole, ou de jus, ou de bouillon, et laisserez bouillir deux minutes à petit feu; vous verserez ensuite le ragoût sur une croûte de pain enduite de beurre et séchée au four ou au gril; n'oubliez pas d'enlever l'ail; vous pouvez entourer le plat de croûtons frits au beurre.

Nota. Si vous mouillez les truffes avec du jus ou du bouillon, il faut auparavant y mettre une petite pincée de farine pour lier la sauce.

N° 878. Truffes à la purée de Volaille.

Lavez de grosses truffes, brossez-les bien et faites-les cuire tout entières dans du vin blanc sec; ensuite vous marquerez un rond sur chacune d'elles, vous les viderez avec une curette et les remplirez de purée de volaille

(*Voy.* n° 103); vous poserez sur chaque truffe le morceau que vous en avez enlevé; enfin, vous les dresserez sur une serviette posée elle-même sur un plat.

N° 879. Salsifis au blanc.

Ratissez les salsifis, coupez-les de deux ou trois pouces de long, et jetez-les à l'eau fraîche; pendant qu'ils trempent, maniez un morceau de beurre dans de la farine, mettez-le dans une casserolle avec de l'eau, et posez le tout sur le feu; vous y joindrez un ognon piqué (*Voy.* n° 1), quelques tranches de citron et un peu de sel; et vous laisserez rapprocher cette préparation, dans laquelle vous déposerez les salsifis déjà passés dans le beurre, et les y laisserez cuire; quand ils seront au point, vous tremperez leur apprêt dans du lard râpé, ou un morceau de beurre ou dans le dégraissis de quelque bon fond de cuisson; cette dernière opération doit se faire en peu de temps; il suffit de faire sauter le ragoût un moment sur le feu, après quoi vous mouillerez avec du velouté (*Voy.* n° 80), ou une allemande (*Voy.* n° 82), ou bien vous mettrez la pincée de farine, et mouillerez, peu de temps après, avec du bouillon ou du lait; quand le tout aura bouilli quelques moments, liez avec deux jaunes d'œufs et un peu de persil haché.

Nota. On peut aussi mouiller les salsifis avec de l'espagnole (*Voy.* n° 79), ou du coulis (*Voy.* n° 78).

N° 880. Friture de Salsifis.

Faites-les cuire au blanc comme ci-dessus; marinez-les ensuite au vinaigre, et quand vous voudrez vous en servir, vous les égoutterez, les passerez dans la pâte à frire (*Voy.* n° 192), et les ferez frire.

N° 881. Salsifis à la bourgeoise.

Faites-les blanchir à l'eau légèrement salée, ou cuire dans un blanc comme ci-dessus; après cuisson, vous les égoutterez et les mettrez dans une casserolle où vous avez fait fondre et bouillir, un moment ensemble, du lard, un peu d'ognon haché; passez-y les salsifis sur un feu modéré, mettez-y ensuite une pincée de farine, et mouillez, peu après, avec du bouillon ou de l'eau bouillante; et quand enfin, l'action du feu aura fait réduire une partie du mouillement, vous assaisonnerez le ragoût, et le lierez avec deux jaunes d'œufs, auxquels vous joindrez du persil haché et un filet de vinaigre.

N° 882. Choux-Fleurs en salade.

Mettez une casserolle pleine d'eau sur un feu modéré, jetez-y un peu de sel, un morceau de beurre manié dans de la farine, une carotte et un ognon piqué d'un girofle; lorsqu'elle a pris le bouillonnement, jetez-y les choux-fleurs, et faites-les cuire à petit feu, après quoi vous les retirez avec l'écumoire, les faites égoutter et les dressez sur un plat.

N° 883. Choux-Fleurs en sauce blanche.

Préparez-les comme ci-dessus, et servez-les saucés d'une sauce blanche (*Voy.* n° 88).

N° 884. Choux-Fleurs au gratin.

Mettez dans une casserolle deux onces de beurre, une once de farine, et posez-la sur un feu modéré; vous tournerez le tout lors de la dissolution du beurre, afin de bien mêler les deux objets, après quoi vous y joindrez deux verres de lait, un peu de sel, un ognon piqué et un morceau de carotte ; continuez de tourner la sauce pendant qu'elle bout, et quand sa réduction commencera à être sensible, ajoutez-y encore quatre jaunes d'œufs, et retirez-la du feu ; vous en ôterez alors l'ognon et la carotte ; vous y joindrez quatre onces de fromage râpé, et quand elle sera bien refroidie, vous en mettrez une cuillerée au fond d'un plat, rangerez par dessus les morceaux de choux, les têtes en dehors ; vous mettrez encore de la sauce, et sur celle-ci encore des morceaux de choux, que vous couvrirez enfin avec le restant de la sauce ; saupoudrez le tout avec du fromage râpé ; mettez un peu de beurre fondu, et faites gratiner au four jusqu'à ce qu'il ait pris belle couleur

N° 885. **Macaronis au gratin.**

Mettez dans une casserolle de l'eau assaisonnée avec du sel, un ognon piqué d'un girofle, un morceau de carotte, un peu de beurre ; lorsque cette eau sera en ébullition, jetez-y huit onces de macaronis, que vous laisserez bouillir, jusqu'à parfaite cuisson, doucement et sans discontinuer ; vous les égoutterez ensuite à la passoire, et mettrez sur le feu, dans une casserolle, quatre onces de bon beurre ; dès qu'il sera fondu, vous y joindrez les macaronis et quatre onces de fromage râpé, moitié Parmesan et moitié Gruyère, après quoi vous mêlerez au tout un peu de jus de rôti, du réduit d'un bon fond de cuisson de volaille, quelques cuillerées de sauce espagnole ou de coulis ; vous remuerez bien le mélange pour confondre tous les éléments de la préparation, que vous laisserez ensuite refroidir à moitié ; cela fait, vous la verserez sur un plat à gratin, en saupoudrerez la surface avec du fromage râpé et quelques petits morceaux de beurre, et vous la ferez gratiner au four : on peut saupoudrer aussi les gratins avec de la chapelure de pain passée au tamis.

N° 886. Pommes d'amour au gratin.

Arrangez sur un plat ou sur une tourtière des pommes d'amour partagées, auxquelles vous enlèverez leur eau et leurs graines ; posez dessus de la farce faite comme au n° 873 ; saupoudrez avec de la râpure de pain, et faites cuire au four ou sur un trépied, feu dessus et dessous ; mettez un peu de fond de cuisson de quelque bonne braise dans la tourtière.

N° 887. Excellente manière de confire les Champignons Oronges.

Les champignons jeunes et ceux qui ne sont pas ouverts, sont les plus propres à être conservés ; pelez-les ; ôtez-en les queues que vous pèlerez aussi ; vous laverez ensuite le tout dans du vin blanc sec ou de l'eau ; vous les mettrez ensuite à égoutter, après quoi vous les rangerez dans une casserolle, et y verserez de l'huile en assez bonne quantité pour qu'elle puisse les couvrir ; vous les ferez bouillir à petit feu, environ vingt minutes, dans de l'huile assaisonnée avec du sel, du gros poivre, une feuille de laurier et quatre girofles ; ce temps écoulé, joignez-y le quart d'un verre de vinaigre ; faites bouillir vingt minutes encore ; enfin retirez la casserolle du feu et laissez-la refroidir avec tout son contenu ; vous en retirerez après les champignons, vous les placerez dans un vase quelconque, où vous les couvrirez entièrement de leur sauce passée au tamis, et que vous fermerez hermétiquement avec un parchemin ficelé autour ; on les conserve ainsi pour s'en servir au besoin.

On sert ordinairement ces champignons froids pour hors-d'œuvre : on les emploie aussi en garniture pour les sauces piquantes.

SEL-ÉPICE.

Le sel-épice est un composé de divers ingrédients mêlés et pilés ensemble dans la proportion suivante :

 20 onces de sel.
 2 gros clous de girofle.
 2 gros noix de muscade.
 6 feuilles de laurier.
 1 gros canelle.
 4 gros gros poivre en grains.
 1 gros basilic sec.
 1 gros coriandre.

Après avoir été pilés, ils doivent être passés au tamis de soie ; leur résidu, s'il en reste, doit être de nouveau jeté au mortier, et être broyé bien parfaitement, car la proportion exacte de tout ce qui entre dans cet assaisonnement, fruit de mille essais et de cinquante années d'expériences, exige qu'on ne perde rien ; il faut de nouveau passer au tamis, remuer la composition, afin que le mélange des ingrédients qui y entrent soit bien égal, et la serrer dans des boîtes de fer-blanc, qu'il est essentiel de fermer hermétiquement.

AVIS.

Les personnes qui ne voudraient pas se donner la peine de confectionner le *Sel-épice*, en trouveront chez L'AUTEUR, *place de la Couronne*, A NIMES.

INSTRUCTION

SUR LA MANIÈRE DE SERVIR LES TABLES,

SUIVIE

Du mode le plus convenable de dépecer les Pièces froides, les Entrées et les Rôtis, comme Gibier, Volaille et Pièces de boucherie.

Ce n'était pas assez d'avoir initié mon lecteur à l'art culinaire, je lui devais encore de lui faire connaître la manière de bien mettre une table; car rien ne plaît comme l'ordre et l'harmonie dans le service : un bon dîner, mal ordonné, n'est jamais apprécié ce qu'il vaut. Si l'on doit, autant qu'on le peut, unir toujours l'agréable à l'utile, c'est ici le cas, bien plus que partout ailleurs, de faire l'application de cet axiome. Cette instruction manquait aux premières éditions de mon livre, j'ai voulu remplir cette lacune; je suis sûr qu'on m'en saura gré. Je la diviserai en trois paragraphes, savoir : *du mode de service; du menu et de la mise de table; de la manière de découper certaines pièces.*

§ Ier.

Du Mode de Service.

Pour celui qui veut donner à dîner, il y a trois choses importantes à considérer; il doit chercher, avant tout, à satisfaire le goût de ses convives, à leur offrir convenablement les mets qui doivent charger la table, et pour ce qui le regarde, viser à l'économie, sans toutefois laisser apercevoir ses intentions. La manière généralement reçue de servir un dîner n'atteint pas toujours ce triple but. Les uns, comme dans le nord de la France, servent tout à la fois, même le rôti et les entremets chauds, quel que soit le nombre des convives ; les autres, comme dans le midi, font toujours deux services. Je ne rejette ni n'adopte entièrement ces deux méthodes ; une longue expérience m'a fait reconnaître, à cet égard, des inconvénients qui m'ont porté à modifier ces usages, selon qu'il y avait à servir un nombre plus ou moins grand d'invités. J'adopte le double service, lorsqu'il n'y a pas plus de douze couverts ; en dessus de ce nombre, je suis une marche différente, qui tient de l'un et de l'autre usage : après le coup du milieu, je fais enlever les hors-d'œuvre, et les fais remplacer par le rôti et les entremets chauds, sans toucher au reste des plats ; c'est une sorte de second service moins complet, mais qui me paraît préférable sous tous les rapports. D'abord, il est plus économique, puisqu'on n'est pas obligé de couvrir une seconde fois la table d'autant de plats qu'on en a fait disparaître ; puis, le grand avantage résultant de cette manière de servir, c'est de faire manger chauds le rôti et les entremets qui, du commencement du repas jusqu'au moment de les attaquer, ne peuvent, quelques précautions que l'on prenne pour chauffer sur table, conserver le degré de chaleur nécessaire pour en faire apprécier la saveur et le goût : tout le monde sait que rien n'est pire qu'un dîner froid.

Lorsque LL. MM. le Roi et la Reine de Naples, S. A. R. Madame la Duchesse de Berry et l'Infant d'Espagne Dom François, passèrent à Nîmes, j'eus l'honneur de servir leur table : le Roi ne voulut qu'un seul service ; je pris la liberté de lui faire observer que Sa Majesté serait exposée à manger froid ; il persista : j'obéis. A son départ, le Roi me fit témoigner sa satisfaction par M. le préfet Hermann ; j'en fus flatté, sans doute, mais à part moi, je me dis que je me garderais bien de faire jamais compliment à mon cuisinier, si, par sa manière de servir, il me condamnait à manger froid une partie de mon repas.

§ II.

Du Menu et de la Mise de Table.

Il n'est pas aussi facile qu'on le pense de composer un dîner, surtout lorsqu'il s'agit d'une grande table, le nombre des plats devant être proportionné à celui des convives. Combien faut-il de grosses ou de petites entrées, de hors-d'œuvre d'office et de cuisine, de pièces froides, d'entremets chauds et doux, de rôtis enfin, pour servir convenablement un dîner ? Dans quel ordre faut-il disposer tous ces mets ? Le tableau que nous plaçons ici sous les yeux de nos lecteurs servira à résoudre la question : il renferme des menus de table depuis huit jusqu'à trente-cinq couverts, et au moyen des signes adoptés pour indiquer les divers plats, il sera aisé de voir quelle place ils doivent occuper sur la table.

§ III.

De la Manière de dépecer.

Avant de donner les règles de la dissection des viandes, qu'il me soit permis de faire ici quelques observations relatives à la manière, généralement reçue aujourd'hui, de renvoyer presque toutes les pièces au buffet pour les y faire découper. Je ne puis concevoir que des personnes, qui font preuve, d'ailleurs, de bon goût dans la disposition de leurs tables, et s'appliquent à satisfaire en tout leurs convives, se soumettent à l'usage, blâmable à mon avis, de faire ainsi dépecer les entrées et le rôti par les domestiques ; pour moi, il me semble que j'en éprouverais quelque dégoût, malgré les gants blancs dont sont affublés ces serviteurs à gages ou d'occasion, dont l'haleine est souvent imprégnée de l'odeur du tabac, dont les vêtements exhalent des émanations analogues à leurs autres fonctions dans le ménage.

Dans une vie longue et occupée comme la mienne, j'ai pu voir, même dans les plus grands repas, le maître ou la maîtresse de la maison se faire un plaisir de découper. Lorsque la dame se chargeait de ces soins, l'occasion se présentait tout naturellement aux convives de placer quelques mots agréables ; les grâces qu'elle pouvait y mettre étaient un nouvel assaisonnement aux mets qu'elle offrait, et un moyen de remplir un vide inséparable de ces grands repas, que leur longueur rend souvent très-monotones.

Le dépècement des viandes par cette espèce singulière de maître-d'hôtel de louage, dont j'ai parlé, a d'autres inconvénients graves, selon moi. La table se dégarnit tour-à-tour ; l'aspect général en est perdu, et il n'y a rien, certes, de gracieux à voir continuellement passer et repasser des plats par dessus sa tête ; c'est un dérangement et une inquiétude pour tous, car on a à redouter les maladresses. Sous le rapport de l'économie, on gagnerait beaucoup à ce que les viandes fussent découpées sur la table. Dans un repas bien ordonné, tout ne peut pas être consommé ; cependant, si on livre toutes les grosses pièces aux domestiques, ils les attaquent sans discrétion, dans l'intérêt du service de la cuisine, et les débris ne sont plus présentables que là ; si, au contraire, les pièces restaient sur la table, plusieurs pourraient demeurer intactes, et être réservées pour la famille. Cette méthode, que je ne saurais trop recommander aux dames ménagères, offre un autre avantage, c'est que dans le cas où des amateurs voudraient revenir sur des pièces qui n'auraient été qu'entamées, on aurait le plaisir de leur offrir de ces mets, conservant encore leur chaleur, leur suc et leur arome.

Ces observations préliminaires faites, j'arrive à la manière de dépecer certaines pièces.

Règle générale : les viandes se coupent toujours en travers.

Du Bœuf.

Du Bouilli. Enlevez les os, les nerfs et le superflu de la graisse ; coupez à tranches minces, de manière cependant, à ce qu'elles portent chacune, s'il se peut, une partie de gras.

De l'Aloyau. Tournez la pièce en sens contraire de ce qu'elle est servie ; détachez-en d'abord le sous-filet, qui en est la partie la plus délicate, puis arrivez au filet de dessus, et coupez à tranches.

Du Veau.

De la Longe. Il faut d'abord enlever le filet, puis le sous-filet, que vous servez de préférence ; ordinairement on ne sert pas les rognons qu'on a eu soin de détacher du filet.

Du Carré. On enlève le filet, et on divise les côtes.

De la Noix. La noix de veau, en fricandeau, se coupe avec la cuiller.

De la Tête. La tête de veau se sert ordinairement bouillie, accompagnée d'une sauce piquante, ou simplement à l'huile, au vinaigre et aux fines herbes hachées.

Servez d'abord les yeux, les bajoues et les tempes, puis les oreilles et la langue ; soyez attentif à réserver autant que possible de la cervelle pour chaque convive. La cervelle a dû être mise à découvert à la cuisine, où l'on a extrait les os du crâne, qui peuvent servir de plat aux fines herbes.

La cervelle ne doit être touchée qu'avec la cuiller ; si vous voulez, détachez la langue, envoyez à la cuisine pour la faire paner et griller. Cette manière de la présenter peut être du goût de plusieurs, mais il faut la détacher sur la table.

Du Mouton.

Du Gigot. On tient horizontalement le manche de la main gauche, et l'on coupe perpendiculairement à tranches, depuis la jointure jusqu'à l'os du filet ; on le retourne ensuite, et on continue à couper à tranches.

Du Carré. Le carré se découpe comme celui du veau.

De l'Agneau, Chevreau, etc.

Toutes les parties de l'agneau, du chevreau, etc., se coupent comme celles du mouton.

Du Sanglier et du Cochon.

De la Hure. Coupez en dessous des oreilles jusqu'aux bajoues, puis le chignon, à tranches minces.

Du Carré. Comme ceux du veau et du mouton.

Du Jambon. Le jambon se coupe à tranches très-minces, en travers, comme le gigot de mouton.

Du Cochon de lait rôti. Il faut d'abord couper la tête que l'on partage en deux, puis vous attaquez l'épaule et la cuisse gauches, l'épaule et la cuisse droites; vous détachez ensuite les peaux du dos pour les servir toutes croquantes; enfin, on coupe le dos en trois, et on divise les côtes.

Des Volailles.

Les principales parties de la volaille sont: les ailes, les cuisses, l'estomac, le croupion et la carcasse.

Prenez d'abord de la main gauche l'aile avec une fourchette, que vous placez au-dessous de l'os de l'aileron; introduisez le couteau dans la jointure, que vous divisez, et achevez en tirant l'aile de la main gauche; détachez la cuisse du même côté, ayant soin avant, de donner un coup de couteau dans les nerfs de la jointure; tirez comme pour l'aile, avec la main gauche; pratiquez la même opération des deux côtés; séparez ensuite l'estomac de la carcasse, et la carcasse du croupion; on peut diviser les ailes et les cuisses; les blancs se servent entiers. Ainsi se découpent les dindes, poulardes, poulets, pintades, paons, outardes, gélinottes, faisans, perdreaux, bécasses, bécassines, canepetières, pluviers, vanneaux.

De l'Oie et de toutes les volailles du même genre.

L'oie, le canard et la sarcelle se coupent en filets, formés de la chair des ailes et de l'estomac, depuis la naissance du cou jusqu'au croupion; ces filets se divisent, puis on détache les ailes et les cuisses, que l'on subdivise en morceaux.

Du Pigeon.

Il y a plusieurs manières de dépecer le pigeon : ordinairement on le partage en quatre ; on le fend d'abord en long, puis en travers ; on offre la culotte de préférence ; lorsqu'il est trop petit, on ne le coupe qu'en deux, de la tête au croupion ; dans ce cas, chaque partie porte l'aile et la cuisse ; on peut encore le couper en travers, et alors les deux ailes sont réunies en chérubins, et les deux cuisses en culotte.

Du Levraut.

On arrache les filets de l'épaule à la cuisse, on les coupe en plusieurs morceaux et en travers ; la partie charnue des cuisses s'enlève en entonnoir, puis on détache artistement la queue, qu'on appelle *le morceau du chasseur*, y laissant tenir un peu de chair ; enfin, on coupe en quatre les os du râble, auxquels tiennent les sous-filets. Ce morceau n'est pas à dédaigner.

Du Lapereau.

Levez les filets comme au levraut, détachez les épaules et les cuisses que vous diviserez en deux, et coupez en trois les os du râble.

Si le lapereau est trop petit, fendez-le en deux de la la tête à la queue, et partagez ces deux pièces en trois ou quatre morceaux.

INDICATION

DES DIFFÉRENTS PLATS QUALIFIÉS HORS-D'ŒUVRE D'OFFICE, HORS-D'ŒUVRE DE CUISINE, ET GROSSES ENTRÉES.

Hors-d'Œuvre d'office.

Le Thon mariné.
Le Filet de Poisson mariné.
Les Champignons confits.
Les Cornichons.
Les Artichauts à la poivrade.
Les Melons.
Les Figues.
Les Radis.
Le Beurre frais.
Les Anchois.
Les Tartines aux anchois.
Olives farcies aux anchois et câpres

Je dois placer ici une observation sur l'emploi du beurre, comme je l'ai déjà fait autre part pour celui de l'ail. La plupart des cuisiniers ne raisonnent pas chimiquement leur profession. C'est ainsi que, par ignorance des inconvénients qui en résultent, ils mettent du beurre en excès sous les viandes grillées, telles que biftecks, rognons, côtelettes et autres, connues sous le nom générique d'apprêts à la *maître-d'hôtel*. Pour peu qu'ils prissent la peine de réfléchir, ils comprendraient aisément que le beurre, lorsqu'il est en trop forte quantité, absorbe le suc qui découle de la viande et charge la sauce de telle sorte, qu'elle n'a d'autre goût que celui du beurre ; tandis qu'en l'employant dans une proportion convenable, il n'altère point le goût du jus de la viande qu'il accompagne, lequel doit toujours dominer.

Hors-d'Œuvre de cuisine.

N° 202. Biftecks au naturel.
203. Biftecks aux pommes de terre.
204. Biftecks au beurre d'anchois.
216. Attelles de palais de bœuf.
229. Cervelles de veau en friture.
231. Cervelles de veau en crépine.
234. Cervelles de veau en coquille.
236. Brochettes de cervelles de veau.
240. Oreilles de veau au naturel.
243. Oreilles de veau en friture.
250. Côtelettes de veau en papillotes.
256. Pieds de veau au naturel.
257. Pieds de veau en friture.
265. Fraise de veau.
268. Rognons de veau au vin.
278. Amourettes de veau en friture.
295. Rognons de mouton à la maître-d'hôtel.
296. Rognons de mouton au vin.
297. Pieds de mouton au naturel.
299. Queue de mouton à l'anglaise.
303. Côtelettes de mouton au naturel.
304. Côtelettes de mouton panées.
310. Poitrine d'agneau grillée.

N° 316. Côtelettes d'agneau au naturel.
317. Côtelettes d'agneau aux croûtons.
320. Côtelettes d'agneau en friture.
321. Côtelettes d'agneau en papillotes.
326. Pascaline d'agneau au naturel.
328. Animelles de bélier.
335. Andouillettes aux truffes.
336. Andouilles à la provençale.
337. Andouilles de volailles.
338. Andouilles de gibier.
339. Andouilles de poissons.
340. Andouilles de pommes de terre.
341. Andouilles aux œufs.
343. Foie de cochon au chasseur.
359. Jambon à la gingara.
360. Jambon aux ognons.
363. Pieds de Cochon à la Sainte-Ménéhould.
364. Pieds de cochon farcis aux truffes.
431. Côtelettes de filets de poulets.
436. Cuisses de poulets en friture.
489. Côtelettes de filets de perdreaux.
527. Cailles à la crapaudine.
598. Rissoles.
600. Croquettes au riz.
601. Croquettes en salpicon.
602. Paupillettes à la tétine de veau.
603. Paupillettes de sous-filets de porc.
604. Truffes en savonnette.
605. Petits pâtés au jus.
606. Petits pâtés en salpicon.
607. Petits pâtés à la béchamelle.

N° 608. Petits pâtés feuilletés.
    609. Petites croûtes de pain à la purée de volaille et de gibier.
    737. Filets de merlan en friture.
    739. Filets de sole en friture.
    785. Huîtres en friture.
    787. Coquilles d'huîtres.
    788. Rougets grillés.
        Sardines grillées.
      2. Volailles bouillies.
        Andouillettes de ménage.
        Œufs à la coque.
        Huîtres.

Grosses Entrées de relevé de Potage.

N° 197. Pièce de bœuf garnie.
    208. Rosbif.
    218. Noix de bœuf en surprise.
    222. Pièce de bœuf à la Godard.
    223. Tête de veau au naturel.
    224. Tête de veau à la béchamelle.
    225. Tête de veau à l'allemande.
    226. Tête de veau en sauce piquante.
    227. Tête de veau farcie.
    228. Tête de veau garnie.
    251. Longe de veau en entrée.
    280. Selette de mouton en sauce.
    293. Rosbif de mouton.
    357. Jambon à la broche.
    358. Noix de jambon aux petits pois.
    365. Cochon de lait rôti.

Nº 366. Cochon de lait marcassiné.
368. Cochon de lait aux macaronis.
369. Cochon à la Périgueux.
443. Dinde truffée en entrée de broche.
444. Dinde en côtes de melon.
445. Dinde piquée en fricandeau.
499. Jeune paon en entrée de broche.
517. Oie à la peau de goret.
580. Gros pâtés chauds.
585. Croustades.
588. Croustades de pain.
594. Grosses timbales.
722. Bouil-abaïsse à la Marseillaise.
723. Bouil-abaïsse à la Nimoise.
724. Matelotte de poissons.
725. Gros poisson piqué à la Conti.
727. Gros poisson en surprise.
731. Gros poisson au naturel.
732. Gros poisson en sauce blanche.
733. Gros poisson à la financière.
755. Turbot au naturel.
756. Turbot en sauce blanche.
764. Carpe à la Chambord.
768. Loup au naturel.
769. Loup en sauce blanche.
770. Loup à la Chambord.
774. Esturgeons en sauce piquante.
776. Merluche à la brandade en pierre à fusil.
777. Merluche à la brandade.
778. Merluche verte.
780. Garniture d'huîtres pour la merluche.

N° 781. Morue à la béchamelle maigre.
782. Morue à la hollandaise.

Pièces froides.

N° 200. Côtes de bœuf en gelée.
217. Noix de bœuf en gelée.
220. Langue de bœuf à l'écarlate.
252. Cuisse de veau en gelée.
333. Fromage de cochon.
334. Hure de cochon.
354. Epaule de cochon à la marinière.
355. Jambon glacé.
356. Jambon aux truffes glacé.
367. La fameuse galantine à la Suffren.
378. Entrées froides pour soirée de bal.
387. Poularde en galantine.
388. Poularde glacée.
390. Grosse galantine de volaille à l'aspic.
437. Salade de volaille.
438. Filets de volaille à la mayonnaise.
439. Autres filets de volaille à la mayonnaise.
440. Dinde en galantine.
441. Dinde glacée.
500. Paon en galantine.
503. Outarde en galantine.
515. Terrine de foies de canards.
519. Oie glacée.
570. Visites froides, superposées en pyramides.
573. Pâté de jambon.
574. Pâté de jambon à la Durand.
575. Pâté de perdreaux.

N° 576. Pâtés de dinde et de chapon.
577. Pâté de veau.
578. Pâté de foies de canards.
579. Pâté de lièvre à la Durand. — Pour le manger, il faut en ôter le couvert et couper sa croûte à tranches.
728. Gros poisson à la mayonnaise.
730. Poisson au bleu.
736. Saumon au naturel, cuit au bleu, entouré d'écrevisses et de truffes cuites au court-bouillon.
767. Hure de thon cuite au bleu.
775. Truite au bleu.
790. Langouste et homard.
791. Buisson d'écrevisses. Elles doivent être posées de manière que leurs queues touchent les parois de la casserolle et que leurs têtes convergent vers le centre ; on couvre chaque rangée d'écrevisses avec du persil en branche, en alternant ainsi jusqu'à ce que la casserolle soit pleine ; puis on la renverse sur un plat.

Plats de douceur montés.

N° 621. Buisson de beignets sans pareils.
622. Sultane de petits choux dits croque-en-bouche.
624. Gâteau à la broche.
629. Grosses méringues à la Chantilly.
632. Croquants au nougat.
633. Grosse brioche.
646. Rocaille aux pistaches montée en filets sucrés.

N° 671. Gros vole-au-vent à la Macédoine.
672. Sicilienne.
673. Biscuit de Savoie à la Macédoine.
674. Biscuit de Savoie en surprise.
639. Biscuit de Savoie.

Pâtes propres à monter toutes sortes d'objets et Monuments pour Plats de douceur.

N° 582. Feuilletage.
615. Pâte royale.
623. Pâte à la Magdelaine.
632. Pâte à nougat.
633. Pâte à brioches.
677. Pâte Carolus.
634. Pâte à gâteau d'amandes.
635. Pâte génoise.
637. Pâte Condé.
649. Pâte à gauffres flamandes.
639. Pâte à biscuits.
640. Pastillages.
625. Pâte d'amandes.
642. Pâte d'office.

Nota. On peut faire avec les pâtes que je viens d'indiquer toutes sortes de gâteaux, affectant des formes et des proportions variées. C'est ainsi qu'on peut confectionner des vases, des urnes, des corbeilles, des rochers, des ermitages, des châteaux, des chaumières, des rotondes, etc.

Je laisse à l'intelligence et au goût de l'artiste qui emploiera ces pâtes, le soin d'en diversifier les couleurs et de les appliquer avec discernement à chaque partie du sujet qu'il voudra représenter. Flatter le goût et la vue, voilà le double but qu'il doit toujours s'efforcer d'atteindre.

DICTIONNAIRE.

A.

Allonger, c'est ajouter un liquide quelconque à l'objet qu'on prépare.

Abatis, on désigne par ce mot les ailerons, le cou, les pattes et le gésier de la volaille.

Amalgamer, mêler différents éléments pour en faire un tout.

Aulœ, ails.

Abaisse, plaque de pâte réduite, au moyen du rouleau, à une très-légère épaisseur.

Abaisser, rendre mince.

B.

Barder, c'est appliquer une plaque ou barde de lard contre un objet quelconque.

Barde, plaque de lard.

Blanchir, faire subir une cuisson préparatoire dans la proportion indiquée aux recettes; on blanchit à l'eau, au fourneau, quand on veut préparer un rôti, etc.

Bain-marie, cuisson dans la casserolle entourée d'eau chaude que l'on tient presque bouillante, sans qu'elle bouille jamais.

C.

Capacité, c'est la contenance.

Circonférence, c'est tout le tour d'un rond.

Centre, c'est le point du milieu d'un rond.

Congelé, pris.

D.

Détremper, c'est ajouter le liquide.

Dégraissis, c'est la graisse que l'on enlève du pot ou de la casserolle.

Dés (couper à), c'est former de petits morceaux carrés dans tous les sens.

Dépecer, découper.

Dégorger (faire), c'est mettre dans l'eau fraîche.

Dresser, mettre sur le plat de la manière la plus convenable.

Diagonale, ligne en biais.

Dorer, passer sur la pâtisserie un plumet trempé dans un œuf battu.

Diamètre, largeur entière d'un rond.

Débris d'office, morceaux de macarons, de cédrats, conserves soufflées, etc., que vendent les confiseurs.

Dôme, couverture en demi-boule.

E.

Emincer, se dit pour couper bien mince.

Ebullition, c'est le bouillonnement du liquide exposé au feu.

Echauder, jeter de l'eau bouillante sur l'objet.

Edulcorer, assaisonner avec du sucre.

Exprimer, presser.

Emonder, nettoyer, ôter la peau des amandes.

F.

Flamber, c'est présenter à la flamme.

Filets, couper à filets, c'est réduire en morceaux longs et minces.

Foncer, poser au fond.

G.

Gratiner, c'est laisser l'objet se recouvrir d'une espèce de croûte par l'action du feu.

Glace, réduit du mouillement dont on se sert pour faire du jus.

Glace, pour glacer les entrées.

Glace, pour toutes sortes de pâtisseries.

H.

Humecter, mouiller légèrement.

I.

Intercaler, mettre entre.

Intense, épais.

L.

Losange, carré allongé en forme de lance.

M.

Mortifier, on fait mortifier la viande en la conservant quelque temps, pour qu'elle devienne tendre.

Mouiller, c'est ajouter un liquide à quelque chose.

Mijoter, on fait mijoter en mettant l'objet bien couvert sur un feu doux.

Mitiger, c'est mélanger.

Manipuler, manier.

N.

Noix, partie charnue au-dedans de la cuisse.

Noix (sous-), partie au-dessous de la première.

O.

Oindre, huiler, graisser, mouiller, recouvrir.

P.

Partir, soumettre au feu un peu vif.

Passer, se dit dans plusieurs sens : on passe au tamis, on passe sur le feu en y présentant l'objet même : on passe à la casserolle, en mettant l'objet dans cette usine et la présentant au feu du fourneau ; on dit également dans ce cas, passer au feu.

Parures, débris de toutes sortes de viandes.

Pocher, jeter à l'eau bouillante ou tout autre liquide, pendant quelques minutes.

Pourri, on entend par pourri de cuisson, extrêmement cuit.

Partie aqueuse, c'est l'eau.

Piquer, larder.

Paillasse, partie plate et sans trous, élevée à côté du fourneau, sur laquelle on pose des trépieds destinés à achever la cuisson.

R.

Réduire, c'est diminuer de quantité.

Rapprocher, la sauce se rapproche quand elle s'épaissit.

Rayon, la moitié de la largeur d'un rond.

Rayon, se dit aussi de plusieurs lignes qui, du milieu d'un rond se dirigent vers le bord.

S.

Suer, la viande sue quand elle commence à sentir la chaleur ; on la mouille après.

Sautoir, casserolle très-peu haute de bord.

Sauter, cuire rapidement au sautoir.

Superposer, poser dessus.

Sommet, le haut.

Simuler, imiter.

Substituer, remplacer.

Saupoudrer, faire tomber sur l'objet une matière quelconque pulvérisée.

T.

Trousser, c'est reployer forcément les membres d'une volaille.
Transposer, c'est changer de place.
Tremper, se dit du potage ; on trempe la soupe en versant le liquide par dessus.
Tomates, pommes d'amour.
Tourner, se dit d'un objet que l'on façonne avec le couteau.

V.

Volume, c'est la grosseur, la quantité.
Verre, c'est le quart d'un litre.
Vanner la sauce, la soulever quelquefois avec la cuiller ; cette opération a lieu incontinent après l'avoir passée au tamis.
Vert de cuisson, pas trop cuit, encore ferme.

Z.

Zeste, c'est la partie colorée de la peau du citron ou de l'orange ; on l'enlève assez facilement avec un bon couteau.

AVIS IMPORTANT.

Tout exemplaire qui ne porterait pas la signature ou la griffe de l'auteur, sera réputé contrefaçon : on poursuivra, conformément à la loi, quiconque en sera reconnu le vendeur ou le distributeur.

TABLE DES MATIÈRES.

	Pages.
Préface	v
CHAPITRE Ier. — Bouillons et potages	21
II. — Potages de luxe	21
III. — Jus et sauces	24
IV. — Farces, ragoûts et salpicons	54
V. — Cuissons pour les entrées	62
VI. — Cuissons de toutes sortes de volailles	65
VII. — Marinades et pâtes à frire	68
VIII. — Bœuf	70
IX. — Veau	80
X. — Mouton	100
XI. — Cochon	118
XII. — Volailles	139
XIII. — Pigeons	163
XIV. — Gibier	166
XV. — Pâtisserie	194
XVI. — Douceurs	221
XVII. — Crêmes	259
XVIII. — Gélatine	270
XIX. — Poissons	275
XX. — Œufs	309
XXI. — Jardinage	316
Sel-épice	342
Instruction sur la manière de servir les tables	343
Indication des différents plats qualifiés hors-d'œuvre d'office, hors-d'œuvre de cuisine et grosses entrées	351
Dictionnaire	359

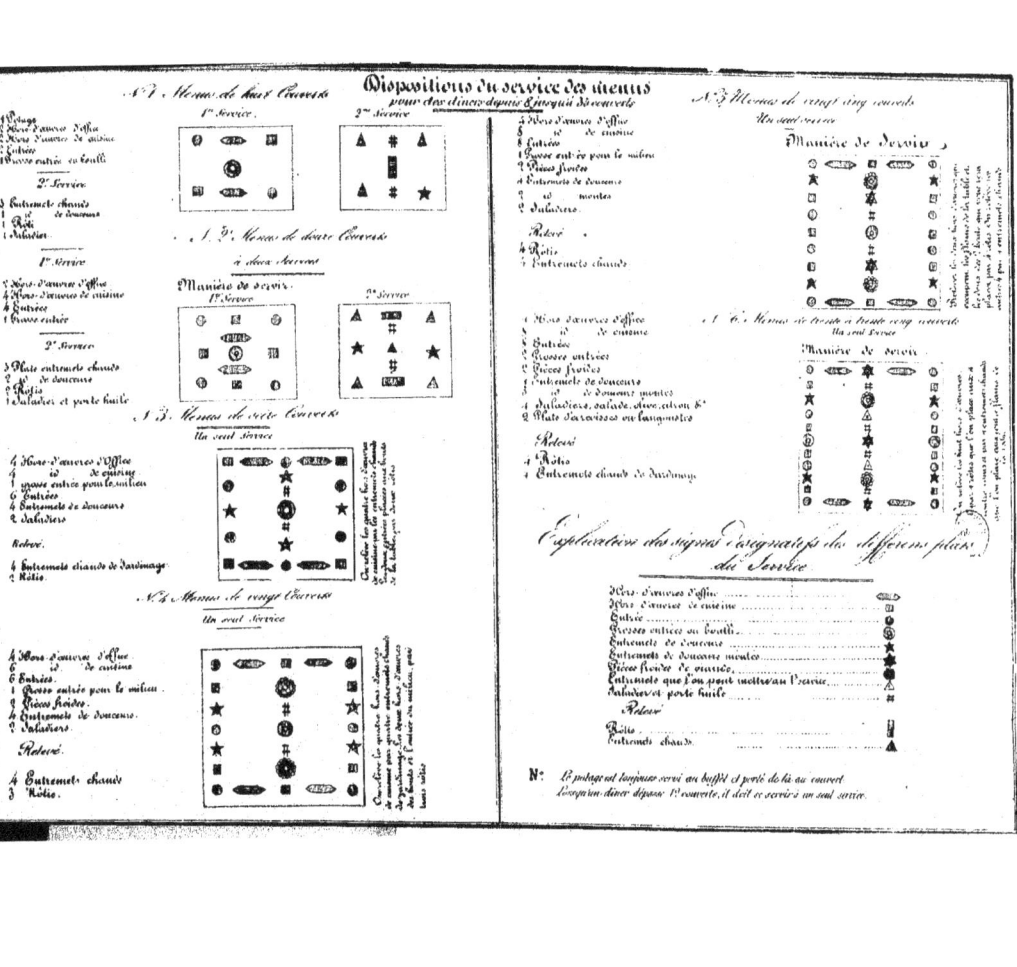

www.ingramcontent.com/pod-product-compliance
Lightning Source LLC
Chambersburg PA
CBHW060608170426
43201CB00009B/939